贵州省瓮安县地方志丛书

瓮安检察志

WENG'AN JIANCHA ZHI

瓮安县检察院 编

方志出版社
Pubishing House of Local Records

图书在版编目（CIP）数据

瓮安检察志 /瓮安县检察院编. —— 北京 :
方志出版社，2018.6
ISBN 978-7-5144-3094-3

Ⅰ. ①瓮… Ⅱ. ①瓮… Ⅲ. ①检察机关 —工作概况—
瓮安县 Ⅳ. ①D926.32

中国版本图书馆CIP数据核字（2018）第125457号

瓮安检察志

编　　者：瓮安县检察院
责任编辑：朱　姝

出 版 人：冀祥德
出 版 者：方志出版社
地址 北京市朝阳区潘家园东里9号（国家方志馆4层）
邮编 100021
网址 http://www.fzph.org
发　　行：方志出版社图书经销中心
电话（010）67110500
经　　销：各地新华书店
装帧设计：成都益舟文化传播有限公司
印　　刷：四川和乐印务有限责任公司

开　　本：889×1194　1/16
印　　张：15
字　　数：399千字
版　　次：2018年6月第1版　　2018年6月第1次印刷
印　　数：0001～1000册

ISBN 978-7-5144-3094-3　　定价：128.00元

《瓮安检察志》编纂委员会

主　任　曹品刚

副主任　邓太华　郑光杰　陈德清　陈　军　陈　明　商涛章　王考群　范秀金

委　员　孙绍琦　陶孟昌　李　昆　汪　超　汪开才　罗　松　薛　飞　汪东升　饶太平　张富强　文　毅　宋　航　杨庆福　孙国书　邓　琴　林　玲　唐　毅　陈绍斌　蔡　鼎　杨仪军　陈发军　赵金领　易延庆　洪　俊　李孝春　冉孟婕　黄立望　马　佳　张德风

瓮安县人民检察院领导班子成员合影（2016年12月摄）
第一排左起：陈德清 郑光杰 曹品刚 邓太华 陈　明
第二排左起：范秀金 商涛章 王考群 陈　军

《瓮安检察志》编辑部

主　编　童德莹

副主编　罗廷莲

编　审　卢甫林　李光学　陈玉文

资料提供人员　汪开才　张德风　杨方平　袁仁瑜　李瑞霞

摄　像　汪开才　张德风　杨方平

《瓮安检察志》审验

初　审　卢莆林　陈玉文　李光学　罗　松　张德风

复　审　曹品刚　邓太华　郑光杰　陈　军　陈德清　陈　明　王考群　范秀金

终　审　**瓮安县地方志编纂委员会办公室**

范祖贵　谢崇禄　谢兴贵　郑显君　王明江

验　收　**瓮安县地方志编纂委员会办公室**

瓮安县人民检察院全院干警合影（2016年12月摄）

第一排左起：陈德清　郑光杰　曹品刚　邓太华　陈　军
第二排左起：支引芳　李瑞霞　冉孟婕　邓　琴　马　佳　杨秀丽　王考群　杨方平　饶太平
第三排左起：李杨芳　王　璐　童方艳　胡　民　孙国书　商涛章　孙绍琪　宋　沅　黄立望　王　意　杨仪军　汪开才
第四排左起：罗艾佳　桂许成　李奇应　王朝立　陈德元　胡　涛　李孝春　张德风　罗　松　张富强　秦　安　陈　明
第五排左起：蔡　鼎　范秀金　文　毅　蔡卓君　吴洪富　洪　俊　王先进　赵英宪　张雪峰　曹开弦

2016年瓮安县人民检察院被最高人民检察院评为“全国先进基层检察院”

2017年6月7日，省委书记、省人大常委会主任陈敏尔和省检察院检察长袁本朴（一排右三）到瓮安县检察院视察指导工作

1976年1月，贵州省第二期司法干部合影（前排左二为时任瓮安县检察院副检察长方天禄）

1985年春节，全院干警合影

1986年，全院干警合影

1991年元月，时任瓮安县检察院检察长陈建东与全院干警合影

1993年1月，州检察院检察长文淑云（前排中）到瓮安县检察院视察工作

瓮安县检察院干警参加全县国庆“祖国颂”歌咏比赛（2001年10月1日摄）

1 4
2 3

❶ 2005年3月23日，瓮安县公捕公判大会

❷ 瓮安县检察院干警参加全县“颂歌献给党”歌咏赛（2005年10月1日摄）

❸ 2007年9月15日，瓮安县检察院检察长杨嗣春（左一）检查“两房建设”工地情况

❹ 2009 年 4月，审理瓮安“6·28”案件，瓮安县检察院出庭公诉的检察队伍

1

2 | 3

❶ 处置瓮安“6·28”事件办案证件

❷ 2008年10月15日，瓮安县检察院组织的举报宣传周活动现场

❸ 2008年10月，瓮安县检察院干警向市民开展法制教育宣传

❶ 瓮安县检察院开展履行法律监督职能宣传（2009年3月24日摄）

❷ 2009年5月，瓮安县检察院党支部组织的"爱国亲民爱家乡"主题实践活动

❸ 2005年始建的文峰大道瓮安县检察院办公大楼（2009年5月摄）

❹ 2009年6月2日，查看2008年支助的珠藏瓮水村修建的爱心路

❺ 2010年7月8日，瓮安县检察院干警在平定营进行法制宣传

2010年12月2日，最高人民检察院、省州检察院领导到瓮安县检察院视察并指导工作

2010年12月3日，最高人民检察院、贵州省人民检察院、黔南州人民检察院在瓮安县人民检察院召开法律监督能力建设调研座谈会

1 3
2

❶ 2010年12月3日，瓮安县检察院对"6·28"事件中的未成年人开展法制教育，并对其犯罪档案实行封存

❷ 2010 年 12 月 13 日，瓮安县检察院召开领导干部民主生活会

❸ 2011年1月17日，瓮安县检察院驻监检察干警在瓮安监狱召开预防和打击"牢头狱霸"专项整治推进会

1

4 2

3

❶ 2011年1月8日，瓮安县检察院组织到冰雪凝冻的山村走访慰问
❷ 2011年1月12日，瓮安县检察院干警对贫困农户进行慰问
❸ 2011年1月13日，瓮安县检察院干警冒冰雪下农村慰问贫困户
❹ 瓮安县检察院领导到农村进行调研（2011年1月摄）

1 | 3

2

❶ 2011年2月，瓮安县检察院召开2010年度工作总结会

❷ 2011年5月16日，瓮安县检察院干警到乡镇开展法制宣传活动

❸ 2011年6月16日，瓮安县检察院干警参加禁毒万人签名大会

瓮安县检察院干警参加庆祝建党90周年歌咏大赛现场（2011年7月1日摄）

2011年7月19日，瓮安县检察院组织的红歌演唱比赛现场

2011年8月22日，州检察院督导组到瓮安县检察院指导实践活动民主生活会

2011年8月22日，瓮安县检察院召开宗旨教育活动、主题实践活动民主生活会

2011年8月30日，瓮安县检察院与县公安局召开联席会议

2011年12月14日，黔南州检察院检察长乔冀安（左一）到瓮安县检察院视察指导工作

2011年，瓮安县检察院参加庆祝建党90周年、纪念辛亥革命100周年歌咏演唱会

2011年12月14日，州委副书记、瓮安县委书记陈昌旭（左二）到瓮安县检察院视察指导工作

❶ 2012年2月，瓮安县检察院猴场检察室召开社区矫正及社会维稳工作座谈会
❷ 猴场检察室开展法制宣传活动（2012年3月20日摄）
❸ 瓮安县检察院干警送法下农村（2012年3月20日摄）

生态检察宣传（2012年3月30日摄）

2012年3月22日，瓮安县检察院干警参加中共十八大精神暨全国法制宣传活动

瓮安县检察院党组副书记、常务副检察长邓太华率队进行法制宣传（2012年4月18日摄）

1 瓮安县检察院、法院“五·四”青年节篮球、乒乓球联谊活动运动员集体合影（2012年5月4日摄）

2 检察女干警组织“读一本好书”活动现场（2012年5月7日摄）

3 检察干警参加庆“七一”、双向组织生活暨“四下乡”活动文艺汇演（2012年7月1日摄）

2012年7月6日，瓮安县检察院召开“严打整治”专项斗争动员大会

2012年7月15日，瓮安县检察院召开“解放思想，推动跨越”大讨论活动动员大会

2013年10月11日，瓮安县检察院反腐倡廉警示教育基地开馆仪式

1 | 2
3 |

❶ 2012年11月1日，检察干警到农村进行司法救助

❷ 2012年12月5日，贵州省检察院对瓮安县检察院办案工作区颁发准用证

❸ 2013年4月7日，瓮安县检察院控申科与猴场检察室联合开展法制宣传

2013年10月11日，州委常委、县委书记龙长春（左二）到县检察院听取检察工作汇报

2013年9月6日，瓮安县检察院召开“4+1”工程建设动员会

2013年10月11日，检察干警下农村访贫问苦

2013年10月12日，瓮安县检察院工会委员会举行庆祝建州55周年登山活动

1 2 3

❶ 2013年10月13日，瓮安县检察院检察长谭必刚（右二）到永和镇观塘村看望贫困农户，并与群众亲切交谈

❷ 2013年10月16日，瓮安县检察院检察长谭必刚（左）陪同州委常委、县委书记蒋映生（右）参观检察院警示教育基地

❸ 2013年10月16日，州委常委、县委书记蒋映生（前排右二）到瓮安县检察院调研指导工作

1
3 | 2

❶ 最高人民检察院到瓮安县检察院开展抽样评估调查（2013年10月21日摄）
❷ 瓮安县检察院检察官审阅案件（2013年10月21日摄）
❸ 2013年10月23日，最高人民检察院抽样评估组到瓮安县检察院检查工作反馈

2013年10月，县委书记蒋映生（前排右一）、县人大常委会主任潘玉华（前排左二）、县政协主席陈博（前排左三）与四大班子成员参观瓮安县检察院警示教育基地

3
1 2

1. 2013年10月，瓮安县检察院召开预防未成年人犯罪座谈会
2. 2013年12月26日，瓮安县检察院“阅微”读书写作兴趣小组成立大会会场
3. 离退休老同志参加瓮安县检察院2013年度工作总结会

2014年1月24日，瓮安县检察院先进集体、先进个人与班子成员、离退休干部合影留念

瓮安县检察院女干警参加全县春节文艺晚会演出（2014年春节摄）

瓮安县检察院工会举办的迎春晚会现场（2014年2月28日摄）

1 2
3 4

❶ 2014年3月11日，州督察组到瓮安县检察院检查指导群众路线工作

❷ 2014年3月18日，人民监督员到瓮安县检察院听取工作报告

❸ 2014年4月30日，瓮安县检察院全体党员到冷少农烈士故居重温入党誓词

❹ 2014年5月8日，瓮安县检察院常务副检察长邓太华带领干警到林区张贴防火告示

精神饱满的瓮安检察官（2014年5月12日摄）

2014年5月14日，瓮安县检察院检察长谭必刚（中）出庭支持公诉

瓮安县检察院工间操
（2014年5月14日摄）

法院、检察院篮球友谊赛
（2014年7月17日摄）

1 2
3 4

❶ 2014年11月20日，省、州检察院派员到瓮安县检察院检查指导“4+1”建设情况
❷ 2015年2月12日，省检察院陈福处长听取工作报告
❸ 2015年5月8日，瓮安县检察院荣获全省基层检察院建设“4+1”工程示范院
❹ 与法院、司法局同处大楼的瓮安县检察院旧址（2015年4月摄）

2015年9月18日，省人大代表杨英（中）到瓮安县检察院参观视察

2016年3月31日，瓮安县检察院组织召开民生资金保护专项工作联席会

2016年4月8日，瓮安县检察院到企业开展"检察官送法进企业"活动

2016年4月8日，瓮安县检察院在全县13个乡镇、街道进行法制巡回宣传活动

1 2
3 4

❶ 2016年4月，检察官到县工商银行开展预防职务犯罪警示教育

❷ 2016年9月，瓮安县检察院在玉山镇开展法制宣传

❸ 2017年2月7日，瓮安县检察院召开员额检察官大会

❹ 2017年2月15日，省检察院派员到瓮安县检察院调研队伍建设

2017年6月，省委书记、省人大常委会主任陈敏尔（前排右二），省检察院检察长袁本朴（前排右三）到瓮安县检察院调研指导工作

2017年6月，省检察院检察长袁本朴（前排中）到瓮安县检察院视察指导工作

2012年7月6日，瓮安县检察院组织召开下农村“认门入户联亲”活动专题会议

2017年6月15日，县人大常委会主任潘玉华（前排左一）到瓮安县检察院调研指导

2017年9月10日，瓮安县检察院向群众开展法制宣传教育

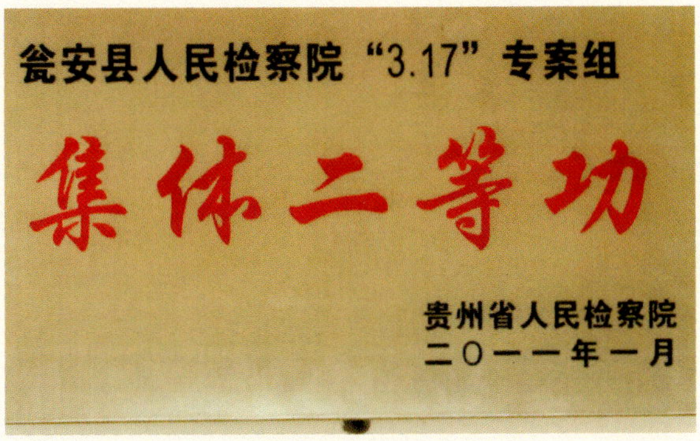

2011年1月，瓮安县检察院“3·17”专案组被省检察院授予集体二等功

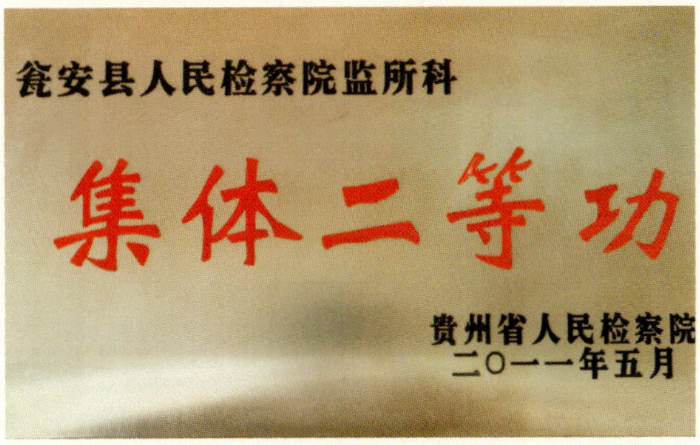

2011年5月，瓮安县检察院监所科被省检察院授予集体二等功

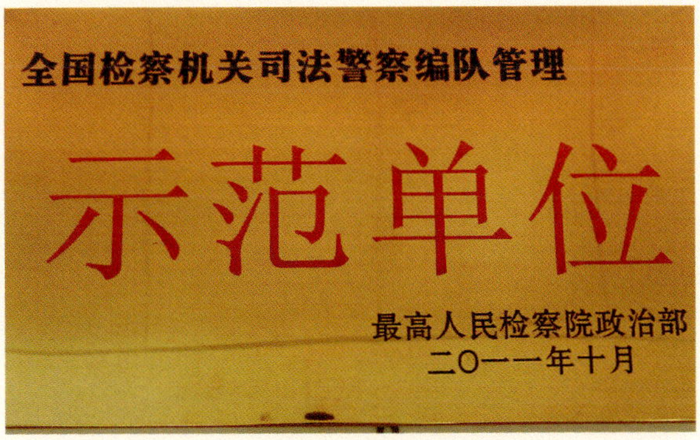

2011年10月，瓮安县检察院被评为全国检察机关司法警察编队管理示范单位

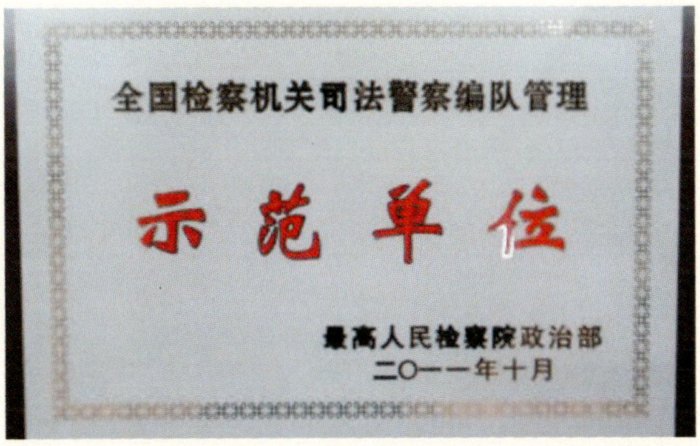

2011年10月，瓮安县检察院被最高人民检察院政治部评为全国检察机关司法警察编队管理示范单位

2012年6月，瓮安县检察院被省检察院评为全省先进检察院

2016年，瓮安县检察院被最高人民检察院评为全国先进基层检察院

1952年—1955年用印

1955年—1979年用印

1979年—今用印

检察院健身器材

瓮安县检察院1952年8月建立至20世纪80年代的部分办公用具及器材

◆ 瓮安县检察院陈列馆中各个时期检察官帽徽、肩章、领徽（2011年摄）

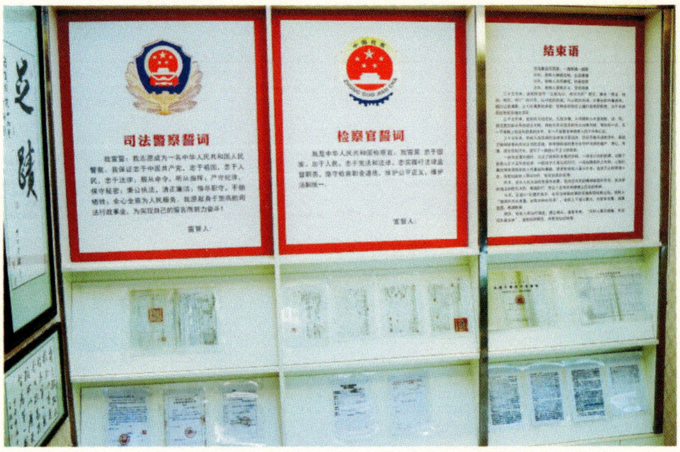

◆ 瓮安县检察院陈列馆中的检察官、法警誓词（2011年摄）

◆ 瓮安县检察院陈列馆中各个时期检察服饰（2011年摄）

序

《素书》云："贤人君子，明于盛衰之道，通乎成败之数，大乎治乱之势，道乎去就之理。故潜居抱道，以待其时……"史镜照人，故盛世修志，已成华夏文明之传统。

瓮安地处黔中，地舆七县而毗邻。自汉武开疆置牂牁于瓮安，启王化之钥而施法度，举劾犯罪而断冤狱，监察制度落地于斯，已逾两千春秋。法制沃土曾育养明清三巡案，成为瓮安历史之骄傲。

观史论是非，读志通当时。民国前三修县志，行使检察权以平冤，惟康熙刘阿金案一案而已。新中国县志一修一续，检察监督仅为章节。今《瓮安县检察志》正填补瓮安司法专志史之空白，不无成为域内之要事。

巨变沧桑，往事钩沉。从中华人民共和国成立，人民检察制度走过不平坦的发展道路，历创建、中断、重建与发展的风风雨雨。而今《瓮安县检察志》玉成付梓，持卷冥思，承两千载刺史巡案之史迹，详述50年检察史成之书帛，几代检察人业绩留史，尽忠成文，实乃瓮安检察人之余庆。

《瓮安县检察志》以马克思主义唯物史观而着笔，体例完整，资料翔实。全书除序、凡例、目录、概述、大事记、人物外，计13章、45节，30余万字，图文并茂，不但具有可读性、资料性、存史性，且具观赏性。对读者研究瓮安法治，进一步实施法治顶层架构，提供了可靠的历史依据和史料。

《瓮安县检察志》上追域内司牧之始，下限2016年年末，史料残缺，工作浩繁，任务艰巨。幸有编纂审稿诸君之鼎力，认真严谨，琢璞成玉，付出了极大努力。

古人云："善言古者合之于今，能述远者考之于近。"地方志书"不惟征文献于既往，实所以资考镜于来兹"，故"志以补郡国之书"。《瓮安县检察志》可以说：有益当代，惠及子孙，不失为司法精神之财富。定能加深瓮安检察人对这片热土的执着和爱戴，竭忠尽智，亲民爱民，公平正义。不忘先贤："秉公办事，何凝请君入瓮；执法为平，敢言有我而安"之宏愿；肩负今人："丹心捧出，尽忠恪守摧邪恶，喜看乌江永笑；大志襟怀，除暴克承辅正义，乐听花竹长歌"以重托。情思奔涌，短笺泼墨，是为序。

瓮安县人民检察院党组书记、检察长

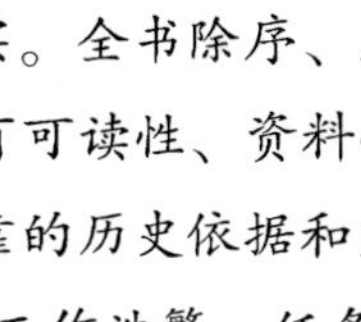

2017年10月

凡　例

一、本志以马克思列宁主义、毛泽东思想、邓小平理伦、“三个代表”重要思想、科学发展观、习近平新时代中国特色社会主义思想为指导，坚持辩证唯物主义和历史唯物主义的立志、观点和方法，客观、真实地记述历史和现状，力求达到思想性、科学性、史研性、资料性的统一，以具详史、存史、可读、利用的价值。

二、按编年体再现历史时空，上溯至有可靠史料记载之时，下限原则上至2016年，述而不评。

三、本志由述、记、志、传、图（照片）、表、录组成。以文字记述为主，辅以图照说明。专志按章分类，章下设节。概述、大事记、人物、附录均独立成篇。“概述”概要记述全志主要内容；“大事记”从民国至下限年度以年记述大事要事；“人物”简要记述历任检察长和立功受勋者；“附录”摘录在本志不能列入正文记述，但又很重要的文本史实。

四、本志纪年对民国前纪年用汉字书写，括注公元纪年。民国纪年和公元纪年一律用阿拉伯数字，对大事记中的民国纪年括注公元纪年。1949年12月11日，瓮安县城解放，此前称解放前，此后称解放后。

五、本志中名称或职官按当时称谓，首次出现用全称，之后用规范简称。地名行政设置称谓按史实发生时的称呼书写。贵州省人民检察院、黔南布依族苗族自治州人民检察院、瓮安县人民检察院简称、省、州、县检察院。

六、本志计量单位，中华人民共和国成立前按当时市制记述，其余一律用现行法定计量单位记述，解放后至1955年3月流通旧币按10000∶1换算为新人民币。

七、本志除附录外，一律采用现代语体文记述。执行《地方志书质量标准》和《中华人民共和国国家通用语文字法》（2001年）、《出版物汉字使用管理规定》（1992年）、《简化汉字总表》（1986年）、《现代汉字通用表》（1988年）、《中华人民共和国国家标准标点符号用法》（GB/T15834—2011）、《出版物数字用法的规定》（GB/T15835—2011）、《中华人民共和国国家标准国际单位制及其应用》（GB3100—93）、《瓮安县地方志书编纂行文规范》等规定。

八、本志资料来源于检察机关、档案部门及老领导回忆，一部分资料源于正史、旧志、专著，均不注明出处。使用数据以本部门档案数据为准，其他涉及数据以相关部门正规发布数据为依据。

九、大事记中，当日、当月、当年有多件事记入，第一件写明时间，第二件分别用“是日、是月、是年”表述。

目　录

概　述

瓮安县地处黔中，乌江中游，黔南州北端。东镶黄平，西邻开阳，南接福泉，北界湄潭；东北与余庆接壤，西北和遵义毗邻，面积 1962.75 平方千米，人口 53 万人。辖 10 个镇、1 个乡、2 个街道。

一

汉武元鼎六年（公元前 111）置牂牁郡；唐高宗武德三年（620）置建安县，太宗贞观四年（630）置牂牁州，明万历二十九年（1601）置瓮安县。经郡、州、县历史演变与更迭，直至清中叶瓮安均无专门检察机构和检察官之设。清朝末年，清政府仿欧美各国设置检察机构。在京都设总检察厅，省、府（州）、县各级衙门分别置检察厅并平行各级审判厅，始配检察官，开始检察业务。

民国时期，检察机构设置及检察官职权职能基本沿袭清制。民国 4 年（1915），北洋政府改四级三审为三级三审；改总检察厅丞为检察长，各级检察厅分设典簿、主簿；录事均改为书记官长、书记官。民国 16 年（1927），国民政府将各级审判厅改称法院，各级法院置检察厅，执行检察事务。

民国 18 年（1929），瓮安县知事公署改县政府，改称县长。在县政府设司法处，后改为司法公署，始有检察官之设，检察官由县长兼理。民国 26 年（1937），设司法处；民国 27 年（1938），建军法处，后改为司法公署，县长兼任军法官，撤销检察员。民国 37 年（1948），重设司法处，内设审判、检察，下置巡官，检察长由县长兼任，直至瓮安解放。

二

中华人民共和国成立后，1949 年 12 月 11 日瓮安解放，建立人民民主专政国家政权。

根据 1950 年 11 月制定的《各级地方人民检察署组织通则》和《暂行条例》规定，1952 年 8 月，瓮安县人民检察署建立，由公安局局长陈梦祥兼任检察长，与公安局合署办公。

1954 年 9 月，第一次全国代表大会通过并颁布了《中华人民共和国检察院组织法》（以下简称《检察院组织法》），将人民检察体制由原来的三级改为四级。根据《检察院组织法》规定，瓮安县人民检察院于 1955 年 6 月正式建立，全权行使检察权，其时检察干警仅 5 人。主要任务是根据镇压反革命、“一化三改造”（社会主义工业化，对农业、手工业和资本主义工商业的社会主义改造）的形势实施审查批捕，开展一般性监督与劳改监所检察，受理人民来信来访。是年，受理批捕案205件，批准逮捕152件。

1956年，在继续开展同反革命作斗争中遵循“预防为主，确保重点，打击敌人，保障安全和依靠群众，适时破案”指示的同时，贯彻“有反必肃，有错必究”的方针，以防止冤假错案。是年，便破获了域内3个反革命集团。1958年，配合“反右”斗争，打击现行犯罪分子；“大跃进”运动中，公、检、法三家联合办公，采取“一员代三员”“一长代三长”“三长决定”“一竿子插到底”的模式开展检察业务。后取消公、检、法三机关相互配合、相互制约的原则，实行有事搞政治，无事搞生产，下去一把抓，回来再分家的错误做法，检察职能变窄变小。

1959年，贯彻中央“杀人要少，捕人要少，管制也要少”的方针。三年困难时期，国民经济遭受严重困难，大量人民内部矛盾掩盖下的敌我矛盾相互交织，促使在对敌斗争中批捕、起诉了一批干部。1960年，开展“三反”和农村整风运动，公、检、法三机关抽调人员参与监委、组织部对区、公社大收集体材料。1961年，全县受理批捕案399件，多数基层干部遭受无辜。1962年，贯彻中共中央在北京召开的扩大工作会议精神，对历次政治运动中受到刑事处分的基层干部进行甄别、平反，多数被释放和恢复名誉。

1963年，中共八届十中全会后，检察机关职能有所恢复。当时以保卫社会主义教育运动为中心，打击地、富、反、坏、右的现行破坏活动。在对造成人身伤亡、强奸等犯罪实施逮捕外，也纠正了一些错案。1964年，贯彻群众路线，落实“把绝大多数四类分子改造成新人”的指示，是年仅受理移送批捕案件72件，经审查，批捕24件，不予批捕30件。1965年，以阶级斗争为纲，发挥群众专政，依靠群众办案，矛盾不上交。

自1955年成立检察院行使职能职权至1965年年底，共受理公安提请批捕案1818件。其中批准逮捕1063件；不批捕624件；退回公安机关补充侦查90件；公安机关撤回案件41件。

三

1966年5月16日，中共中央作出开展“无产阶级文化大革命”的决定。1967年，检察院遭受严重冲击。是年3月9日，瓮安县委、县人民政府被夺权，成立瓮安县革命委员会。13日，县革委下设治安保卫领导小组，检察隶属于治安保卫领导小组辖治。其间，治安保卫领导小组一度改为政法革命委员会。9月15日，治安保卫领导小组又改为保卫委员会，检察院受其辖治。1968年9月14日，成立的县革命委员会遭反夺权，重组瓮安县革命委员会。是年10月，县革委下设的治安保卫小组对检察院实施辖治。

1970年5月，县革委会设人民保卫部，人民保卫部下设治安保卫组、审理组、审判组，并于6月实施军管，检察院职能、职责基本被停止，职能职权归属军事管制。

1973年3月，撤销军事管制和县革委人民保卫部，恢复人民法院，由瓮安县公安局行使检察权，检察院职能职责一度停止。1975 年，第四届全国人民代表大会第一次会议通过的《中华人民共和国宪法》（以下简称《宪法》）正式明文取消各级检察机关，瓮安县人民检察院职能、职责、职权全部终止。

1966—1975 年，受“文化大革命”的影响，检察职能被终止，十年共报捕、批捕、公诉 401 人。

四

1978 年 4 月 5 日，第五届全国人民代表大会决定重新建立检察机关，同年 8 月，重建瓮安县人民检察院。时配干警 4 人，御文治任恢复后第一任检察长，办公于县政府遗弃库房。1979 年，再调入 2 人。1980 年，组建瓮安县人民检察院检察委员会，并设党组。至 1981 年，干警增至 28 人，正式组建瓮安县人民检察院检察委员会，内设办公室、刑事检察组、经济检察组、法纪检察组。全面开展审查批捕、起诉职能，以及法纪、经济、监所检察职能，受理人民群众来信来访和平反纠正历史遗留冤假错案。刑事检察工作职责职权，开始全面实施《中华人民共和国刑法》（以下简称《刑法》）、《中华人民共和国刑事诉讼法》（以下简称《刑事诉讼法》）、《人民检察院组织法》等 7 个法律。坚持党的四项基本原则，坚持以事实为依据以法律为准绳的办案原则，检察工作走上正轨。

1982 年，贯彻中央打击经济犯罪活动“紧急通知”和中央〔1982〕17 号文件以及全国第五届人大常委会二十二次会议通过的《关于严惩严重破坏经济犯罪的决定》，县检察院组建打击经济犯罪领导小组办公室。是年，检察院查办经济犯罪案件 20 件 23 人。

1983 年，贯彻中央〔1983〕31 号文件和全国人大常委会《关于打击严重刑事犯罪活动的决定》，实行依法从重从快、一网打尽的方针，公、检、法统一行动，集中力量惩治一大批严重刑事犯罪分子。至 1987 年 4 月，审查公安提请批捕 1206 件；批准逮捕 934 人；不捕 165 件；退补侦查 63 件；公安撤回 34 件；依法刑事拘留 740 人；摧毁犯罪团伙 111 个，查处团伙成员 549 人。公、检、法三家紧密配合，审结 462 件 633 人。

1983 年开始“严打”至 1987 年，监所检察受理加刑案 177 件 226 人；经审查决定起诉 136 件 159 人；免予起诉 6 件 8 人。

自检察院成立至 1987 年，累计受理公安机关提请逮捕 3316 人；批准逮捕 2185 人；不批捕 840 人；退回公安机关补充侦查 198 人；公安撤回 93 人。

检察院 1978 年恢复重建后，各项工作步入正轨，至 1987 年，受理公安机关移送逮捕 1498 人；批准逮捕 1122 人；不捕 216 人；退回公安机关补充侦查 108 人；公安撤回 52 人。

1980—1987 年，瓮安县人民检察院共受理法纪案件 196 件 236 人。决定立案 38 件 56 人，不立案 158 件 180 人；决定起诉 40 人，不诉 60 人。

1982—1988 年，受理监所加刑案 217 件 277 人；决定起诉加刑 168 件 201 人；免予起诉 11 件 14 人，其他处理 38 件 62 人。

五

1988年，坚持一个中心、两个基本点，围绕治理经济环境、整顿经济秩序、深化改革开放、开展检察工作。1989年，继续贯彻落实党的各项方针政策，坚持党的四项基本原则，与中共中央保持高度一致，在决不放松打击严重刑事犯罪的同时，把反贪污贿赂斗争作为主要任务。是年，受理公安机关移送提请逮捕案183件309人；决定逮捕160件298人；自侦经济犯罪案47件56人，其中贪污、贿赂、挪用公款三类案件16件，大案10件21人。经济案中追回偷漏税款32万元。

1990年至1991年，坚持“严打”方针，深入开展“反盗窃”专项斗争，坚持从重从快、快捕快审、快结快诉。1992年，学习邓小平视察南方讲话精神，重点打击“七个方面”严重刑事犯罪。贯彻邓小平“三个有利于”指示和思想。做到有利于发展生产，虽有违法但符合现行政策，不轻易追究；难以判断的经济行为，又缺法律依据的，不轻易追究；有利有弊，利大于弊，不轻易追究；改革中的失误，不是中饱私囊，不轻易追究的“四不轻易追究”。1988—1992年，受理公安机关移送提请逮捕案928件1442人，经审查决定逮捕755件1369人；自侦经济案件63件73人。5年累计审查不捕10件29人；退回公安机关补充侦查28件62人；撤诉7件19人。侦破贪污、贿赂、挪用公款“三类案件”121件151人，追回赃款1728731.96元。发挥了检察机关的职能作用。

1993年，继续落实中国共产党“一个中心，两个基本点”方针，继续开展“严打”和反“车匪路霸”、反盗窃专项斗争。1994年，打击经济犯罪矛头直指“一机关三部门”；1995年，贯彻全国检察工作会议精神，落实最高人民检察院“以反腐败、办大案要案不能有禁区”的指示，打击经济犯罪。1996年，强化反贪污、贿赂职能，集中力量打击影响大、震动大、群众反映强烈的“一机关三部门”大案要案；1997年，学习中共十五大精神和落实全国第十次检察会工作部署，实施修订后的《刑法》《刑事诉讼法》，继续查办“一机关三部门”经济犯罪。1998年，继续开展“严打”斗争；1999年，贯彻执行高检院“公正执法、依法办案、服务大局”的方针，从重从快打击犯罪。1998—2001年，落实中央政法委的“四条禁令”“十项纪律，六个必须”，从严治检，服务大局，在打击各类刑事犯罪基础上，认真履行反贪职能；以“三个代表”“三个教育”和高检院部署为指导，深入开展打击“一机关三部门”经济犯罪。1988—2001年，累计受理党政机关、司法部门、行政执法部门、经济管理部门“一机关三部门”经济犯罪线索485件514人；立案侦查190件201人；追赃金额544.91万元，收回案外款、案外经济损失162.01万元。

1998—2001年，共受理公安机关提请逮捕案1678件2953人；决定批捕1106件2441人；不批准逮捕132件252人；公安机关撤案27件36人；退回公安机关补充侦查89件105人。

2002年，检察工作以惩治职务犯罪为重点，瓮安县人民检察院出台了《瓮安县人民检察院举报职务犯罪奖励办法》。2003年，借机构改革契机，继续惩治职务犯罪，直至2007年，坚持惩治职务犯罪中的贪污、挪用、贿赂、玩忽职守。抓住商业贿赂这一惩治重点不放松，实施惩治贪污腐败“标本兼治综合治理，惩防并举，注重预防”的方针。2007年，在惩治职务犯罪的同时，刑事方面重点惩治打击杀人、强奸、绑架等8类犯罪和黑恶团伙、贩毒、“两抢一盗”等犯罪。

2002—2007年，共受理职务犯罪线索78件82人，经审查立案64件67人，其中贿赂案39件40人。追回贪污、挪用、受贿赃款11231.55万元，挽回经济损失901.22万元。受理公安机关移送各类刑事犯罪案589件940人，决定批捕771人。

1988—2002年，共受理监所提请加刑案472件526人；决定起诉358件431人，免予起诉29件37人；撤回5件11人，其他处理52件90人；清查出瓮安煤矿超期拘押劳改63件130人；瓮安看守所超期羁押39件41人。

六

2008年，县内遭遇特大凝冻灾害，检察院出动干警与相关部门密切配合，确保春运、春节社会安定和谐。2008年6月28日，瓮安爆发了“打、砸、抢、烧”群体性事件。“6·28”事件震惊全国。当年检察机关把打击“6·28”事件犯罪成为重中之重。2009年，继续深入开展打击“6·28”群体性“打、砸、抢、烧”事件犯罪，并先后开展县委书记、检察长大接访；公、检、法、司“四长”联合大接访等工作。2010—2012年，把治理瓮安社会由大乱转为大治作为主要任务。2012年，推行中央和最高检关于“一岗双责”和“党风廉政建设”重要指示，全面加强党风廉政建设工作。

2008—2012年，共受理公安机关移送惩治团伙犯罪和其他刑事犯罪案1261件2575人；决定逮捕1057件2022人；决定不捕137件396人；公安机关撤回17件26人。其中，2008年涉嫌“6·28”犯罪案件102件362人；决定逮捕88件303人；不批准逮捕12件57人。继“6·28”事件后，打掉在县内盘踞时间最长、作案最多、危害最大的“玉山帮”、“刘军帮”、“叶八二帮”等黑社会团伙犯罪。其帮派主要成员8人获刑20年，骨干分子10年以上10人，5年以上15人。2011年，随着打击黑社会团伙犯罪的深入，相继又打掉了“费某帮”“七匹狼帮”“明教帮”“刘某帮”4个犯罪团伙。

2013年，瓮安县人民检察院紧紧围绕建设平安瓮安、和谐瓮安、法治瓮安的中心工作，认真履行检察职责。是年，经测评，瓮安人民群众安全感和满意度均达98%以上，名列全省前茅。由大乱达到大治，并增设未成年人刑事检察科、法警大队、计划财务装备科。2014年，以建设队伍专业化、职业化、科学化、执法规范化为核心，检察文化为抓手，开展让党满意，让人民满意活动，并组建了下辖5个分会的瓮安县检察官文学艺术联合会。2015年，着眼经济发展，服务大局，把预防和惩治职务犯罪置于首要位置，倾力化解社会矛盾，促进社会和谐稳定。2016年，检察院继续在队伍“4+1工程”中奋发作为，补齐短板，把队伍建设作为重中之重，提高干警思想政治素质、业务素质，实现检察队伍专业化、职业化、检察院工作执法规范化、办公办案网络化、后勤保障制度化；“两房”（办公用房、办案用房）建设适用标准化等诸方面得到提升与发展。

2014—2016年，受理公安机关提请逮捕案813件1249人；经审查决定批捕、起诉691件956人；决定不予起诉8件11人；退回公安机关补充侦查51件113人。其中贿赂大案2件2人。3年共受理瓮安监狱、北斗山监狱两座监狱减刑、假释、保外就医案4736人，经审查决定，减刑3121人，假释1550人，保外就医65人。

七

2008年6月28日，瓮安发生群体性“打、砸、抢、烧”事件。在这一震惊全国乃至世界的事件中，参与“打、砸、抢、烧”的未成年学生共104人。104名学生涉及104个家庭及其血缘亲友，瞬间，社会矛盾凸显。

对未成年人犯罪，《刑法》规定：坚持以教育为主、惩罚为辅的原则，教育、感化、挽救的方针。为化解“6·28”事件的矛盾，促使瓮安县检察院实施这一原则和方针之时，对未成年人犯罪预防，惩治犯罪进行了研究探索。并根据《关于在检察工作中贯彻宽严相济政策的若干意见》，2009年，积极开展“青少年维权岗”活动，认真探索有条件执行轻罪犯罪记录消除工作。及时草拟《“6·28”未成年人违法及轻罪犯罪记录消除制度实施办法》，明确瓮安“6·28”涉案未成年人违法犯罪被消除后，其升学、参军、就业不受影响。在消除的54名未成年人犯罪中，2009年，14个被帮教学生考入专科以上学校，14名学生中考全部考入高中、职高、中专；2010年，22个帮教对象，21人考入专科以上院校。4人成为私营企业主，1名被选为黔南州人大代表，取得了较好效果。

2012—2014年，瓮安县人民检察院共受理提请逮捕未成年人犯罪案件107件220人。经审查批准逮捕80件152人，不捕27件68人，逮捕率为69.09%，不捕率为30.91%。受理起诉未成年人犯罪案件94件216人，其中提起公诉79件162人，不起诉14件26人。

在严酷的事实面前，2008年后，瓮安县检察院认真贯彻国家法律所赋予的对未成年人的特殊政策。2013年，增设未成年人刑事检察科，创建青少年维权岗。以“捕、诉、监、防”一体化为途径，探索未成年人违法、犯罪记录消除的法律理论和法律依据。

实践中探索，是瓮安县人民检察院将未成年人轻微犯罪记录消除到封存制度上升为法律、法理依据理论主要途径，最后成为制定定型法律条款的主要做法。从未成年人犯罪的特点、规律、原因，预防、惩治、教育、挽救中寻求主客观相互转化的事物发展规律，成立专门机构，实现未成年人队伍犯罪预防、教育、惩罚专业化；将教育为主，惩罚为辅的原则，教育、感化、挽救方针融入整个办案过程之中；加强部门联动，架构未成年人预防、惩治、教育、挽救工作机制；检校对接，社会对接，强化犯罪预防、帮教、惩治工作；积极探索，创新未成年人违法、犯罪记录封存的模式等方法和措施，形成未成年人轻微犯罪记录消除制度。为全省、全州未成年人刑事检察工作做出了示范，提供了借鉴。受到省人民检察院表彰和《法制报》的高度评价。

瓮安县检察院对未成年人轻微犯罪记录消除制度进行探索，后经全国人民代表大会通过，并于2013年1月1日起施行的《刑事诉讼法》中将“消除”改为“封存”。为制定国家重要法律做出了贡献。

瓮安县人民检察院自建立以来，三迁其址。随着社会发展，仍远远不能满足工作需要。2005年，开始筹措“两房”建设事宜。是年，于瓮安县城文峰南路征地5000平方米；2008年10月，县政府拨付建设缺口资金249万元；2009年5月，竣工迁入新办公楼，基本满足办公办案需要。是年，定编干警为 80 名。

为彻底解决检察院办案用房和专业技术用房建设标准。根据住房和城乡建设部、国家发展和改革委员会《关于批准发布〈人民检察院办案用房和专业技术用房建设标准〉的通知》精神，2012 年 5 月，新建“两房”选址于县城北部新城七星安置房侧，占地由原 6500 平方米增至 15 亩，并获省发改委批建。2014 年，共投资 800 万元，可望 2018 年投入使用。

2010 年后，根据最高人民检察院和省检察院指示，瓮安县检察院加速检察队伍专业化、职业化、标准化、执法规范化；保障现代化、信息化、实用化建设，即“4+1”工程。实现了全院干警大专以上文化程度的提升；电子计算机考试全部合格。2011 年 10 月，建成检察院机关办公区、办案区、安全防卫监控区、外来人员来访区网络程控建设；建成自动举报电话系统，办公区门禁系统，智能电话报警系统，内部电话专用系统，办案区房间独立监控系统，机要文件收发系统，电子政务系统，案件管理综合系统，实现了无纸化办公。

2012 年 10 月，又建成瓮安看守所检察院分支系统。2013 年 9 月 6 日，完成并投入使用“三方会谈”远程接访视频；对提审犯罪嫌疑人“全面、全部”同步录音录像的规定。达到上级要求，成为黔南州首屈一指的县级人民检察院。

大事记

中华民国时期

民国 18 年（1929） 瓮安县知事公署改为县政府，县知事改称县长，按规制，万钧任检察官。

民国 20 年（1931） 改司法公署为法院，内置检察署，由县长熊与九任检察官。

民国 21 年（1932） 中华民国国民政府通过的中华民国《法院组织法立法通则修正案》规定，最高法院设检察署，其他各法院均配置检察官，取消配置地方法院检察署，其司法事宜由县长代理。

民国 26 年（1937） 瓮安县设司法处，复置法院，由县长安柏英兼任检察官。由县长兼任检察官一直延续到 1949 年 12 月 11 日瓮安解放。

中华人民共和国时期

1949 年

12 月 11 日 县人民政府县长吴近仁率干部、战士 35 人抵达县城，宣布瓮安解放。

1952 年

8 月 瓮安县人民检察署建立，署长由公安局局长陈梦祥兼任，与公安局合署办公。

1953 年

4 月　方万瑞被任命为瓮安县人民检察署署长。

12 月　瓮安县检察署诉中坪乡干部刘某某贪污伙食、工杂费、差旅、妇女卫生费 255.87 万元（255.87 元）贪污罪，获刑 1 年零 6 个月。

是年　根据《中华人民共和国惩治反革命条例》，与公安机关配合打击反革命骨干分子。

是年　协助县政府落实粮食统购统销政策。

1954 年

9 月　第一次全国人民代表大会通过并颁布《中华人民共和国检察院组织法》，将人民检察院体制由原来的三级改为四级，即可设县级检察院，县委决定撤署建院。

10 月　郤文治调任瓮安县人民检察院检察长。

是年　遵循开展镇反工作“预防为主，确保重点，打击敌人，保障安全”和“依靠群众，适时破案”的方针，继续打击各类反革命分子。

1955 年

5 月　田志远调任瓮安县人民检察院检察长。

6 月　瓮安县人民检察院正式建立，由田志远为首任检察长，内设办公室、办案小组，全面行使检察院职责职权。

是月　检察院办公室由原检察署搬入县公安局侧一栋木房内。

1956 年

是年　启用“瓮安县人民检察院”印章，原“瓮安县人民检察署”方形印章作废。

是年　根据上级指示，由公、检、法组成批捕小组。除现行犯罪直接批捕外，其他案件统一由公安机关直送党委审查决定逮捕，检察院只履行法律手续。

1957 年

8 月 落实中共中央《关于整风运动的指示》和《关于组织力量反击右派分子进攻的指示》，打击现行犯罪分子。并在该单位开展反右斗争，开展大鸣、大放、大字报。

1958 年

6 月 全国掀起“大跃进”运动，公、检、法三家联合办公。采取所谓“一员代三员”“一长代三长”工作模式，将批捕、起诉、判决“一竿子插到底”。

1959 年

9 月 于长明调任瓮安县人民检察院检察长。

是年 贯彻中共中央“杀人要少，捕人要少”方针，瓮安仍推行“三员”办案，集体讨论，“三长”决定，党委批准，手续分办方法，检察院职权越来越小。

1960 年

7—8 月 检察院协同法院、公安抽调人员参加农村反贪污、反浪费、反官僚主义运动。

1961 年

4 月 27 日 以新华铁厂杨某为首的“劳动党”反革命集团被一网打尽，检察院对集团提起公诉，杨某被判死刑立即执行，其他骨干分别处以 10~20 年有期徒刑。

7 月 14—21 日 按县委部署，贯彻中共中央《农村人民公社工作条例（修正案）（草案）》参加工作组，到县内各地进一步纠正“一平二调”（平均主义和无偿调拨）的退赔工作。

1962 年

2 月中旬 学习贯彻中共中央在北京召开的扩大的工作会议精神，发扬党内民主，纠正“左”的错误，落实国民经济“调整、巩固、充实、提高”的方针。

11 月 学习中共八届十中全会精神和毛主席关于阶级斗争，国际国内形势，人民内部矛盾及党内团结的讲话。

是年 根据海峡两岸情势，对两监所人员进行三类管理，分别分类实施重点管教。

1963 年

5 月 1 日 开展“五反”运动。全院 6 名干警，按干部分类一类 4 人，二类 1 人，三类 1 人，吴某某因卖 3 只手表获利 277.44 元被划为三类干部。

是年 贯彻保护人民公社集体经济，打击地、富、反、坏、右现行破坏活动，“团结两个百分之九十五”，拉回二、三、四，打击百分之一的精神。

1964 年

是年 围绕社会主义教育运动，遵照“把绝大多数四类分子改造为新人”的指示，办理相关案件。

1965 年

12 月 12 日 一举打掉以中统特务曾某某、向某某、陈某某、周某某、陈某某为骨干的反革命集团。

是年 落实上级“以阶级斗争为纲”的方针，依靠群众专政，依靠群众办案。在群众讨论调查中取证，群众专政，群众办案。

1966 年

5 月 16 日 中央作出相关“文化大革命”“5·16”通知，县人民检察院相继卷入大鸣、大放、大字报阶段。

是年 仍以阶级斗争为纲，打击反革命分子和其他犯罪分子。

1967 年

1 月末 “文化大革命”进入高潮，在“砸烂公、检、法”造反声中，检察院领导被打成“走资派”，遭批判斗争，受到严重冲击。

3 月 22 日 以瓮安 52 个战斗队为主，组成的“毛泽东思想无产阶级革命派总指挥部”夺取瓮安县党政财文大权，检察院相继被夺权。

4 月 县革委设治安保卫领导小组，检察院权力收归并受其辖治。保卫领导小组一度被改为政法革命委员会。

9 月 15 日 县革委政工、生产、治保领导小组改为政治部、生产建设委员会、保卫委员会。检察权力收归保卫委员会，并受其领导辖治。

1968 年

4 月 瓮安武装部派员对检察院实施军事管制，直至 1973 年 3 月撤销军管。

1969 年

2 月 21 日 检察院按指示，抽调人员参加县革委《关于当前清理阶级队伍问题的决定》的工作。

1970 年

5 月 县革委人民保卫部设治安保卫、审理、审判组。在保卫部领导下检察院负责审理工作。

1971 年

11 月 5—7 日 县委召开传达“九一三”事件会议，讨论中央专案组《粉碎林彪反党集团反革命政变材料》，和全国一样，投入“批林整风运动”。

1973 年

3 月 瓮安县人民法院恢复，县人民检察院未恢复。

1975 年

1 月 17 日 第四届全国人民代表大会第一次会议通过的《宪法》规定，检察权由公安机关行使，检察机关正式被取消。

1978 年

7 月 19 日 根据第五届全国人民代表大会第一次会议修改和通过的《宪法》、中共中央《关于建立各级人民检察院的通知》精神，决定恢复全国各级检察院。

8 月 25 日 瓮安县人民检察院正式恢复，卻文治被任命为恢复后首任检察长。

是年 检察院内设办公室、刑事检察组、经济检察组。

是年 检察院由县城中街公安局院内木屋迁至政府大院一仓库楼。

1979 年

是年 县委加强对检察院领导，分别从党政、企事业单位抽调科、股级干部充实检察队伍。至1980 年，由恢复之初的 4 人增至 17 人。

1980 年

1 月 增设法纪检察组。

3 月 建立检察院党组和临时检察委员会。

5 月 27 日 对冷水沟、上场坪两个煤厂瓦斯爆炸死亡 24 人，重伤 1 人进行责任事故检察，对煤厂负责人胡某某、彭某某进行处理。

7 月 30 日 县人大常委会八届三次会议任命郤文治、王大志、倪中佑、郭长茂、宋安宏、罗先荣、张明富、雷国华、代荣光为检察院恢复后首任检察委员会委员。

11 月 派员参加黔南州首次刑事检察培训班。

是年 全院干警认真履行《刑法》《刑事诉讼法》所赋权力。

1981 年

6 月 20 日 全力投入惩治刑事犯罪，整顿社会治安的统一行动。对杀人、纵火、投毒、强奸、抢劫、爆炸“六类”案件进行重点打击。

1982 年

是年 政治上继续开展中共中央拨乱反正的指示，开展社会综合治理。

是年 贯彻中共中央、国务院《关于打击经济领域中严重犯罪的决定》，全力投入经济案件查处。全县共查处经济犯罪案件 42 件，追回赃款 82371 元，挽回经济损失 120088.47 元。

1983 年

8 月 贯彻中共中央《关于严厉打击严重刑事犯罪的决定》，检察院干警全力与公安等部门联动，打响“严打”第一战役第一仗。

是月 认真学习和落实《中共中央关于严厉打击刑事犯罪活动的决定》（中发〔1983〕31 号）文件所规定的“严打”斗争 7 种近 30 类犯罪对象，展开“从重、从快”的打击力度，争取社会治安两年初见成效，三年根本好转的指示。

1984 年

2 月 县人大第八届第二十四次会议任命陈建东为县人民检察院检察长。

8 月 7 日 检察长陈建东向县委、县人大签订承包任务书和责任状。

10 月 检察院下发更好地贯彻《刑法》《刑事诉讼法》岗位责任制。各科室负责人向检察长分别签订责任状和任务书。

是月 根据县委、县政府制定的《关于党政机关事业单位考核奖罚试行》制定检察院奖罚办法。

是年 检察院内设组、室改为科、室。

1985 年

10 月 争取县财政资金 30 万元，修建检察院职工宿舍 30 余套，基本解决检察院职工住房难题。

11 月 增设控告申诉检察科。

是年 在“严打”基础上，把惩治经济犯罪作为主要任务，为国家挽回经济损失 27 万元。

1986 年

9 月 2 日 与公安机关配合，破获并批准逮捕中坪蒙面抢劫、盗窃、强奸案罗某某特大案（罗某某于 1987 年 4 月依法被判处死刑）。

是年 坚持惩治经济犯罪，惩治刑事犯罪“两打”一起抓。

1987 年

4 月 1 日 对雍阳区打铁槽煤厂瓦斯爆炸死亡 13 人的重大事故进行检察。

6 月 5 日 遵照中央“一切尚未平反的冤假错案要坚决平反过来”的指示，翻阅检察、公安、法院档案 2500 多卷，归类找出 1955—1965 年不予批捕的人数共 194 人。

10 月 在县税务局设人民检察院税务检察室。

是年 学习和坚持党的四项基本原则，在全院职工中旗帜鲜明地反对资产阶级自由化。

1988 年

10 月 31 日 瓮安人民检察院副检察长石仲才被评为“全国检察系统先进工作者”，受到最高人民检察院表彰。

1989 年

11 月 在控告申诉科设国家工作人员职务犯罪举报中心。

是年 开展反盗窃，惩治经济犯罪专项治理活动。

1990 年

1 月 经济检察科更名为反贪污贿赂检察科。

2 月 经省档案局验收，获贵州省二级标准“机关档案合格证”。

3 月 刑事检察科分设刑事一科主管批捕；刑事二科主管起诉。

3—12 月 先后在烟草局、粮食局、供销社设置检察室。

是年 检察院坚持重大案件提前介入，在基本犯罪事实已经查清、基本证据确实充分的情况下，坚持快捕、快审、快诉原则。

是年 段天明被省政府表彰为“‘严打’先进个人”。

1991 年

2 月 6 日 县人大十二届五次会议决定，任命刘康德为瓮安县人民检察院检察长。

4 月 增设民事行政检察科。

5 月 22 日 派员至新华乡大寨坪仓边煤厂，对瓦斯爆炸，死亡 10 人，重伤 1 人特大事故进行安全责任认定，对职务是否渎职进行检察。

6 月 28 日 省检察院派员 22 人，州检察院派员 15 人，县检察院、公安局、法院分别派人至瓮安白水河监狱、北斗山监狱进行检察。

8 月 设县商业局检察室。

9 月 12 日 在县城体育场召开反盗窃专项斗争公捕、公判退赃大会。

1992 年

1 月 破获特大贩毒团伙案。逮捕以罗某、何某、张某为首的犯罪团伙 20 人。该犯罪团伙自 1988 年 6 月后，先后从云南贩运鸦片 2 万多克到瓮安出售。1994 年 6 月 25 日，提起公诉，判处主犯罗某死刑，立即执行；判处主犯何某死刑，缓期 2 年执行；主犯张某无期徒刑；其他 9 名同案犯分别判处 5 年以上有期徒刑。

4 月 召开干警大会学习中共中央 2 号文件，即邓小平同志视察南方讲话的 6 个要点，通过学习，进一步解放思想，开拓进取。

是月 检察院开始执行人事部、财政部、高检院《关于人民检察院干警实行岗位津贴的通知》6 号文件，按文件规定标准实行外出、院内办案补贴。

是年 落实邓小平“三个有利于”思想，做到有利于发展生产，虽有违法但符合现行政策，不轻易追究；难以判断的经济行为，又缺法律依据的不轻易追究；有利有弊，利大于弊，不轻易追究；改革中的失误，不是中饱私囊，不轻易追究的“四不轻易追究”。

是年 深入开展“反盗窃”专项斗争和重点打击“七个方面”严重刑事犯罪。

1993 年

3 月 罗开发调任瓮安县人民检察院检察长。

是年 全院学习、贯彻中共中央的“一个中心，两个基本点”。

是年 检察工作深入开展“反车匪路霸”“反盗窃”斗争。

1994 年

是年 继续落实最高人民检察院对检察工作“二十字”方针，坚持“严打”不放松的指示精神。

1995 年

是年 深入落实检察工作“严格执法，狠抓办案”的方针。以打击“五类”案件为法纪检察重点。

1996 年

7 月 21 日　经省档案局验收，获“贵州省档案合格证”。

是年　强化反贪职能，法纪科被评为全州检察工作先进集体。

1997 年

3 月　撤销反贪污贿赂科，设反贪污贿赂局，增设法警队。

8 月 16—17 日　省检察院控申处一行 3 人、州检察院检察长文淑云到院调研指导工作。

5 月　对瓮安煤矿监所 3—5 月连续发生 5 起，共 14 人死亡事故提起追责检察。

是年　完成首次检察官评定工作。38 名干警中被评为一级 7 名，二级 9 名，三级 2 名，四级 12 名，五级 3 名。

1999 年

是年　坚决惩治职务犯罪不放松。

2000 年

是年　经省检察院验收，县检察院获“‘五好’检察院”荣誉称号。

是年　严厉打击杀人、抢劫、盗窃、强奸、制造贩卖假币犯罪。

是年　严格执行高检院“九条卡死，十项纪律，六个必须”，推进反贪污贿赂工作。

2001 年

3 月 7 日　县人大任命刘青为县检察院检察长。

12 月　检察院实施机构改革，或更名或增加，成为二室、八科、二局。

是年　对瓮安监狱 2000 年为 5 名罪犯年度记功作假进行纠正，对管教人员建议处理。

2002 年

是年 发出监所建议书 6 份；纠正看守所超期羁押 12 人。

是年 提请抗诉 1 件，初查审判人员枉法裁判 1 件，建议法院重审 2 件。

是年 出台《瓮安县人民检察院举报职务犯罪奖励办法》。

2003 年

7 月 1 日 检察院党支部评选为“瓮安县先进基层党支部”。

是月 组织瓮安、贵定两县地税局 80 余名中层干部参观服刑人员学习、生活、劳动改造，以示警示。

是年 受理不服人民法院生效判决裁定申诉案 17 件，处理 17 件。其中提起抗诉 1 件，建议抗诉 5 件，向一审法院发出检察建议再审 3 件。

是年 受理渎职案 5 件、6 人，决定起诉 2 件、2 人。

是年 清理瓮安看守所超期羁押 6 人，纠正超期羁押 3 年以上 2 人，不按时依法交付执行 4 人。

是年 监督兑现移民搬迁 1200 余人、资金 2565 万元，久铜公路工程资金 3950 万元。

2004 年

是年 获全省检察机关“文明接待室”称号。

2005 年

7 月 县委授予检察院党支部“先进基层党支部”称号。

12 月 渎职侵权检察科更名为反渎职侵权局。

是年 实行羁押期限届满通知制和案件即将到期催办制。

2006 年

10 月 12 日　县人大任命杨嗣春为瓮安县人民检察院检察长。

2007 年

1 月　李顺达荣获全省检察机关“优秀司法警察”称号。

12 月　被中共瓮安县委、县人民政府评为“信访先进单位”。

是年　获瓮安县社会主义法制理论知识竞赛二等奖。

是年　获反贪污贿赂目标考核全州第一名。

是年　县人大任命 5 名县检察院人民监督员。

2008 年

1 月　张富强获全省检察机关“查办刑罚执行和监管场所查办职务犯罪案件先进个人”称号。

2 月　郑光杰获全省检察机关“优秀反贪局长”称号。

3 月　反贪污贿赂局被州检察院授予集体三等功。

是月　被州检察院授予“全州先进基层检察院”称号。

4 月　被中共瓮安县委、瓮安县政府评选为“维护社会稳定工作先进集体”。

6 月 28 日　瓮安县城爆发“打、砸、抢、烧”群体性事件。被称为“6·28”事件。

7 月 2 日　检察长杨嗣春参加省委书记石宗源主持的州委、州政府、都匀军分区、全州 12 个县市党委书记、州直各部门参加的深化打黑除恶专项斗争动员会。

11 日　检察长杨嗣春参加在县城老体育场举行的县委书记大接访，公、检、法、司“四长”大接访。受理来信来访 377 件，191 人次。

是年　检察院控申科被省检察院授予“文明接待室”荣誉称号。

2009 年

1 月　经州检察院目标考核验收，州检察院授予瓮安县检察院“先进检察院”称号。

3 月　州检察院授予瓮安县检察院法警队集体二等功。

5 月 检察院由县城西街政法大楼迁至瓮安县城文峰南路新建检察院办公大楼。

是年 检察院获中共瓮安县委、县政府“综治维稳工作先进集体”称号。

2010 年

3 月 增设检察院纪检组。

10 月 1 日 检察院内部电脑网络正式开通投入使用。结束文书、文件、材料信息人工书写、印刷、邮传的历史。

11 月 《检察日报》社原社长张本才一行至瓮安作法律监督专题调研。

是月 杨仪军获“全省打黑除恶工作先进工作者”称号。

12 月 检察院“3·17”专案组被省检察院荣记集体二等功。

是年 挤出资金 13 万元，组织干警 70 人次赴最高人民检察院、西南政法大学、省检察官培训中心进行业务培训。

是年 经目标考核，县人民检察院被州检察院授予“先进检察院”称号。

2011 年

3 月 检察院法警大队被省检察院政治部表彰为“司法警察编队管理示范单位”。

5 月 监所检察科被省检察院荣记集体二等功。

7 月 检察院进行六届工会委员会换届选举，重组有 63 名成员的工会组织。

10 月 检察院法警大队荣获“全国检察机关司法警察编队管理示范单位”称号。

2012 年

2 月 《瓮安检察》内刊季刊创刊。

5 月 设立猴场镇检察室为检察院第一个派出机构。

6 月 省检察院授予瓮安县人民检察院“全省先进检察院”称号。

8 月 瓮安县检察院妇女联合会选举产生。

9 月 检察院法警大队出席全国检察机关第三次司法警察编队管理工作经验交流会，经验在全国推广。

是月 增设检务中心和案件管理办公室。

是月 检察院“两房”建设选址落户北部新城七星桥，由原占地 6500 平方米增至 15 亩，并获拨款400万元作拆迁补偿款。

是年 13名干警参加国家司法考试。参与各级检察院各类培训212次、445人次；学习修改后的《刑法》《刑事诉讼法》《人民检察院刑事诉讼法规则（试行）》，培训50次、1400人次。

是年 开展行贿犯罪档案查询495次；向县直部门、乡镇有关领导发送预防职务犯罪短信1700余条。

2013年

1月 增设计划财务装备科。

5月 县人大常委会任命谭必刚为检察院检察长。

7月 增设法警大队。

10月 增设未成年人刑事检察科。

是年 受理处置不服法院生效判决、裁定民事、行政申诉案22件。

2014年

1月 组建检察院机关党委。

2月21日 成立以检察长为组长，副检察长为副组长的网络舆情应急工作领导小组。

3月 增设银盏经济开发区检察室，派驻县看守所检察室，县职务犯罪预防局。

5月 增设生态环境保护科。

8月 经贵州省涉密系统测评中心专家评估，检察院涉密网络安全性、电磁泄漏发射安全性、安全保密设备通过测评，成为全州首家通过测评合格基层检察院。

2015年

5月16日 瓮安县检察院被最高人民检察院授予"全国先进基层检察院"光荣称号。

5月 省检察院授予瓮安县检察院"4+1"工程创建示范院。

是月 《检察日报》法制中国栏目组编辑到瓮安对未成年人轻微犯罪记录封存作专题采访报道。

12月 共青团贵州省委、省人民检察院授予瓮安县人民检察院"青年维权岗"光荣称号。

是年 县人民检察院被黔南州检察院评选为"2014—2015年度文明单位"。

2016 年

10 月　县人大常委会任命曹品刚为瓮安县人民检察院检察长。

是年　中共瓮安县委、县政府授予县检察院“政法综治信访维稳工作先进集体”荣誉称号。

第一章 机构沿革

在人类创造的精神文化成果中，法律及司法机关集中和突出地反映一个国家、民族和社会的价值观，自觉和不自觉地将民族精神、国家理念、社会观念融入法律与司法体系之中，其执法机构随法律产生而产生。

第一节 设置与沿革

在中国历史上，自西汉后所设之衙史台（府），及由此演变而来直至明清的都察院，均是“纠劾百官之官”，旨在实施法律监督，成为后世检察之雏形。而与西方国家专一的检察制度，始于清末。

史载汉武帝元鼎六年（前111），置牂牁郡于域内草塘。按汉制，行政机关与司法职能合一、行政首脑郡守（或太守）、县令兼掌司法审判。下置郡丞、县丞，协助处理司法刑狱事务。其时，据史书记载，贵州为缴外之地（或称苗蛮之地），有其名而无其实。

唐高祖武德三年（620）置建安县于草塘；太宗贞观四年（630）置牂牁州于草塘，按唐制，州以刺史为长官，刺史每岁一巡属县，审录囚徒，纠绳不法县吏，发现疑难狱讼及时上奏皇帝。县最高长官县令，也须在辖区内“审察冤屈”。下设司法佐和史处理具体法律事务。

唐乾符二年（876），南昭攻克播州（即今遵义一带），唐都总管犹崇义平叛入驻瓮安，置瓮水寨。直至宋，置瓮水蛮夷长官司，均无置县记录。隶唐以经制州模式辖地，即“假之以爵禄”，其审判狱讼之事，属地方苗蛮长官自裁。

元置瓮水长官司，草塘长官司，仍属羁縻制，即“宠之以名号”“皆因其俗，使之附辑诸蛮，谨守疆土，修职贡，供征调，无相携二”。不行使朝廷法度，皆为自主自裁。

明洪武初，域内置瓮水安抚司，洪武十七年（1384）置草塘安抚司，袭元制，实行羁縻制，法制皆自裁，“唯听我驱调，而法使备鄢”和“世袭程序，职责奖赏”。

明万历二十九年（1601），置瓮安县，由县令实施诉讼审判。

清光绪三十二年（1906）9月20日，清律谕刑部改为司法部专管司法，大理寺改为大理院专行审判。是年12月17日，颁布《大理院审判编制法》作出规定；自大理院以下各审判厅，均设检察局。清宣统元年（1909）12月28日，奏准颁布《法院编制法》，其法规定，全国法院分初级、地方、高等、大理院四级三审制。各级法院均分别置检察厅，也称初级、地方、高等、总检察厅。对检察官的设置，职权范围，办案程序仿照日本制订。检察制度初步建立，而在全国尚未完全执行，正是贪霉无查，腐败无检，成为清王朝覆灭的根本所在。

第二节　中华民国时期的检察机构

民国始建之初，完全承袭前清法律制度，法院和检察机关的组织方法，参照《法院编制法》，仍采取四级三审制，最高为大理院，次之为高等审判庭，再次为地方审判厅，基层为地方审判厅。同时在各级辖区内设置同级检察厅，中央设总检察厅。民国 4 年（1915），北洋政府对《法院编制法》作出修改，废除县级审判厅，另于地方审判厅内设置简易审判庭，改为三级三审制，各级法院辖区内仍设置检察厅，并改总检察厅丞为检察长，各级检察分置典簿、主簿、录事。后均改为书记官长、书记官。

民国 16 年（1927），国民政府公布《最高法院组织暂行条例》，将大理院改称最高法院，取消各级检察厅设置，规定在最高法院内置首席检察官 1 人，检察官 7 ~9 人。

民国 18 年（1929），县公署改名县政府，县知事改称县长，县长万钧兼检察官。

民国 19 年（1930），司法部草拟《法院组织法》。其中规定“凡是法院均配置检察署，以为检察官员执行职务之所”。民国 21 年（1932）通过《法院组织法原则修正案》，修正案中规定“于最高法院内设检察署，其他各法院置检察官，其检察官二人以上者，以一人为首席”，取消配置于地方各级法院的检察署。

民国 26 年（1937），域内设司法处，内仍设检察员（地方称之检验员）。民国 27 年（1938），建军法处，县长兼任军法官，设承审员、书记员，审理军法案件和特种刑事案件，撤销检察员。民国 37 年（1948），重设司法处，内设审判、检察两部分，下设巡官，检察长仍由县长兼任。县长任检察官参与刑事诉讼，一直延续至瓮安解放。

第三节　中华人民共和国成立后的检察机构

1949 年 10 月 1 日，中华人民共和国成立，1949 年 12 月 11 日瓮安解放，废除国民党政府检察制度，建立中华人民共和国最高人民检察院及其领导下的各级人民检察署，行使检察权。

中华人民共和国成立之初，域内由县公安局监理检察业务。有关刑事诉讼活动检察权由公安机关行使。

1952 年 8 月，设立瓮安县人民检察署，启用“瓮安县检察署”木质长方印鉴，由公安局局长陈梦祥兼任首任检察署长。置办公地点于县城中街，原县政府门口、公安局侧一木房内。独立行使检察权。

1954 年 9 月 20 日，第一届全国人民代表大会第一次会议通过的《中华人民共和国宪法》规定，将各级人民检察署改为人民检察院，1955 年 6 月，改瓮安县人民检察署为瓮安县人民检察院，并正式组建，由御文治任首任检察长，启用繁体字“甕安縣人民檢察院”木质圆形印鉴，方印鉴停止使用，全权行使检察权。1957年后，随着简化字推广，改繁体木质印鉴为今使用的简体字“瓮安县人民检察院”木质圆印。1955年，县检察院首建党组。

1967年4月，随着“文化大革命”夺权，检察院并入瓮安县革命委员会保卫领导小组。1968年，实施军事管制。1973年3月，撤销军事管制，由瓮安县公安局行使检察权。

1975年第四届全国人民代表大会通过的《宪法》正式取消各级人民检察机关，检察权由公安机关行使。

1978年5月5日，第五届全国人民代表大会第一次会议通过《中华人民共和国宪法》和中共中央《关于建立各级人民检察院》的通知下达后，于是年8月25日恢复瓮安县人民检察院。内设办公室，刑事检察组，经济检察组。检察院计干警5人，其中检察长1人，检察员3人，工作员1人，院址设于县城中街原政府大院一座仓库楼，1979年再调入2人。

1980年1月，检察院内设法纪检察科，配备法纪、经济检察干警6人。3月，建立检察院党组和临时检察委员会。是年7月30日，由县人大常委会八届三次会议任命由9名检察员组成的瓮安县人民检察委员会。计领导、干警23人。1981年，干警增至28人。

1982年，随着形势发展，成立打击经济犯罪领导小组办公室。1984年，检察院增设经济检察科。

1985年11月，检察院增设控告申诉检察科。1987年10月，于瓮安县税务局设检察室，为派驻之第一机构。撤销打击经济犯罪领导小组办公室。是年，院址由仓库楼迁至西街政法大楼。

1988年11月，增设国家工作人员职务犯罪举报中心。1989年，刑事检察科改设为批捕科和起诉科，实行侦、捕、诉分离。

1990年1月，经济检察科更名为反贪污贿赂检察科；刑事检察科更名为检察一科，主管批捕；刑事检察二科，主管诉讼。先后分别于烟草、粮食、供销社设置检察室。

2001年12月实施机构改革，领导职数设检察长1名，副检察长3名。

2002年，内设机构由11个精简为9个，编制由55名缩编为50名。原内设法警队、检察技术科分别作为政工科、反贪局内设机构。原审查批捕科、审查起诉科、法纪检察科分别更名为侦查监督科、公诉科、渎职侵权检察科。

2004年8月，检察院实施人民监督制度，试行人民监督员制度。聘任5名各界人士为县检察院首任人民监督员。2005年12月，渎职侵权检察科更名为反渎职侵权局，局长为正科级，内设侦查科、综合科，设科长或副科长。成立治理商业贿赂领导小组。6月，反渎职侵权局增设副局长和高配为副科级。编委于2007年11月23日下文，全院行政编制由2006年52人增加到53人。2008年6月，检察院增加政法编制2人。是年，全院行政编制由53人增至55人。2009年2月，县编委核定检察院工勤人员2名，3月，县委决定检察院内设科室主要10名负责人按正、副科级配备。

2009年5月，县检察院由县城西街迁至瓮安文峰南路新建检察院。

2010年，县人大十八届二十八次会议于9月17日任命汪开才等3人为检察委员会委员，检察委员会由原6人增加为9人。10月，经人大正式任命，人民监督员制度正式施行。是年年末，检察院有在职干警50人，其中研究生学历6人，大学本科学历29人。

2011年3月，机关工勤人员编制再增3名，工勤人员共计5人。11月4日，县人大十五届三十八次会议任命罗松等4人为检察院检察员。是月，编委再给检察院增加政法编制3名，是年年底，检察院内设机构为办公室、政工科（内设法警队）、侦查监督科、公诉科、反贪污贿赂局（内设侦查科、职务犯罪预防科、技术科）、反渎职侵权局（内设侦查科、综合科）、监所检察科、民事行政检察科、控告申诉检察科（内设举报中心，刑事赔偿办公室）。共计人员编制63人，其中政法专项编制60名，实有在职干警62名，其中研究生学历3人、大学本科学历38人、大学专科学历19人、中专2人。12月，在猴场镇开置的猴场检察室，被省检察院列为社会管理创新示范检察室。

2012年3月，增加政法专项编制2名，工勤人员5名。5月，猴场检察室被正式批准为县人民检察院下设派出机构，检察政法编制为4名。9月，增设人民检察院案件管理办公室和人民检察院服务中心为内设机构。核定检察院增加事业编制10名。计全院编制78名，其中政法专项编制63人，机关工勤编制5名，事业编制10名，经编委批复，增加猴场检察室编制人员。

2013年1月，增设计划财务装备科，7月增设法警大队，10月，增设未成年人刑事检察科三科为内设机构。是月，设专职检察委员会委员2名。

2014年1月，建立检察院机关党委。3月，增设银盏经济开发区检察室，检察院派驻看守所检察室。是年5月，增设生态环境保护检察科为内设机构。

是年年底，其内设机构为纪检组，机关党委、办公室、政工科、侦查监督科、公诉科、反贪污贿赂局（内设侦查科、技术科）、反渎职侵权局（内设侦查科、综合科）、监所检察科、民事行政检察科、控告申诉检察科、案件管理办公室、计划财务装备科、未成年人刑事检察科、司法警察大队、职务犯罪预防局（内设综合指导科、犯罪预防警示教育科）、生态环境保护科，下设事业机构检务服务中心。派出机构为猴场检察室、县经济开发区检察室、驻县看守所检察室。

第四节 检察委员会

检察委员会是检察机关内部最高的权力机构。

1954年《人民检察院组织法》明文规定，检察委员会在检察长领导下，处理有关重大问题。

1979年《人民检察院组织法》规定，检察委员会实行民主集中制，在检察长主持下，讨论决定重大事件和其他重大问题。

1980年2月21日，《最高人民检察院检察委员会组织条例》第3条规定，检察委员会讨论决定下列事项：1. 贯彻执行党的方针、政策和人民代表大会及其常务委员会的决定命令；2. 重大案件和疑难案件的处理；3. 检察业务工作的规定、条例和措施；4. 检查、总结工作和其他有关的重要事项。

联系实际，瓮安县检察院检察委员会在落实最高人民检察院检察委员会职责基础上更加细化，随着法律的健全，立足基层检察院工作实际，相应又规定：一、讨论贯彻国家法律政策，上级检察机关决定和县人大常委会决定、决议；二、研究讨论重大工作问题，重大业务改革，制定和修订业务工作规范；三、审议检察长向人大及其常委会的工作报告；四、讨论决定检察长和公安机关负责人的回避问题；五、讨论研究在全县有重大影响的刑事、自侦、民行、控告申诉案件；六、讨论研究县以上人大代表、政协委员和有影响的副科级以上干部涉嫌犯罪案件；七、讨论研究需要由本院作出不起诉案件；八、讨论研究申请刑事赔偿案件；九、讨论探究其他疑难案件。

检察院成立之初，在落实1954年《人民检察院组织法》过程中，因编制仅5人左右，其检察委员会均由检察长担任并主持工作，实属有其名而不健全。特别是三年困难时间，以及受“文化大革命”的冲击，检察委员会基本被废止。

1978年检察院恢复，1980年7月30日，瓮安县人民检察院检察委员会恢复重组。瓮安县八届人大三次会议正式任命御文治、王大志、倪宗佑、郭长茂、宋安宏、罗先荣、张明富、雷国华、代荣光9人组成瓮安县人民检察院检察委员会。

随换届选举，检察院人事变动，凡新任检察长、副检察长均被人大任命为检察委员会委员；根据年龄结构，工作调动相与之任免，仍由人大常委会任免检察委员会委员职务。

其间，免去检察委员会委员职务的主要有：1984年5月，县人大八届二十六次会议免去检察委员会委员职务的有方天禄、王大志、罗先荣、倪宗佑、雷国华、郭长茂；1995年11月17日，县人大十二届十五次会议免除的有段天明、代荣光、杨玉书、陈玉文、石仲才、张明富；2002年1月，县人大十三届二十四次会议免去张邦荣、王松德、许新民检察委员会委员职务；2007年2月13日，县人大十五届一次会议免去宋勇检察委员会委员职务；2009年7月，县人大十五届二十五次会议免去唐文义、刘蓉检察委员会委员职务；2010年9月17日，县人大十五届二十八次会议免去李光学检察委员会委员职务。

随着县人民代表大会换届选举，其间，分别于1984年5月26日，人大八届二十六次会议任命陈建东、罗登国、殷天明、张邦荣、许新民、卢甫林、王松德、石仲才、陈玉文9人为瓮安县检察委员会委员；1995年11月17日，县人大十二届十五次会议任命李光学为检察委员会委员；2003年7月24日，县人大十四届第二次会议任命牟涛、唐文义、陈军、郑光杰、商涛章、宋勇为检察委员会委员；2007年2月13日，县人大十五届第一次会议任命唐中林、潘建华为检察委员会委员；2008年6月，县人大十五届九次会议任命汪超为检察委员会委员；2010年9月17日，县人大十五届二十八次会议任命汪开才、邓琴、杨晓凤为检察院检察委员会委员；2012年5月3日，县人大十六届第一次会议任命邓太华、郑光杰为人民检察院副检察长、检察委员会委员。

其间，为认真履行检察委员职责，制定了检察委员会委员参加检察会议制度，要求对检察委员会讨论议题，表决和发表负责任的意见，必须认真通读案件审结报告，提前与承办人询问沟通，对案件全面掌握，为在检委会上发表意见作认真准备；围绕追诉标准，犯罪构成四个要件，做到论点清晰，论据充分发表意见和完成检察交办任务，以恪守和尽职责和义务。

2012年后，瓮安县检察院检察委员会人员为新任履职领导而自然添加，因退休缺员而重新任命，调离或退休自然免职。

第五节 人民检察院党组织

一、党组、机关党委

中华人民共和国成立后，随瓮安县人民检察院的建立，1955年建立政法党组，其党组书记由县委副书记担任。1955年9月至1957年10月，政法委党组书记由田志远担任；1960年5月至1960年4月，由检察长于长明担任政法委党组书记，直至“文化大革命”前。其间，检察院党组织均隶属于政法党组或由人民法院院长、公安局局长担任。“文化大革命”中，检察院党组织均属于县革委政法系统党的核心小组。1978年恢复检察院后，1980年4月建立人民检察院党组，由检察长郤文治任党组书记，副检察长为党组副书记，根据需要而设党组成员。其后，检察院党组书记皆为检察长担任。随着领导班子调换，党组成员也随之变换。

图1-1 2014年5月12日，瓮安县人民检察院民主生活会现场

检察院党组书记、副书记、成员由县委批准任免。其主旨是加强党对检察工作的领导，形成检察院工作领导核心；主要任务是负责落实党的方针、政策，团结非党干部群众，完成党和国家交给的检察工作任务；指导检察机关党支部工作；开展全院思想政治工作教育，队伍培养，树立立党为公，执政为民，忠于国家，忠于人民，忠于宪法和法律，忠实履行法律监督职责，恪守检察职业道德，维护公平正义，维护法制统一的道德操守和党要管党，监督党员行为，惩治违犯党纪党规，保持清正严明的党风政风。

特别是中共十八大召开后，检察院党组为加强党的领导，于2013年组建了机关党委，并下设2个党支部。

为坚持党要管党，落实依法治国的伟大方略，建立和健全了检察院党务工作制度。分别以党组工作制度5条23款、党组会议制度5条8款、党组议事规则18条7款、党内民主生活制度9条18款、党务公开制度6条12项、党组中心学习制度11条、党员定期学习制度6条、党支部"三会一课"6条5款、党支部民主评议党员制度4条11款、党支部议事制度4条、党支部党员民主生活会制度5条、"创先争优"工作制度4条17款，加强检察党组、机关党委、基层党支部建设。发挥党组织在检察院工作中的核心作用和模范作用。

瓮安县人民检察院党组书记、副书记、党组成员名录

表1-1

姓名	职务	性别	民族	籍贯	任职时间	备注
田志远	书记	男	汉族	河南	1955.9—1957.10	检察长兼政法委书记
于长明	书记	男	汉族	河南	1960.5—1961.4	检察长兼政法委书记
御文治	书记	男	汉族	贵州瓮安	1980.4—1982.12	—
方天禄	副书记	男	汉族	贵州瓮安	1980.4—1982.12	—
王大志	副书记	男	汉族	贵州瓮安	1980.4—1984.4	—
郭长茂	党组成员	男	汉族	河南	1980.4—1980.12	—
宋安宏	党组成员	男	汉族	贵阳	1980.4—1982.12	—
倪忠佑	党组成员	男	汉族	贵州瓮安	1980.4—1982.12	—
雷国华	党组成员	男	苗	贵州瓮安	1980.4—1982.12	—
方天禄	书记	男	汉族	贵州瓮安	1983.1—1984.5	—
王大志	副书记	男	汉族	贵州瓮安	1983.1—1984.12	—
郭长茂	党组成员	男	汉族	河南	1983.1—1984.12	—
张明富	党组成员	男	汉族	贵州瓮安	1983.1—1984.12	—
倪忠佑	党组成员	男	汉族	贵州瓮安	1983.1—1984.12	—
陈建东	书记	男	汉族	安徽明光	1984.5—1987.12	—
罗登国	副书记	男	苗	贵州瓮安	1984.5—1987.12	—
石仲才	党组成员	男	苗	贵州瓮安	1984.5—1992.12	—
卢甫林	党组成员	男	汉族	贵州瓮安	1984.5—	—
段天明	党组成员	男	汉族	贵州瓮安	1984.5—	—
张明富	党组成员	男	汉族	贵州瓮安	1984.12—	—
刘康德	书记	男	汉族	贵州瓮安	1991.3—1993.3	—
罗登国	副书记	男	苗	贵州瓮安	1988.1—1993.3	—
石仲才	党组成员	男	苗	贵州瓮安	1991.3—	—
卢甫林	党组成员	男	汉族	贵州瓮安	1991.3—	—
张明富	党组成员	男	汉族	贵州瓮安	1991.3—	—

续表1-1

姓　名	职　务	性　别	民　族	籍　贯	任职时间	备　注
罗开发	书记	男	汉族	贵州瓮安	1993. 3—2000. 5	—
罗登国	副书记	男	苗	贵州瓮安	1993. 3—2000. 5	
卢甫林	副书记	男	汉族	贵州瓮安	1993. 6—2001. 11	2004 年 4 月起，主持党组并全院工作
刘　蓉	党组成员	女	汉族	贵州瓮安	1998. 5—2004. 3	—
张邦荣	党组成员	男	汉族	贵州瓮安	1993. 3—	—
刘　青	书记	男	布依	贵州罗甸	2001. 11—2006. 10	—
金建华	副书记	男	汉族	贵州	2002. 5—	—
宋　勇	党组成员	男	汉族	贵州瓮安	2004. 3—2007. 3	—
牟　涛	党组成员	男	汉族	贵州瓮安	2004. 3—	—
杨嗣春	书记	男	汉族	四川宜宾	2006. 10—2013. 5	—
邓太华	副书记	男	汉族	贵州瓮安	2012. 5—	—
唐中林	党组成员	男	汉族	贵州瓮安	2007. 2—2012. 9	—
牟　涛	党组成员	男	汉族	贵州瓮安	2005. 10—2011. 2	—
郑光杰	党组成员	男	汉族	贵州瓮安	2005. 10—	—
谭必刚	书记	男	布依	贵州罗甸	2013. 5—2016. 10	—
邓太华	副书记	男	汉族	贵州瓮安	2013. 5—	—
李　明	党组成员	男	汉族	贵州瓮安	2012. 7—	—
郑光杰	党组成员	男	汉族	贵州瓮安	2013. 5—	—
牟　涛	党组成员	男	汉族	贵州瓮安	2013. 5—	—
曹品刚	书记	男	布依族	贵州都匀	2016. 10—	—
邓太华	副书记	男	汉族	贵州瓮安	2016. 10—	—
郑光杰	党组成员	男	汉族	贵州瓮安	2016. 10—	—

瓮安县人民检察院机关党委领导名录

表 1-2

姓　名	职　务	性　别	民　族	籍　贯	任职时间	备　注
李　昆	书记	男	汉族	贵州瓮安	2015. 3—	—
王考群	书记	女	汉族	贵州瓮安	2017. 8—	—

二、党支部

党支部是党的基层组织，由各院全体党员组成，支部委员会成员由党员民主选举产生，并报上级批准，一般任期为2年。由于人数和党员人数较少，1980年前党员由县直机关党委或政法党组领导，单设党支部。受“文化大革命”冲击，停止活动，直至人民检察被一度终止。1980年，建检察院党组后，恢复检察院支部委员会。在院党组和上级党委领导下开展以下工作：一、宣传、贯彻执行党的路线、方针、政策、决议；二、坚持党的组织生活和学习制度，加强党员党风、党纪、党课教育；三、培养和发展党员；四、开展评比竞赛活动，表彰先进模范事迹；五、解决干警实际困难，调动各种积极因素，充分发挥党员先锋模范作用。

瓮安县人民检察院党支部委员会名录

表1-3

姓　名	职　务	性　别	民　族	籍　贯	任职时间	备　注
王大志	支部书记	男	汉族	贵州瓮安	1980. 4—	—
郭长茂	副支书	男	汉族	河南	1980. 4—	—
罗先荣	委员	男	汉族	贵州	1980. 4—	—
代荣光	委员	男	汉族	贵州瓮安	1980. 4—	—
汤天美	委员	女	汉族	贵州瓮安	1980. 4—	—
李　昆	第一支部书记	男	汉族	贵州瓮安	2015. 1—	—
罗登国	支部书记	男	苗	贵州瓮安	1987—1992. 12	—
卢甫林	支部书记	男	汉族	贵州瓮安	1993. 1—1998. 5	—
刘　蓉	支部书记	女	汉族	贵州瓮安	1998. 6—2004. 3	—
杨方平	委员	女	汉族	贵州瓮安	2015. 1—	—
陈　蓉	委员	男	汉族	贵州瓮安	2015. 1—	—
刘　杭	委员	男	汉族	贵州瓮安	2015. 1—	—
袁仁瑜	委员	女	汉族	贵州瓮安	2015. 1—	—
马　佳	第二支部书记	女	汉族	贵州瓮安	2015. 1—	—
胡　民	委员	男	汉族	贵州瓮安	2015. 1—	—
王先进	委员	男	汉族	贵州瓮安	2015. 1—	—
邓　琴	委员	女	汉族	贵州瓮安	2015. 1—	—
黄立望	委员	男	汉族	贵州瓮安	2015. 1—	—
李　昆	第一支部书记	男	汉族	贵州瓮安	2013. 1—	—
孙绍琪	委员	男	汉族	贵州瓮安	2013. 1—	—
向　梅	委员	女	汉族	贵州瓮安	2013. 1—	—

续表1-3

姓　名	职　务	性　别	民　族	籍　贯	任职时间	备　注
胡　民	委员	男	汉族	贵州瓮安	2013. 1—	—
赵金领	第二支部书记	男	汉族	贵州瓮安	2013. 1—	—
李孝春	委员	男	汉族	贵州瓮安	2013. 1—	—
范秀金	委员	女	汉族	贵州瓮安	2013. 1—	—
张富强	委员	男	汉族	贵州瓮安	2013. 1—	—
陈绍斌	委员	男	汉族	贵州瓮安	2013. 1—	—
马　佳	委员	女	汉族	贵州瓮安	2013. 1—	—

图 1-2　2011 年 1 月 28 日，院党组召开宗旨教育、主题实践活动民主生活会

第二章　检察制度与检察人员职权

随着历史的演进和社会发展，检察制度及检察人员资质、权限也相应发生变化。

第一节　清代检察制度及检察官职权

清光绪三十二年（1906）颁行的《大理院审判编制法》规定，在大理院下各级审判厅内设各级检察局，各级检察局设置检察长一名，负责对刑事案件提起公诉，监督审判活动与监视判决后的正当施行。

清光绪三十三年（1907）十二月《各级审判厅试办章程》（以下简称《试办单程》）规定，凡是刑事案件，不论因被害人告诉，他人的告发，检察官的移送或检察官自行发觉，都一律由检察官提起公诉，但须亲告的时间诸如妨害安全、信用、名誉及机密罪、奸非罪等不在此限。该《试办章程》的《各级审判厅通则》（以下简称《通则》）规定检察官独立行使如下职权：一、对刑事提起公诉；二、收受诉状请求预审及公判；三、指挥司法警察官逮捕犯罪者；四、调查事实，搜集证据；五、民事保护公益陈述意见；六、监督审判并纠正其违误；七、监视审判之执行；八、查核审判统计等。

《通则》规定，凡经检察官起诉的案件，审判厅不能无故拒绝，被害者亦不能自行和解。凡应公诉案件，不向被害者之愿否诉讼，该检察厅当及时起诉。在预审或公诉时均须检察官莅庭监督并纠正公判之违误。如审判官不待检察官莅庭判决者，其判决无效。《通则》还规定司法警察官营、翼、兵弁、地方印佐各员是检察厅的辅助机关。检察官由司法部发给执照，遇有现行犯事关紧急时，得指挥巡警兵弁搜索逮捕。检察官收受诉状必须在24小时内移送审判厅，并有权随时调阅审判厅一切审判案卷材料，对检察官的工作规定每日办公十个小时。

宣统元年（1909）2月，又颁布《法院编制法》，规定各级审判衙门分别配置检察厅，管辖区域与各该审判衙门同，初级审判厅置检察官一员或二员以上；地方及京师检察厅各置检察长一名，检察官二员以上。总检察厅置厅座一员，检察官二员以上。检察官主要行驶搜查处分，提起公诉，实行公诉，并监督审判的执行；作为诉讼当事人或公益代表人，实行特定事宜。

宣统二年（1910）颁布的《检查调度司法警察章程》规定了检察厅在逮捕人犯，搜集证据，护送犯人，取保传人，检验死伤，接收陈词等方面的具体职权。《章程》规定：凡逮捕人犯应以检察官印票为证，凡现行犯由司法警察进行逮捕，由长官询明，备文录供，送交检察厅办理，凡检察厅应行查勘证据应知照警察人员会同前往等。

瓮安地处黔中要冲，富庶殷实，文化发达，然，民国初《瓮安县志》却无司法章节，档案缺失，应成为域内司法审判、检察之憾事。

第二节　民国时期检察制度及检察官职权

清末民国初，瓮安县均实行政治、法律一统制，无专门司法机构，由县令或知县执行司法事务，无检察机构和检察官之设。

民国之初，完全沿用前清法律制度，法院与检察机关参照《法院编制法》，采用四级三审制。民国4年（1915），北洋政府对法院编制作出修改，废除各县初级审判厅，改为三级三审制，各级法院置检察厅。

民国16年（1927），国民政府建都南京，司法改革废除检察厅，在各级法院置检察官，执行检察事务。民国18年（1929），改公署为县政府，县知事改称县长，设4个局，仍由县长按规制兼任检察官（是年，更县长2人）。民国20年（1931），改司法公署为法院，由县长熊与九任检察官。民国21年（1932），通过《法院组织法立法通则修正案》，其中规定最高法院设检察署，其他各法院均配置检察官，取消配置于地方法院的检察署，其司法事宜仍由县长代理。民国26年（1937），瓮安县设司法处，复置法院。而检察权仍由县长兼理，受高等法院与分院首席检察官之监督，参与刑事诉讼活动，直至瓮安解放。

民国时期检察官职权随检察机构变动而变化。民国17年（1928），公布实行的《刑事诉讼法》规定：检察官代表国家行使原告职权，凡刑事案件，被害人均须向检察机关告诉，由检察机关向法院提起公诉。检察机关不起诉的案件，便不受正式法院的裁判，除法院自诉案件之外。即使被害人放弃诉权，检察机关也对撤回自诉或上诉均有干涉的权力。

从民国17年（1928）民国政府公布施行的《刑事诉讼法》直至民国34年（1945），修改颁布诸多的法律规定，均赋予检察官的职权是：实行侦查；提出公诉；实行公诉；协助自诉；担当自诉；指挥刑事判决之执行。

1945年，民国政府公布《调度司法警察条例》，1947年修改第一条，即检察官由司法部发给指挥证，上贴检察官相片，并附须知规定，在办理侦察、执行事务过程中，有权命令和调动，指挥司法警官协助侦查，进行弹压之职权，给予检察官很大的特殊权力。并规定了检察官行使职权的区域一般均在本县境内，如遇特殊情况也可在县境外行使职权。

民国期间，对检察官的选拔任用仍然作出明确规定，并于1932年以民国政府公布《法院编织法》规定了有下列情形之一者，才能充任检察官：一、经司法官考试及格并实习期满者；二、曾在公立或私立之大学独立学院、专门学校教授主要法律科目两年以上，经审查合格者；三、曾任推事或检察官一年以上，经审查合格者；四、执行律师职务三年以上，经审查合格者；五、曾在教育部门之国内外大学独立学院、专门学校毕业，而有法学上专门之著作，经审查合格并实习期满者。

中华民国时期，于基层政权县级部门，几乎均以县长兼检察官，在政府为县长，在司法处则为检察官。而凡县长兼检察官者而不兼薪。民国时期，检察官、候补书记官、法医师、检验员之薪以十一级而定具体薪酬。其中，检察官、候补书记官分四级而薪酬。检察官一级月俸240元，四级180元；候补书记官一级65元，四级70元；法医师一级月俸40元，十一级月俸200元；检验员一级月俸200元，八级月俸100元。

民国时期，县级检察官实际受行政机关（司法部）指挥领导。其任免最高法院检察署检察官为荐任，其余各级检察官为荐任，与之同级法院平行，独立行使检察权。其办案来源为县司法警察机关移送的；区、乡、保、甲人员指挥和扭送的；人民群众来信告发的。以检察官名义向司法处或法院提起公诉，其多以坐堂办案，极少调查取证，铸成不少冤假错案。其间，县内何某某、邓某某便是专替群众书写诉状，状告不法的专业人士。

民国期间，瓮安自民国25年（1936）至民国38年（1949）间，均由县长兼任检察官工作，每年多以刑事中的伤害、毁损、侵占为多，抢劫、杀人、盗匪次之。其中，民国33年（1944）对域内上百人最大股匪刘某安的剿灭检察审判犇动周边数县，民国36年（1947）后，多以烟毒案为首，民事中债务、买卖田土为多，其他次之。

第三节　人民检察院检察长和检察干部

根据中华人民共和国1950年11月制定的《各级地方人民检察署组织法通则》和《暂行条例》，1952年，设置瓮安县人民检察署，检察署署长受命于县委；1954年9月，第一次全国人民代表大会通过并颁布《中华人民共和国检察院组织法》，将人民检察院体制由原来三级改为四级，是年年底，改瓮安县人民检察署为瓮安县人民检察院，检察长随之被任命。自1966年“文化大革命”开始直至1978年3月，检察制度一度终止。

一、检察长

根据中央〔1979〕14号文件规定，“县级检察长应由县级干部担任，检察员应由区级干部担任……慎选检察干部”精神，检察院干部任免走上正轨。明确规定，检察长是检察机关行使职权的领导人，根据上级检察院，县人大相关法制精神，部署全院工作；掌握执行国家政策和法律法令；审批案件；主持召开检察委员会讨论决定重大问题；签发各种法律文书、公函、报告；向人大常委会和上级检察机关负责并报告工作。副检察长协助检察长完成上述任务，并做好院内分管工作。

随依法治国的深入，2014年，联系瓮安县检察院实际，制定检察长、副检察长决定召开检察委员会会议；履行检察委员会委员职责；对检察委员会作案件研究、重要工作总结发言、宣布决定、签发会议纪要的岗位责任制。

1952—2016 年瓮安县人民检察院历任检察长、副检察长名录

表 2-1

姓　名	职　务	性　别	民　族	籍　贯	任职时间	备　注
陈梦祥	检察长	男	汉族	河南	1952. 8—1953. 4	兼
方万瑞	检察长	男	汉族	河南	1953. 4—1954. 4	—
祁文治	检察长	男	汉族	贵州瓮安	1954. 10—1955. 5 1978. 8—1982. 11	—
田志远	检察长	男	汉族	河南	1955. 6—1958. 12	—
于长明	检察长	男	汉族	河南	1959. 9—1961. 8	—
秦绍品	副检察长	男	汉族	贵州瓮安	1956. 3—1957. 3	—
贾文增	副检察长	男	汉族	湖南	1957. 12—1959. 8	—
于长明	副检察长	男	汉族	河南	1958. 12—1959. 3	—
方天禄	副检察长	男	汉族	贵州瓮安	1960. 2—1966. 4	1961 年主持工作
方天禄	副检察长	男	汉族	贵州瓮安	1966. 5—1967. 3	主持工作
祁文治	代检察长	男	汉族	贵州瓮安	1978. 8—1980. 4	—
祁文治	检察长	男	汉族	贵州瓮安	1980. 4—1984. 2	—
陈建东	代检察长	男	汉族	安徽明光	1984. 2—1984. 11	—
陈建东	检察长	男	汉族	安徽明光	1984. 11—1991. 2	—
王大志	副检察长	男	汉族	贵州瓮安	1979. 10—1984. 2	—
方天禄	副检察长	男	汉族	贵州瓮安	1981. 2—1982. 11	—
罗登国	副检察长	男	苗	贵州瓮安	1984. 2—1992. 12	—
石仲才	副检察长	男	苗	贵州瓮安	1987. 11—1992. 12	—
刘康德	代检察长	男	汉族	贵州瓮安	1991. 2—1991. 5	—
刘康德	检察长	男	汉族	贵州瓮安	1991. 5—1993. 3	—
罗开发	检察长	男	汉族	贵州瓮安	1993. 3—2000. 5	—
刘　蓉	副检察长	女	汉族	贵州瓮安	1998. 5—2004. 3	—
卢甫林	副检察长	男	汉族	贵州瓮安	1993. 6—2001. 11	2000. 5—2001. 11 主持工作
刘　青	检察长	男	布依	贵州罗甸	2001. 11—2006. 10	—
金建华	副检察长	男	汉族	贵州	2002. 5—2010. 9	—

姓　名	职　务	性　别	民　族	籍　贯	任职时间	备　注
宋　勇	副检察长	男	汉族	贵州瓮安	2004. 3—2007. 2	—
杨嗣春	检察长	男	汉族	四川宜宾	2006. 10—2013. 5	—
唐中林	副检察长	男	汉族	贵州瓮安	2007. 2—2012. 9	—
牟　涛	副检察长	男	汉族	贵州瓮安	2005. 9—2011. 12	—
郑光杰	副检察长	男	汉族	贵州瓮安	2012. 5—	—
邓太华	副检察长	男	汉族	贵州瓮安	2012. 5—	—
李　明	副检察长	男	汉族	贵州瓮安	2012. 7—2016. 10	—
谭必刚	检察长	男	布依	贵州罗甸	2013. 5—2016. 10	—
曹品刚	检察长	男	汉族	贵州都匀	2016. 10—	—
陈德清	副检察长	男	汉族	贵州龙里	2014. 12—	—

二、内设科室科长、主任及职责职权

瓮安县人民检察院初建时期，由于人员较少，无内设机构。

1955 年，始设办公室，办案小组。1958 年后，基本属于公、检、法三家联合办公，内分职责。后由于“文化大革命”冲击，检察制度一度终止。1978 年恢复检察院后，再设办公室、刑事检察组、经济检察组。1984 年设科，随工作需要，科和办公室设科长、副科长、主任、副主任。并由一定资质、办案经验丰富的人员担任，形成检察机关中层领导集群。执行各项规章制度，办理大案、要案、难案，把好办案质量关，审核科室法律文书、信函等。并明确副科长协助科长完成上述工作。办公室主任以当好院领导参谋为己任，完成各种报告、上报文书、档案、印信管理、上下联系、后勤管理，以推动全院各项工作。

联系工作实际和历年来经验积累，不同科室相应制定了岗位责任制。

院办公室以 15 项职责订立了岗位责任；再分别以 6 条和 4 条制定了办公室主任、副主任岗位职责。并分别对办公室内勤岗、文秘岗、机要员岗、档案员岗、网络管理员岗、计算机管理员岗、法律政策研究岗、驾驶员、食堂管理员均分别制定了岗位职责。

政工科以 7 项工作职责制定了岗位责任；分别以 9 条工作职责制定了政工科科长、副科长工作岗位职责。分别对宣传干事、组织干事制定了岗位职责。

计划财务装备科以 8 项职责订立了岗位责任；并分别以 9 条职责制定了岗位责任制；对财会人员、出纳人员同样制定了岗位职责。

纪检监察室以 10 条职责制定了岗位责任；并以 9 条工作职责制定了检察室主任岗位职责。

侦查监督科以 5 条职责制定了岗位责任。分别对主管检察长、科长、副科长以 5 条、7 条、4 条职责制定了岗位责任。并以 6 条和 5 条职责对第一检察员、助理检察员、侦查监督科内勤人员制定了岗位职责。

公诉科以 7 条职责制定了岗位责任。分别以 8 条和 6 条职责制定了科长、副科长责任。对其他办案检察官、公诉科内勤人员仍制定了岗位职责。

反贪污贿赂局以 4 条职责制定了岗位责任。分别对分管副检察长、反贪污贿赂局局长、反贪污贿赂局侦察科长、反贪污贿赂局技术科科长、副科长分别以工作性质制定了 6 条、4 条、5 条、8 条、4 条岗位职责。

反渎职侵权局以 4 条职责制定了岗位责任。分别对反渎职侵权局局长、副局长以 6 条和 5 条制定了岗位职责；以 7 条和 6 条、6 条对反渎职侵权局侦查科科长、副科长、综合科科长制定了岗位职责。

监所检察科以 14 条职责制定了岗位责任。分别对监所检察科科长、副科长以 7 条和 5 条制定了岗位责任；对派驻看守所检察室人员、派驻监狱检察室人员、内勤工作任也分别制定了岗位责任。

民事行政检察科以 3 条职责形成整个科的职责权限。并分别以 9 条和 3 条职责对科长、副科长制定了岗位责任。

控告申诉科以 7 条制定了职责职权的工作责任。并分别以 10 条、7 条、8 条对控告申诉科科长、检察员、内勤工作人员作出岗位责任制职责规范。

同时，以 8 条规定对案件管理办公室界定了工作职责；分别以 6 条、3 条和 52 条对主管案件办公室检察长岗位、办公室主任、副主任工作职责职权制定了岗位责任制。司法警察大队以 7 条规定界定了工作岗位职责职权；分别以 4 条、6 条、4 条对法警大队长、教导员、副大队长作出职责职权规范。以 6 条规定制定了未成年人刑事检察科工作职责，分别以 7 条、4 条、7 条规定科长、副科长、检察员职责职权规范。以 3 条规定对职务犯罪预防局界定职责职权岗位责任制。分别以 6 条、4 条、5 条对职务犯罪预防局局长、检察人员、内勤人员界定了岗位职责职权。

其间，对派驻猴场、经济开发区检察室以 5 条规定制定了工作职责。以 8 条职责对派驻检察主任、副主任界定了职责职权岗位责任。同时派驻职务预防、公诉、事业机构检察室规定了工作岗位责任制。

图 2-1　2016 年 12 月瓮安县人民检察院领导和中层干部合影

三、检察员、助理检察员、书记员

检察员是人民检察院行使检察权的法定工作，在正、副检察长和检察委员会领导下严格执法，秉公办案，并指导书记员工作的编制人员。助理检察员以协助检察员办案，经检察长批准，可行使检察员职务的编制人员。书记员在检察员指导下工作，其主要任务是做好案件记录、起草法律文书、整理案件的编制人员。

四、法警

检察机关法警，是人民检察机关武装性质的国家司法力量，是人民检察院行使任务的法定成员。其条件是坚持四项基本原则，拥护党的路线、方针、政策；热爱法警工作，受过警察专门训练，懂得法律基本知识，熟悉诉讼程序，会使用武器、械具；作风正派、身体健康、五官端正；具有高中文化程度。年龄在 18~35 周岁，男性身高 1.7 米、女性身高 1.6 米以上方可为检察院法警。

自 1978 年恢复后，县人民检察院法警名额根据时间和工作需要在 3 人基础上逐步增加。2013 年 7 月，法警从政工科分出，正式组建瓮安县人民检察院法警大队，设教导员和法警大队正副大队长。

第三章　刑事侦查监督检察

刑事检察侦查监督（原审查批捕）是检察机关极为重要的职能之一。自 1955 年起，瓮安县人民检察院在无内设科室条件下，唯指定专人负责刑事检察。1978 年恢复检察院后，分别设置批捕、起诉科，刑事检察工作步入正轨。按法律规定履行职责，依法打击敌人，惩治犯罪，保护人民，维护社会法制和社会公平正义，保卫社会主义现代化建设成果，并为社会主义现代化建设保驾护航。

第一节　刑事检察职责职权

刑事检察的主要职权是对公安机关提请人民检察院批准逮捕犯罪嫌疑人所制成《提请批准逮捕书》，并对案卷材料、证据材料进行审查，以法律为准绳，符合法律规定，该捕的批准逮捕；认为不符合法律要求，不应逮捕或证据材料不足、不充分的不批准逮捕或退回公安机关补充侦查。并分别作出批准逮捕决定，不批准逮捕决定，退回补充侦查意见的法律文书，发还公安机关执行。

1966 年前，瓮安基本与全国一样，以两种形式实施刑事检察。一是按公安、检察、法院机关在刑事诉讼活动中三道程序各负其责，即公安报捕，检察批准，法院审判；二是历次政治运动中公、检、法三机关实行党内联合办公，由专人审查资料进行汇报，经“三长”研究后提出意见，报党委批准，然后办理法律相关手续。该做法尤以“文化大革命”期间最为突出。

审查批捕，一是要做到准确、及时、有效惩治各种犯罪活动，防止犯罪分子逃匿、自杀、毁灭证据或继续作案危害社会，保证侦查工作的顺利进行；二是对公安机关的侦查活动是否合法进行监督，一经发现及时纠正，严禁刑讯逼供、徇私舞弊等违法行为，确保法律的正确统一实施，保障公民人身权利，防止错捕、漏捕和冤、假、错案的发生，并作为刑事检察工作主要目标。

刑事检察职责职权的主要活动，是执法中最严厉的强制措施。即任何公民未经人民检察院、人民法院批准或决定，并一律由公安机关执行，不受逮捕。其责是审查逮捕犯罪嫌疑人必须具备下列之条件：（一）主要犯罪事实已经查清；（二）可能判处徒刑以上刑罚；（三）采取取保候审，监视居住等方法，尚不足以防止发生社会危害性，而有逮捕必要的。

对审查逮捕犯罪嫌疑人，必专人阅卷，集体讨论，检察长决定，重大疑难案件提交检察委员会讨论决定。

1988 年，瓮安县人民检察院将刑事检察科更名为刑事检察一科主管批捕，刑事检察二科主管诉讼。一科履行其刑事侦查监督检察职责职权。

1994 年，根据《刑事诉讼法》第 13 条第二款规定和上级检察院统一要求，检察院一科开始行使对公安机关该立未立，有罪不纠的案件行使立案监督职责职权。

1997 年，“两法”（《刑法》《刑事诉讼法》）修订后，按照上级检察院统一部署，检察院一科对公安机关强制措施的执行情况，在社会主义市场经济条件下滋生的不稳定因素行使监督和信息搜集上报职责。

自刑事检察一科更名为审查批捕科后，2002 年，根据“两高三部”相关精神，对域内“法轮功”邪教组织实行了提早介入，严厉打击。

第二节　审查批捕

瓮安解放之期，公安、检察合署办公，其检察院职责职权融于公安、检察两者之间。至 1953 年 5 月，根据《中华人民共和国惩治反革命条例》，共打击反革命骨干分子 572 人，占应打击对象 92.86%。

1955 年，检察院正式成立；6 月起，履行法律赋予职责职权。1955 年，检察院根据需要，主要围绕“镇反”（镇压反革命）、“一化三改造”形势审查批捕检察。其重点是现行反革命分子破坏农业、手工业、资本主义工商业的社会主义改造，社会主义工业化的犯罪分子及其他犯罪分子。是时，批准逮捕权除现行犯县委可批准执行逮捕外，其他各种刑事案件均应逐级上报批准。是年，受理公安提请批捕案件 205 件，批准逮捕 152 件，不批准逮捕 41 件，退回公安机关补充侦查 12 件。

1956 年，仍以继续同反革命分子作斗争重点，打击其他刑事犯罪。并由公、检、法组成批捕小组，根据上级指示，在党委领导下，除现行犯直接批捕外，其他案件材料统由公安机关直送党委审查决定，检察院仅履行相关法律文书等手续，造成冤假错案。其间，在“镇反”工作中遵循“预防为主，确保重点，打击敌人，保障安全和依靠群众，适时破案”方针，逮捕和惩治了县内反革命集团，反革命案件数达十件。是年，受理公安机关提请逮捕刑事案件 36 件，批捕 13 件，不批准逮捕 17 件，退回公安机关补充侦查 6 件。1949—1978 年，共打击反革命分子 3300 余人。

1957 年，配合“反右”斗争，打击现行犯罪分子。1958 年 6 月，全国掀起“大跃进”运动，公、检、法三家联合办公，采取所谓“一员代三员”“一长代三长”“出门一把抓，回来再分家”工作模式，将批捕、起诉“一竿子插到底”。批捕案件做到审查快，逮捕快，办理法律手续快。办案中强调统一，互相制约，强调进度。忽视程序，办理批捕流于形势。是年，受理公安提请逮捕刑事案件 93 件，批准逮捕 80 件，不批准逮捕 2 件，退回公安机关补充侦查 9 件，公安撤回 2 件。

1958 年，贯彻中共中央开展“大跃进”精神，公、检、法围绕开展“大跃进”打击各种刑事犯罪活动。是年，受理公安机关提请逮捕刑事案件 280 件，批准逮捕 210 件，不批准逮捕 53 件，退回公安机关补充侦查 17 件。

1959 年，贯彻中共中央“杀人要少，捕人要少，管制也要少”的方针，实行矛盾不上交，依靠群众专政制服敌人，仍继续推行“三员”办案，集体讨论，“三长”决定，党委批准，手续分办的办案方法。是年，受理公安提请逮捕刑事案件 91 件，批准逮捕 48 件，不批准逮捕 24 件，退回公安机关补充侦查 6 件，公安机关撤回 13 件。

1960 年，开展“三反”和农村整风整社运动，公、检、法机关抽人配合县监委、县组织部，对区、公社、大队搜集材料，依法对犯罪分子进行逮捕。是年，受理公安提请批捕刑事案件 235 件，批捕 235 件。1961 年，受理公安机关移送批捕案件 538 件，其中反革命案件 139 件，刑事案件 399 件，经审查，决定逮捕 223 件，占案件 41.4%；不捕 313 件，退回公安机关补充侦查 2 件。批捕 223 件中，其中历史反革命案件 8 件，特务案件 1 件，反动集团案件 11 件，反动会道门骨干案件 1 件；破坏农业生产案件 43 件，凶杀案件 2 件，纵火案件 1 件，斩杀集体牲畜案件 44 件，抢劫案件 25 件，强奸幼女案件 2 件，盗窃案件 29 件，诈骗案件 11 件，贪污案件 11 件，赌博案件 2 件，其他案件 24 件。

1962 年，贯彻中共六中全会精神，保卫整风整社，打击反革命犯罪分子和刑事犯罪分子。是年，共受理公安机关提请逮捕案 111 件，批准逮捕 61 件，不批准逮捕 44 件，退回公安机关补充侦查 3 件，公安机关撤回 3 件。其中贪污犯罪 9 件，报复打击 3 件，捆绑 3 件，乱搜乱查 3 件，其他 1 件。其间，对监所实施检察。检察州教养厂矿和看守所各一个，对在押 1709 人，其中反革命 1407 人，重刑犯 738 人，刑事犯 297 人；看守所在押 44 人依法进行检察处置，受理重新犯罪 4 件、5 人，起诉 22 件、23 人，再批补逮捕 3 人。纠正错案 1 件，轻判 1 件。1963 年，根据保卫农村人民公社集体经济，打击地、富、反、坏分子现行破坏活动，保“五反”和社会主义教育运动，“团结两个百分之九十五，拉回二、三、四，打击百分之一”的政策精神，检察院进行整改，是年受理公安移送刑事案件 126 件 136 人，审查批捕 28 人，其中反革命 1 人，反动标语诗文 1 人，反攻倒算 2 人，枪杀 1 人，抢劫 1 人，强奸 3 人，盗窃 10 人，贩卖烟毒 1 人，赌博 4 人，致死人命 1 人，投机倒把 1 人，不捕 62 件、80 人，退回公安机关补充侦查 14 人；留“四清”处理 18 人。受理劳教厂矿重犯 8 人，其中强奸 2 人，贪污 1 人，盗窃 1 人，逃跑 2 人，破坏生产 1 人，抗拒改造 1 人，移送报州 8 人，州批捕 5 人，不捕 1 人，延长教养 1 人，退回公安机关补充侦查 1 人，起诉 5 人。

1964 年，围绕社会主义教育运动，贯彻依靠群众力量，加强人民民主专政，“把绝大多数四类分子改造为新人”的指示，是年，受理公安机关提请批捕刑事案件 72 件，批捕 24 件，不批准批捕 30 件，退回公安机关补充侦查 4 件，公安机关撤回 14 件。1965 年，以阶级斗争为纲，依靠群众专政，依靠群众办案做到矛盾不上交，即办案人员对捕与不捕犯罪嫌疑人犯罪的事实广泛征求群众意见，在群众讨论调查中取证等，发挥群众专政，群众办案。是年，受理公安机关提请逮捕案 49 件，决定批捕 8 件，不捕 20 件，退回公安机关补充侦查 16 件，公安机关撤回 5 件。1966 年，继续以阶级斗争为纲，打击反革命分子和其他犯罪分子，保卫社会主义教育运动成果。由于开放办案，是年，来访案件增加至 71 件，根据当时具体情况，自办 28 件，转办 3 件，报州批捕 1 件，待审 2 件，驳回 3 件，上报相关部门撤职 2 件，解雇 1 件，补付工资和退还非法没收落实处理 23 件。

1955 年 6 月至 1965 年年末，共受理公安机关移送提请批捕犯罪嫌疑人 1818 人，经审查，批捕 1063 人，占提请批捕犯罪嫌疑人 58.47%；退回公安机关补充侦查 90 人，占 4.95%。

1955—1965 年瓮安县人民检察院审查批捕统计表

表 3-1

年度	公安提请批捕	检察院决定				
		批捕	不捕	退回公安机关补充侦查	公安机关撤销案件	小计
1955	205	152	41	12	—	205
1956	36	13	17	6	—	36
1957	93	80	2	9	2	93
1958	281	40	53	18	—	281
1959	91	48	24	6	13	91
1960	235	235	—	—	—	235
1961	538	223	313	2	—	538
1962	92	42	44	3	3	92
1963	126	28	80	14	4	126
1954	72	24	30	4	14	72
1965	49	8	20	16	5	49
小计	1818	1063	624	90	41	1818

1966 年，继续以阶级斗争为纲；1967 年“文化大革命”运动中，检察机关被冲击，职能瘫痪。是年，公、检、法三机关职能由军管会、县革命委员会人保组行使。

1975 年 1 月 17 日，第四届全国人民代表大会第一次会议通过的《宪法》规定“检察权由公安机关行使”，检察机关正式取消。1966—1978 年，全县计报捕、批捕、公诉 401 人。

第三节　重建检察院后审查批捕

1978 年 8 月，重建瓮安县人民检察院。内设办公室、刑事检察组、经济检察组，1984 年改组为科，置干警专管审查批捕。

1979 年，《中共中央关于坚决保证刑法、刑事诉讼法切实实施指示》（中发〔1979〕64 号）文件规定，取消各级党委审批案件制度，由县人民检察院独立行使检察权，不受行政机关团体和个人意见干涉。为严格执法，实行个人阅卷，集体讨论，检察长决定的办案制度，严格把关，保证质量。是年受理公安机关移送提请批捕刑事案件 30 件，批捕 16 件，不批准逮捕 7 件，退回公安机关补充侦查 4 件，公安撤回案件 3 件。1980 年，全面实施《中华人民共和国刑法》《中华人民共和国刑事诉讼法》，严格依法办案。是年，受理公安机关移送提请批捕各类案件 54 件 76 人，其中男 73 人，女 3 人。审结 52 件、69 人，占受理人数 90.7%。经审查批捕 56 人，占审结 81.9%；不予批捕 10 人；退回补充侦查 3 人。批捕的犯罪嫌疑人中抢劫 8 人，强奸 10 人，盗窃 19 人，贩毒 3 人，诈骗 5 人，杀人 1 人，交通肇事 2 人，故意伤害 6 人，玩忽职守 1 人，投机倒卖 1 人。1981 年，为实现社会治安秩序稳定好转，配合公安、法院对杀人、纵火、强奸、爆炸等“六类”案件进行重点打击，公安机关提请批捕案件批捕率达 82.73%；退回补充侦查比例占 17.27%。其中杀人、抢劫、强奸、放火犯罪占批捕人数 46.6%。

1982 年，依照中共中央《关于加强政法工作》的指示，围绕继续整顿社会治安秩序，贯彻依法从重、从快的方针，打击各类刑事犯罪分子。开展综合治理，严格捕人标准，把好批捕质量关。是年，公安机关移送提请批捕 53 件、74 人，批准逮捕 37 件、44 人，其中杀人案件 2 件、2 人，强奸案件 6 件、6 人，抢劫案件 7 件、9 人，伤害案件 1 件、1 人。不捕案件 11 件、22 人，退回公安机关补充侦查 4 件、7 人；自侦经济案件 20 件、23 人，决定逮捕 3 件、4 人。

1983 年 7 月，中共中央召开全国政法工作会议，决定在全国范围内开展一场打击刑事犯罪活动的斗争。8 月 25 日，中发〔1983〕31 号文件规定了“严打”斗争的对象：（1）流氓团伙分子；（2）流窜作案分子；（3）杀人犯、放火犯、爆炸犯、投毒犯、强奸犯、抢劫犯；（4）拐卖妇女、儿童人贩子、强迫、引诱、容留妇女卖淫的犯罪分子和复制、贩卖内容反动、淫秽的图书、图片、录像带、录音带的犯罪分子；（5）有现行破坏活动的反动会道门分子；（6）劳改逃跑和重新犯罪的劳改释放分子；（7）书写反革命标语、传单、挂号信、匿名信的以及有现行破坏活动的林彪，“四人帮”残余分子。该场斗争由党委和政府统一领导，统一部署，统一指挥，首长动手，层层动员，广泛发动群众，从重从快，争取社会治安两年见成效，三年根本好转。

是年 8 月，中共瓮安县委传达州政法工作会议精神，并根据省、州精神成立打击刑事犯罪指挥部，下设办公室，实行联合办公，依法各司其职。是年，受理公安机关移送提请批捕犯罪嫌疑人 442 人，经审查批准逮捕 338 人，不批准逮捕 71 人，追捕 31 人，占受理案件 91.8%。1984 年，受理批捕案件 228 件，决定批捕 154 件，不捕 40 件，退回公安机关补充侦查 30 件。

1985 年，继续执行“严打”方针，共受理公安机关移送逮捕犯罪嫌疑人 153 人，批准逮捕 106 人，占案件人数 84.8%；不批准逮捕 29 人，退回公安机关补充侦查 28 人，审结 125 人，占受理案件人数81.7%。做到把好事实关、证据关、定性关，做到不枉不纵，不错不漏，保证案件质量。

1986 年，经过“严打”斗争连续三个战役和专项治理，整个刑事案件发案率有所下降。审查批捕中仍坚持个人阅卷，集体讨论，做到细中求实，准中求快，全年受理公安机关提请移送批捕案件 191 人，批准逮捕 166 人（含检察院追捕 5 人）；不批准逮捕 13 人，退回补充侦查 11 人，公安撤回 1 人。其中，执行刑事拘留 39 件、60 人，在批捕案件中“七类”犯罪 154 人，占 80.6%，审结率达 100%。

1987 年，继续贯彻依法从重从快的方针，巩固“严打”成果，保持“严打”声威，在公安局、检察院、法院、司法局紧密配合下，受理公安机关移送提请批捕 206 人，批捕 206 人，自侦经济犯罪案线索 190 件，批捕 88 件、124 人。1983 年 8 月至 1987 年 4 月，“严打”斗争中，经 3 个战役 12 仗，依法批捕 934 人，收容刑拘 740 人。摧毁犯罪团伙 111 个，查处团伙成员 549 人、公、检、法三家紧密配合，审结 462 件、633 人，其中死刑 25 人，对其余犯罪分别处无期徒刑、有期徒刑等。

1979—1987 年瓮安县人民检察院审查批捕统计表

表 3-2

年度	公安提请批捕	检察院决定				
		批捕	不捕	退回补充侦查	公安机关撤销案件	小计
1979	30	16	7	4	3	30
1980	76	56	10	3	7	76
1981	112	72	12	21	7	112
1982	74	44	22	7	1	74
1983	438	338	71	—	29	438
1984	228	154	43	30	1	228
1985	153	106	29	18	—	153
1986	191	166	13	11	1	191
1987	196	170	9	14	3	196
小计	1498	1122	216	108	52	1498

1988 年，以中共十三大为指针，严厉打击严重刑事犯罪和严重经济犯罪分子，坚持参加打击盗窃、拐卖人口和偷税漏税专项斗争。是年，受理公安移送提请批捕案 130 件、257 人，较 1987 年上升 24.8%。批准逮捕 130 件、257 人（含追捕 5 人），受理率达 77.8%；不批准逮捕 12 人，退回公安补充侦查 40 人，公安撤回案件 5 人，结案率达 100%。

1989 年，全院以中共十三大精神树立敌我意识、忧患意识、专政意识，与公安、法院配合，打击拐卖人口，破坏通讯等专项斗争，同时，审查检察机关自侦案件批捕。是年，受理公安提请逮捕案件 183 件 309 人，较 1988 年同期分别增加 40.76% 和 28%。其中，批捕 160 件、298 人，占案件、人数 87.6% 和 90.6%；不捕 3 件、5 人，公安机关撤回 5 件、5 人，退回公安机关补充侦查 15 件、21 人，结案率达 100%。全年受理自侦经济案件线索 47 件、56 人，共查处 30 件、36 人。偷税 12 件、14 人，贪污贿赂挪用公款三类案件 16 件，大案 10 件、21 人，占 33.3%，追回偷税款 32 万余元。结案 27 件、31 人，占受理自侦案件的 96.4%。

1990 年，始终坚持“严打”方针，配合公安开展专项斗争，坚持重大案件提前介入，始终坚持基本犯罪事实已经查清、基本证据确实充分的办案原则。是年，受理公安机关提请逮捕案件 209 件、367 人，其中刑事案件 200 件、357 人，自侦案件 9 件、10 人。审查批捕刑事案件 194 件、334 人，不批准逮捕 1 件、2 人。

自 1978 年 8 月恢复检察院起，1979—1990 年，共受理公安机关提请逮捕 2451 人，经审查，批准逮捕 1952 人，占 79.64%，退回公安机关补充侦查 210 人，占 8.57%。

1991 年，坚持从重从快方针，做到快审、快结、快捕、快诉，并配合专项斗争，积极开展社会治安综合治理。是年，受理批捕案件 176 件、308 人，其中公安机关提请逮捕案件 173 件、301 人，受理自侦案件 3 件、3 人，重大案件 1 件、3 人。经审查批准逮捕 162 件、284 人，占 92%；不批准逮捕 4 人，建议公安机关撤回刑事案件 3 件、8 人，撤回经济案件 1 件、1 人，退回公安机关补充侦查 9 件、10 人。批捕刑事案中，盗窃 74 件、124 人，强奸 20 件、21 人，抢劫 8 件、20 人，杀人 7 件、9 人，拐卖人口 22 件、62 人，流氓 3 件、8 人，贪污 2 件、2 人，其他 5 件、26 人，提前介入重大案件 2 件。

1992 年，贯彻中共中央 2 号文件，即邓小平视察南方讲话六个要点，深入开展“严打”和“反盗窃”专项斗争，重点打击“七个方面”严重刑事犯罪中的惯犯、累犯、流窜犯和团伙犯罪。在打击贪污贿赂犯罪中，做到“一要坚决，二要慎重，务必搞准”，深入开展工作。其期受理提请逮捕刑事案件 116 件、208 人，其中公安机关移送 112 件、204 人，本院自侦 4 件、4 人。批准逮捕 109 件、196 人，追捕 3 人。撤回 1 人，不批准逮捕 2 件、6 人，退回公安机关补充侦查 1 件 1 人，公安机关撤销案件 4 件、6 人，送州疑难案 1 件、4 人，结案率 100%。批准逮捕犯罪嫌疑人中故意杀人案件 10 件、10 人，抢劫案件 9 件 26 人，盗窃案件 39 件、67 人，强奸案件 14 件、14 人，流氓案件 3 件、7 人，故意伤害案件 11 件、12 人，贩毒案件 1 件、13 人，拐卖人口案件 9 件、27 人，爆炸案件 1 件、1 人，破坏电力设施案件 1 件、2 人，破坏集体生产案件 2 件、2 人，妨碍公务案件 1 件、7 人，过失伤害案件 1 件、1 人，交通肇事案件 3 件、3 人，贪污案件 2 件、2 人，抗税案件 1 件、1 人，重大责任事故案件 1 件、1 人。

1993 年，贯彻中国共产党“一个中心，两个基本点”的基本路线，深入开展“严打”和“反车匪路霸”“反盗窃”的斗争，实施快审快捕。是年，受理公安机关提请移送逮捕刑事案 139 件、227 人，较同期增长 9%。批准逮捕 121 件、203 人，不批准逮捕 7 人，撤回 9 件、14 人，退回公安机关补充侦查 17 件、23 人，审结率达 100%。刑事逮捕中，杀人案件 7 件、8 人，抢劫案件 4 件、18 人，强奸案件 13 件、13 人，爆炸案件 3 件、3 人，伤害案件 17 件、19 人，流氓案件 3 件、9 人，破坏电力设备案件 3 件、6 人，拐卖人口案件 6 件、17 人，盗窃案件 48 件、76 人，交通肇事案件 2 件、2 人，诈骗案件 3 件、4 人，抢夺枪支案件 1 人，窝赃案件 1 件、8 人，包庇窝藏案件 11 件、8 人，刑讯逼供案件 1 件、2 人，重大责任事故案件 1 件、1 人，偷税案件 2 件、2 人，受贿案件 1 件、1 人，贪污案件 4 件、6 人。

1994 年，贯彻中共十四届三中、四中全会精神和高检院“严格执法，狠抓办案，强化监督，服务经济”的方针，坚持“严打”斗争不放松，严厉打击杀人、抢劫、强奸等严重犯罪和团伙犯罪的首犯、主犯等。是年，受理提捕案件 122 件、198 人，其中公安机关提捕刑事案件 116 件、191 人，自侦 6 件、7 人。批捕 109 件、178 人，刑事犯罪 104 件、172 人，不予逮捕 2 件、5 人，退回公安机关补充侦查 7 件、10 人，公安机关撤回 3 件、4 人，上报批复 1 件、1 人，提前介入 10 人次。批捕中盗窃犯罪案件 61 件、105 人，伤害案件 14 件、14 人，抢劫案件 5 件、11 人，强奸案件 10 件、10 人，杀人案件 2 件、2 人，拐卖人口案件 2 件、7 人，伪造货币案件 3 件、5 人，贪污案件 3 件 4 人，其他案件 9 件、20 人。

1995—1996年，检察工作仍坚持“严格执法，狠抓办案”的方针，学习江泽民关于讲学习、讲政治、讲正气等讲话。受理提请批捕133件。1997年，全院贯彻中共十五大精神和修订后的《刑法》《刑事诉讼法》，是年受理移送提请逮捕刑事案件115件、182人，其中公安机关移送提请批捕案件100件、162人。经审查决定不批准逮捕案件10件、28人，建议公安机关撤回案件4件、7人。

1998年，贯彻全国、全省检察长会议精神，围绕全国工作大局，端正执法思想，把批捕工作做好，受理公安提请批捕案件152件、235人，批捕136件、198人，其中公安机关移送提请批捕142件、203人。经审查，不追究刑事责任1人。1999年，受理提请批捕各类刑事犯罪案件111件、166人，审查决定批捕96件、143人，不批准逮捕17件2、3人，撤回作其他处理1件、2人。其中涉嫌杀人6件、6人，抢劫案件17件、38人，伤害案件15件、15人，盗窃案件24件、41人，贩毒案件6件、9人，强奸案件16件、19人，拐卖人口案件1件、2人。

2000年，受理公安机关提请批捕134件、197人。经审查，批捕111件、169人，决定不批准逮捕30件、65人，建议公安机关撤销处理3件、5人，结案率、准确率均达100%。2001年，受理公安机关提请批捕刑事案158件、266人，较1999年同期分别上升9.72%和11.3%。其中批捕115件、166人，不批准逮捕41件、96人，建议公安机关作其他处理2件、4人。2002年，受理公安机关提请批捕刑事案112件、167人，较上年同期分别下降29%和37%。批捕115人，其中涉嫌故意案件杀人4件、4人，抢劫案件4件、4人，强奸案件7件、10人，故意伤害案件11件、11人，放火案件3件、3人，涉毒案件7件、9人，盗窃案件27件、39人，不批准逮捕52人。

2003—2004年，检察工作重点集中在反贪污贿赂、职务犯罪和预防非典，保障社会稳定工作。2004年，公安机关提请批捕刑事案168件、230人。其间，加大自侦力度，自侦贪污受贿案16件、16人，渎职5件、6人，批捕18件、18人。

2005年，以整顿和规范市场经济秩序，打击经济犯罪活动和抢劫、盗窃、贩毒为主要目标。是年受理公安提请批捕刑事案件136件、220人，自侦案件7件、9人，较上年同期分别增加17%和10%，其中批捕122件、193人，不批准逮捕14件、27人，准确率达100%。批捕刑事犯中涉嫌伤害案件29件、36人，盗窃案件22件、30人，抢劫案件10件、18人，抢夺案件4件、14人，强奸案件8件、8人，贩毒案件18件、25人，故意杀人案件3件、5人，寻衅滋事案件2件、5人，非法经营案件1件、2人，批捕持有假币案件1件、1人，其他案件24件、39人。抽调干警100余人次参与构皮滩电站库区连续3次的维稳工作。2006年，受理公安机关提请批捕147件、249人。2007年，重点打击杀人、强奸、绑架等八类犯罪，黑恶团伙犯罪，毒品犯罪，跨区犯罪，“两抢一盗”等犯罪。是年，计受理公安机关提请逮捕刑事案173件、323人，自侦案件7件、9人。较2006年同期增加26件、74人，批准逮捕140件、249人，其中含追捕2人，自侦7件、9人，较上年同期增加17件、42人；不批准逮捕71人，不构成犯罪11人，因事实不清、证据不足，认为28人没必要逮捕，建议公安机关撤回3件、3人。

2008年，县内遭遇特大凌冻灾害。6月28日，爆发打、砸、抢、烧群体性事件。其间，受理公安提请逮捕刑事案件298件、747人，其中“6·28”案102件、362人；检察院自侦7件、8人。审查批捕247件（含追捕漏捕8人）593人，其中“6·28”事件88件、303人，自侦案件批捕7件、8人；

不批准逮捕43件、146人，其中“6·28”事件12件、57人；公安机关撤回7件、7人（含“6·28”事件2件、2人）。特别是对“6·28”事件的严打、快捕，震慑了团伙犯罪，黑社会集团犯罪，抢劫、放火犯罪。

2009年，共受理公安机关提请批捕刑事犯罪案件224件、384人，其中公安机关撤回9件、9人。2010年，受理公安机关提请批捕各类刑事案206件、330人，较上年分别下降8%和13.8%。批准逮捕172件、225人，较上年同期分别下降11.8%和24.8%。不批准逮捕30件、68人，其中不构成犯罪4件、10人，退回公安机关补充侦查2件、2人。没必要逮捕24件、56人，较上年同期分别上升3.4%和54.5%；公安机关撤销案件4件、7人。批捕犯罪嫌疑人中暴力犯罪76件、89人，“两抢一盗”57件、84人。

图3-1　2008年6月30日，贵州省检察院检察长陈俊平（左二）到瓮安听取“6·28”案件处置情况汇报

2011年，瓮安由大乱转为大治，受理公安机关提请批捕刑事犯罪案199件、392人，较同期案件下降3%，人数上升18.7%。审查批准逮捕153件、289人，与上年同期案件下降11%，批捕人数上升13.3%。

2012年，贯彻中央和省检察院一岗双责、党风廉政建设指示，坚持党的绝对领导，接受监督，推行检察制度改革，实现社会公平、正义的法律保障。是年，受理公安机关移送提请批捕各类刑事案件334件、722人，较上年同期分别上升62.1%和79.6%。经审查批准逮捕270件、540人，较上年同期分别上升73.1%和83.7%。其中不批准逮捕64件、182人，较上年同期分别上升28%和68.5%。建议公安机关撤回4件、10人，立案监督5件、12人，提前介入50余人次，纠正漏捕16人，发出书面纠正违法通知书14次，发出检察建议书3份。2013年，刑事检察按党组和检察委员会安排，坚持围绕平安瓮安、法治瓮安，服务全县经济社会发展，维护社会和谐稳定开展工作。

2014年，以依法履职，不辱使命，全力为维护公平有序的市场经济秩序，检察环节贯彻“5531”（增强“五位一体”的功能、搞好“五种力量”的整合、满足“三个层面”的需求、贯彻“一条红线”）社会治理模式，严厉打击各类刑事犯罪，以推进平安瓮安建设，切实提高人民安全感。是年，受理公安机关提请批捕各类刑事案件247件、465人。依法批准逮捕170件、265人，无冤假错案。积极参与全省打击赌博专项斗争，依法批捕涉赌案6件、12人；批捕一起跨越广东、广西、云南多省区市传销案件15人。2015年，以服务经济发展大局，着眼促进社会稳定，倾力化解社会矛盾为主题。是年，受理公安机关提请逮捕刑事案件221件、391人。批准逮捕142件、206人。监督公安机关侦查撤案5件、5人，行政执法机关移送案件1件、1人；纠正漏捕10人，漏犯3人。向侦查机关发出纠正违法通知书21份，侦查违法通知书13份，改变侦查机关定性案件5件，变更强制措施1件1人。并首先介入王某某、刘某某涉嫌故意杀人案；对案情复杂，案件新型的邓某某等19人涉嫌组织、领导传销案，周某某非法经营案，按请示程序规定，完善法定要求，最终作出逮捕决定。

2016年，全院坚决贯彻执行中共十八届三中、四中、五中、六中全会精神，以开展“两学一做”学习教育活动为契机，以“三强三铁”主题教育活动为载体，依法治县，以确保经济社会发展。是年，受理公安机关提请批捕各类刑事案件196件、319人，批准逮捕53件、217人，不批准逮捕125人。退回公安机关补充侦查51件、113人。纠正漏捕24人，依法提前介入6件、9人，参与侦查机关重大案件讨论20次，向公安机关发出纠正违法通知书6份。保证了依法履责履职。

第四节　侦查监督和审判监督

一、侦查监督

人民检察院的侦查活动监督，是通过检察批捕和审查起诉借以实现的一种监督活动。是对公安机关在侦查工作中是否遵守法律，是否符合法律程序，实行的一种监督。主要是了解侦查工作有无违反《刑事诉讼法》的情形或刑讯逼供。对一般违法行为，口头提出纠正意见，情节严重或多次违法而不纠正的，可正式发出《纠正违法通知书》，对徇私枉法，包庇犯罪或刑讯逼供造成严重后果构成犯罪行为，交渎职、侵权检察部门或监所检察部门查处。

侦查监督职责主要是：依法审查办理同级公安机关或上级公安机关指定管辖提请批准逮捕的案件审查；对公安机关的刑事立案活动实施法律监督；并要求公安机关书面说明不立案或立案理由。依法对公安机关的侦查活动是否违法实施法律监督，对侦查活动中违反《人民检察院刑事诉讼规则》第564条规定的20种情形之一者提出纠正违法意见，构成犯罪的，移送有关部门依法追究刑事责任；对公安机关立案侦查的案件，在提请逮捕或者移送审查批捕前要介入侦查的，或者认为需要介入侦查的，可以派员介入侦查和讨论；对重大、疑难、复杂案件或者有较大社会影响的案件，应当主动及时派员介入侦查。

自成立以来，瓮安县检察院按法律赋予侦查监督的职责，发挥了依法行使侦查监督的作用。

1955年6月，自瓮安县检察院成立起，在公安机关移送提请批捕的205个案件中，不批准逮捕就有41件，1956年17件，1957年2件。

1958年，根据上级指示和“大跃进”的形势，实行公、检、法三家联合办公，“一员代三员”“一长代三长”的“一揽子”办案方法，侦查监督工作遭到削弱。侦查工作只局限在移送提请批捕和移送起诉案件间进行审查。其间，运用不批捕、不起诉、免予起诉、退补侦查等检察职能，发挥了一定作用。

1959年起，批捕、起诉工作严格执行内部审批制度，解决了检察干部中忽视相互制约的作用。1961年，严格区别两类不同性质的矛盾，正确区分罪与非罪的界限。在受理移送提请批捕538案件中，其不批准逮捕达313件。1962年，由于侦查监督的力度加大，纠正错案1件，全年受理公安机关移送提请批捕的92件案件中，不批准逮捕的案件为44件。1963年，根据团结两个百分之九十五的精神，在受理公安机关移送提请逮捕案件126件、136人中，不批准逮捕62件、80人。1964—1966年，检察机关认真履行侦查监督职责，不批准逮捕案件达50件，退回公安机关补充侦查20件。1955—1965年，累计受理移送提请批捕1818件，而不批准逮捕624件，占总移送案件数的34.32%；退回补充侦查90件，占总移送案件数的4.9%。

1966年6月，“文化大革命”开始，公、检、法机关遭到严重冲击，批捕、起诉职权由公安机关行使，侦查监督中断。相继，检察机构被撤销。

1978年8月，瓮安县检察院重建，通过审查批捕、审查起诉两条渠道，恢复并开展侦查监督和审判监督工作，并把工作重点置放在防错与防漏上。侦查监督主要以审查犯罪嫌疑人犯罪事实有无变化，适用法律是否正确，办案程序是否合法，对每一个案件做到审阅全卷，提审被告和实地调查，做到不枉不纵，不错不漏。1979—1987年，在受理公安机关移送提请批捕的1498件案件中，不批准逮捕216件，退回公安机关补充侦查108件，分别占移送案件总数的14.42%和7.2%。

随着改革开放的推进，国家法律制度的不断健全和完善，依法办事的效率不断提高。1988年，受理公安机关提请逮捕130件、257人，不批准逮捕12人，退回补充侦查40人；1989年，受理183件、309人，不批准逮捕3件、5人，退补侦查15件、21人；1990年，不批准逮捕在受理200件、327人中仅占1件、2人。

1991年，坚持“从重、从快、严打”方针，并执行“快审、快结、快捕、快诉”逮捕、起诉、判决“四快”方法。至1996年，受理公安移送提请逮捕案410件、673人，因实施侦查监督不批准逮捕15件、22人，退回补充侦查35件、49人。

1997年，贯彻落实新的《刑法》和《刑事诉讼法》，侦查监督工作得到加强，至2004年8年中，不批准逮捕案172件、301人，分别占8年受理案件总数、总人数的21.99%和26.22%。

自2004年起，检察工作重点集中到打击经济犯罪和“八类”犯罪，到2006年，受理案件累计451件，涉案699人，由于加强侦查力度，3年不批准逮捕仅14件、27人。

2007年，在受理公安移送提请逮捕173件、323人中，由于侦查监督的力度不断加强，不批准逮捕计71人，占移送案件总人数21.98%，不构成犯罪11人，因事实不清、证据不足，无逮捕必要28人。

2008年6月28日，瓮安爆发“打、砸、抢、烧”的“6·28”事件，面对严重触动法律底线的重大要案，瓮安县检察院肩重负而高举侦查监督的法律钢鞭，仅在“6·28”事件移送提请逮捕88件、303人中，通过侦查监督，不批准逮捕43件、146人，分别占事件案件、人数的48.86%和48.18%。2010年，不批准逮捕30件、68人，未构成犯罪4件、10人，退回公安机关补充侦查2件、2人，作出没必要逮捕24件、56人。2011年，监督立案2件、3人，超前介入侦查10次，特大、重大案件讨论10次，追诉、漏犯1件、1人，追诉犯罪事实73次。

伴随瓮安县检察院对侦查监督的深入开展，2014年，纠正漏捕10人，漏犯3人。向侦查机关发出纠正违法通知书21份，侦查违法通知书13份。2016年，不批准逮捕125人，退回公安机关补充侦查51件、113人，纠正漏捕24人，依法提前介入侦查6件、9人，向公安机关发出纠正违法通知书6份。

二、审判监督

审判监督主要是通过出庭支持公诉和审查判决书副本，以监督法庭组成人员是否合法，审理案件是否依照法律程序进行，当事人和其他诉讼参与人的诉讼权利是否得到保障；审理案件所作的判决是否合法，检察机关在审判活动中进行的检察监督活动。通过认真审查判决、裁定，对法院作出的有罪判决、无罪，或重罪轻判，轻罪重判等错误裁判，依法提出抗诉，维护司法公正。

出席法院审判，支持公诉是检察院机关实施审判监督的一种主要方式。瓮安县检察院自1955年改署建院开始，出席法庭审判，支持公诉成为一种常态。1955年，便出席法院审判支持公诉2人次。1956年，增加到36人次。1957年，由于受到极“左”思潮的影响，侦查监督、审判监督受到排斥和削弱，在审查起诉案件材料上偏重于政治立场。存在只要是地主、富农分子犯罪，不论事实如何，一律惩办的思想。而忽视放纵敌人，注重一些枝节。1958年，根据上级指示，实行“一竿子插到底”的捕、诉、审方法，其审判监督有其形而无其实。是年，瓮安县检察院出席法庭审判，支持公诉250人次。1955—1965年，瓮安县检察院在1110件起诉案件中，出席法庭审判支持公诉775人次。

1966年6月，“文化大革命”开始后，县内公、检、法三家遭到最严重冲击，在“砸烂公检法”的冲击中，检察职权职能中断，批捕起诉职权由公安代理，并撤销检察院，法律审判监督彻底终止。

1978年，瓮安县检察院重建后，恢复通过出席法院审判，支持公诉两个渠道实施审判监督。

1988—2016年，瓮安县检察院认真履行审判监督职能，由检察院对法院已作出的生效判决、裁定提起抗诉是进行审判监督的有效途径，建议法院对刑事、民事案件开庭重审和纠正审判活动中的违法行为，同样是实施审判监督的重要手段。1978年检察院恢复后，自20世纪90年代起，在审判监督中(特别是民事审判)，瓮安县检察院认真履行审判监督职责，做出了努力。

1991年，对法院作出已生效的民事判决提起抗诉1件，作出重审口头建议2件。1997—1998年，对法院审结生效民事判决共提起抗诉4件；庭审中提出检察意见5次；建议法院重审2次；纠正法院审判活动违法行为1次，错判1次。

随着新《刑法》和《刑事诉讼法》的学习和落实，进入21世纪，审判监督活动得到更进一步的加强。2001—2002年，分别建议法院对犯罪嫌疑人重审达2次；2003年、2008年，分别为3次。2011—2016年，对法院作出已生效判决提起抗诉累积23件，建议抗诉5件；纠正法院审判中违法行为2次；累计建议重审12次，发挥了检察院审判监督作用。

第五节　典型案例

典型案例最能反映不同时期，相同犯罪的典型特写，反映各个历史时期的法律制度，法律施行与运用。同时折射出不同历史时期政治、经济、社会发展痕迹。批捕正反映了一个国家、一个地区对惩治各种刑事犯罪的打击力度。

曾某某反革命集团暴乱批捕案

1964 年 12 月，四川安岳县文化公社，系国民党原中统特务分子，47 岁的曾某某；黄平县半边箐公社，时年 32 岁的向某某；瓮安县老坟嘴公社，时年 42 岁的陈某某；余庆县齐坡公社，时年 72 岁的陈某某；瓮安县高水公社，时年 40 岁的周某某，组成“××总司令部”反革命集团。

自 1964 年 12 月，该反革命集团分别在瓮安、余庆、黄平 3 个县、8 个区，14 个公社、21 个生产队范围内采取装神弄鬼，以亲串亲，友连友等手段，网罗坚持反动立场的地主、富农、反革命破坏分子，组织反革命阴谋暴乱集团“××总司令部”。叫嚣推翻共产党，污蔑、辱骂中央领导人，攻击人民政府，制造反革命，封建迷信谣言。并在余庆、黄平、瓮安等地召开秘密会议，策划组织暴乱，宣布“总司令部”各级军事组织和官员。制定反革命国号、纲领、旗帜、服装、领章、代号、化名等。勘察地形，准备物资，专人通知各地反革命成员于 1965 年 3 月 5 日零时暴动。计划首先控制民兵，渡口，割断电话线，杀害群众，攻打珠藏、天文、草塘和瓮安县城，释放在押罪犯，抢劫银行现金，然后到黄平会合，打到南京“入朝登位，封侯拜相”。

1965 年 2 月 12 日夜，当曾、向、陈于瓮安桂花公社召开秘密会议时，被一网打尽。批捕公诉判决曾某某死刑立即执行，向某某、陈某某死刑，缓期两年执行，陈某某、周某某无期徒刑，其余向某某、安某某、卢某某、何某某分别 15 年、8 年、5 年，赵某某、赵某某管制 3 年。

宋某强奸、抢劫、盗窃案

宋某，男，犯罪时年仅 20 岁，汉族，瓮安县草塘区下司公社人。

1981 年 11 月至 3 年 4 月，宋某先后于瓮安县、龙里、开阳、清镇、施秉、贵定、福泉等县和江苏丰县的 11 所中学，深夜撬门，取砖打洞，搭梯翻墙，潜入女生宿舍，蒙面持刀，威逼强奸女学生 22 人，其中幼女 1 人、少女 21 人。在施秉中学强行奸污一雷姓女学生后，抢劫其手表。宋某往返上述诸县流窜中，盗窃群众现金 700 余元、电视机 1 台、收录音机 6 台、手表 14 块及衣裤等其他物资计折价 400 余元。

宋某的犯罪行为已构成强奸、抢劫、盗窃罪，向检察院提请批准逮捕。

后审，依法判处死刑立即执行，并于县原体育场召开宣判会，在西坡林场执行死刑。

傅某尧、罗某伦拐卖妇女、强奸案

傅某尧，男，犯罪时年27岁，瓮安县龙塘公社人（今江界河镇）；罗某伦，男，犯罪时年24岁，瓮安县岩坑公社人（今玉山镇）。

1982年3月，傅某尧流窜至广西壮族自治区都安县，冒充驾驶员，以谈恋爱为幌子，将一罗姓17岁女青年拐骗至瓮安，卖给龙塘公社钟显权为妻，获现金50元。时年8月，傅发尧、罗泽伦又流窜至湄潭县拐骗两女青年至福建贩卖。途经福泉马场坪，欺骗两女青年伪造证明以“夫妻关系”一同入住旅社，进行强奸。其中一女青年借故逃出旅社免遭傅某尧侮辱。

1982年7月26日、27日，傅某尧、罗某伦二人伙同魏某某（已判刑15年）等盗窃龙塘分销店，拦路抢劫周某伦。28日、29日，从高枧至瓮安沿途盗窃10余次，盗得鸡、鸭等物。

傅某尧、罗某伦的行为已分别构成拐卖妇女罪和强奸罪。经审，依法被判处死刑立即执行。

梅某某强奸幼女致死案

梅某某强奸幼女一案发生于1962年2月1日，同年4月1日依法拘留梅某某，8月9日被依法逮捕。捕后由公安机关移送检察院审查起诉。经审查认为，事实不清，主要证据“卡”不死，不能定案，退回公安机关补充。经公安机关多次调查，证据还是不够确切，不能认定结案，该案积压三年之久，系瓮安县一大难案。并于1965年元月经县政法党组研究报请州公安局批示处理。州局决定派预审科帮助，组成州、县工作组七人就地开展调查研究，经调查进一步查实核对了证据，梅某某亦供认不讳，公安机关就此认定结案，再次移送起诉。经检察院审查认为，梅某某已构成犯罪，向法院提起诉讼，经法院审理认为，事实不清，证据不足。其存在的问题是：（一）发现尸体与甩尸体的时间相互矛盾。梅某某交代是天黑时才将死者尸体抱甩在水沟里。发现尸体人邬某某先后五次供述发现尸体时间均不一致。（二）现场发现的手帕是蓝黄色印花布，在贵定查证中找到的四块小布是蓝绿印花布，花纹一致，颜色不完全相同。（三）被告供认在贵定买的是一块手帕，检举人邓某某说被告买的是两块手帕，被告也不承认邓看见他买过手帕。由于以上具体情节不清，法院退还检察院补充。

1965年10月14日，检察院派人前往该地调查，透过访问知情人员和被害家属以及提讯被告等，发现该案矛盾很多。

1. 发现尸体与甩尸体的时间问题，经提讯被告梅某某，梅犯仍供认是天黑看不清楚人的时候抱甩的尸体。但访问发现尸体人邬某某说：“在1962年农历腊月二十八赶岚关回来与吴某某、吴某某一路走到安庄分路，我一人顺着沟坎走，到剁丁背后发现水沟里有一个小孩，由于害怕几步跑上前去了，还没看清是男或是女，到家后先热猪食喂猪，然后煮点苞谷稀饭吃，吃完又洗碗就点灯了。”通过旁证人证实，吴某某说：“当天赶岚关回来与邬某某一路到安庄分路回到家里，就做饭吃，吃完饭天还未黑，如再吃一顿饭天就黑了。我与我哥和邬某某在安庄分路，我就去碾坊簸米连簸三道，抬米到家，天就打麻眼了”。在调查中，邬某某、吴某某、吴某某等人均说当天没太阳是个阴天，也不知道几点钟。检察院又让吴某某带我们从他家到原地与邬某某分路到安庄，走了20分钟（吴说走得比当天快），据吴说有0.5公里多路。由安庄到邬某某家要远点约三华里。我们从安庄到发现尸体处，走了30分钟（不快不慢）。根据调查的情况判断发现尸体的时间天还未黑，这就与被告交代的时间统一不起来。

2. 手帕问题：经提讯被告仍供认在贵定买的一张手帕，否认邓有松看见他买手帕的事实。通过邓有松证实，也说没看见被告在贵定买过手帕。我们问邓检举过被告买手帕的事实没有？邓说不管是口头的文字的从来没检举过。只说被告在贵定买过两个口袋，邓自己买过两张围巾，现在还有一张通过被害者之母李某莲证实，李说："丁同志已拿手帕给我看过，实际是我家的，原来我也说是我家的，后来为啥又说不是了呢？因为破案中，我听到说梅某某已承认手帕是他的，说他在沈阳买的，在炼钢铁时，被火花把手帕中间烧了个洞，梅某某在强奸姑娘时，合手噻我姑娘嘴里。这样我爱人曾某某说，他（指梅某某）都承认了，我们还要承认？我们不承认还是个证据。后来我就不承认手帕是我家的。丁同志来查证时，我想手帕实际是我家的（案卷中没有丁某某同志的调查资料），但又说不是，如冤枉了人，就坏了良心。所以我又承认是我家"。我们又把手帕拿给李某莲辨认，李肯定说手帕是自家的。并说"这手帕是草塘王某珍（已死）1961年去贵阳医病回来，走我家来玩，给我一张手帕，三尺水红花布（花纹与手帕相同），一双袜子，一点霉豆腐。""后来花布我缝衣服给我姑娘穿，我姑娘被害死，我就一下子烧了。手帕放在箱子里不知几时姑娘翻去玩的。"

在调查中发现个别知情人员思想畏惧，说话不清楚。如邬某某几次供词不一致，有时当面说了在复问中也对不起，有次县里通知他进城证明发现尸体时间，邬某某思想畏惧，对吴某某说"如果这个事以后与我有关，希望给我证明"等。

根据上述情况，经县人民检察院研究认为，该案事实不清，犯罪情节不统一，证据"卡"不死，不能定案，故退回公安补充调查，待问题查清后再移送审查起诉。

第四章　审查起诉检察

审查起诉是人民检察机关行使侦查监督和审判监督的主要手段。

1978 年恢复检察院后，内设刑事检察组，1984 年改组为科。1990 年 3 月，刑事检察科内设刑事检察一科，主管批捕；刑事检察二科主管起诉。2001 年 12 月，将刑事检察二科更名为公诉科。

第一节　审查起诉、公诉职责职权

审查起诉是国家法律赋予人民检察院的主要职权。从法律制度上保证法律统一实施，是否将被告移交人民法院进行审判，维护法律尊严，落实人民检察院赋予法律职责、职权的一项重要诉讼活动。

按照我国法律规定，凡提起公诉、免予起诉、不起诉，一律由人民检察院决定，其他任何机关、团体、个人都无权行使。

职责和任务是对公安机关、人民检察院自行侦查终结，移送起诉的刑事案件进行审查并提起公诉。

一、犯罪事实，情节是否清楚，证据是否充分，犯罪性质和罪名的认定是否正确；

二、有无遗漏罪行和其他应追究刑事责任的犯罪嫌疑人；

三、是否属于不应追究刑事责任的人；

四、有无附带民事诉讼；

五、侦查活动是否合法。

经上述问题的查明，按照《刑事诉讼法》第 99 条、第 100 条、第 101 条之规定，分别作出起诉、不起诉或退回公安机关再行补充侦查的决定。

审查起诉工作的原则：凡是决定起诉的，必须是构成犯罪，依法应当追究刑事责任；凡免予起诉的，必须是构成犯罪，但犯罪情节轻微，或罪行虽然较重，但有法定免除刑罚情节的案件；凡是不起诉的，必须是尚未构成犯罪，或是虽已构成犯罪，但依照政策和法律规定，不应当追究刑事责任的案件。

凡应起诉的案件，必须全面熟悉案情，讯问被告人、询问主要证人，并依法制作起诉书，向人民法院提起公诉。

凡提起公诉的案件，由检察长或检察员以国家公诉人身份出席法庭，支持公诉。同时监督审判活动是否合法，在法庭上通过控诉与辩护的环节，有助审判人员查清犯罪事实，依法正确作出判决、裁定。真正起到不枉不纵，宣传法治，预防和减少犯罪。

第二节　审查起诉

自1952年设检察院与公安合署办公后，1955年正式建立检察院并行使检察权。是年，紧紧围绕“审干”“肃反”工作重心，贯彻执行中共中央关于开展肃清反革命分子运动的指示，在“肃反”“审干”中加强检察力量，打击破坏农业、手工业、资本主义工商业的社会主义改造，破坏社会主义工业化的犯罪分子，是年起诉各类案件306件。其中，土匪、地主恶霸、反革命162件，贪污、受贿、投机倒把、贩毒52件，强奸15件，杀人2件。“肃反”中起诉干部27件、27人，劳动教养22件、22人。实际由检察院提起公诉134件，其中退回公安机关补充侦查2件。

1956年，仍以继续同反革命斗争为重点，公、检、法三家联合办公，检察院履行起诉等法律文书手续，致使形成冤、假、错案发生。是年，受理公安机关移送起诉的刑事案件79件，起诉58件，不起诉4件，退回公安机关补充侦查8件。

1957年，配合“反右”斗争，落实中共中央《关于整风运动的指示》《关于组织力量准备反击右派分子进攻的指示》，打击现行犯罪分子。是年，受理公安机关移送起诉各类刑事案件80件，起诉66件，免予起诉2件，不予起诉1件，退回公安机关补充侦查4件，公安机关撤回起诉7件。出席法庭支持公诉59人次。受理案件中抗拒改造18件，反攻倒算18件，杀人17件，贪污62件，受贿31件，投机倒把16件，伤害、抢劫、盗窃13件，诈骗8件，奸淫幼女2件，破坏军婚6件，流氓3件，贩毒4件，投毒3件，赌博31件。

1958年，仍配合“反右”斗争，打击现行反革命分子。是年6月，县委贯彻中共中央关于“大跃进”的指示精神，开展“生产大跃进”和“七无运动”，即无黑枪黑弹、无鸦片、无散匪、无赌博、无火灾、无爆炸、无偷盗。紧紧围绕“七无”打击各种刑事犯罪，公、检、法三家联合办公，“一员代三员”“一长代三长”，批捕、起诉“一竿子到底”。其间，受理公安机关提请起诉，各类刑事案250件，起诉250件，出席法庭支持公诉250人次。

1959年，贯彻中共中央“杀人要少，捕人要少，管制也要少”的方针，推行群众专政，矛盾不上交原则，持续“三员”“三长”办案，集体讨论，“三长”决定，党委批准。继续围绕“七无”打击各种刑事犯罪。是年，受理公安机关移送各类刑事起诉案件65件，起诉63件，免予起诉1件，退回公安机关补充侦查1件，到庭支持公诉63人次。

1960年，开展“三反”和农村整风运动，瓮安列入全省整风、整社、反“五风一化”的重点，公、检、法派员配合县监委、组织部，对区、公社、大队干部中的犯罪分子进行打击起诉。揭发批判“五风一化”的危害和恶果，自上而下对嫌疑干部批判斗争，形成打击坏人的革命声势。是年，受理公安机关移送各类刑事案件233件，起诉233件，出席法庭支持公诉233人次。

1961年，贯彻中共中央八届九中全会“调整、巩固、提高、充实”八字方针，围绕方针打击各种犯罪。是年，受理公安机关移送各类刑事案件202件、起诉189件、免予起诉9件、不予起诉4件。出席法庭支持公诉94人次。

1962年，贯彻中共中央六中全会精神，围绕保卫整风整社成果，精简、压缩城镇人口，压缩职工、居民、家属开展检察工作，给以后的社会治理带来许多不稳定因素。是年，受理公安机关移送各类刑事案件53件，其中起诉51件，公安机关撤回2件。出席法庭支持公诉20人次。

1963年，根据保"五反"和社会教育成果，打击地、富、反、坏、右分子的破坏，是年，受理公安机关移送各类刑事起诉案件26件，起诉26件，出席法庭支持公诉15人次。

1964年，根据中共中央精神开展"四清"和社会主义教育运动，坚持"以阶级斗争为纲"，围绕这一中央指示，打击在"四清"中清理出来的贪污、盗窃不法分子。是年，受理公安机关移送各类刑事案件33件，其中起诉31件，退回公安机关补充侦查1件，公安机关撤诉1件，出席法庭支持公诉33人次。1965年，仍围绕开展"四清"社会主义教育运动，打击各种犯罪活动，继续贯彻"以阶级斗争为纲"的指示，受理公安机关移送各类刑事犯罪案件11件，其中起诉9件，免予起诉1件，退回公安补充侦查1件，出席法庭支持公诉3人次。

1955年至1965年年末，瓮安县人民检察院共受理公安机关移送各类刑事起诉案件1159件。其中起诉1110件，免予起诉案13件，不起诉9件，退回公安机关补充侦查17件，公安机关撤回起诉10件，出席法庭支持公诉715人次。

1966年，继续贯彻以"阶级斗争为纲"，5月16日，中共中央作出关于无产阶级"文化大革命"的相关指示，在"5·16"通知相关精神指导下，年底"文化大革命"正式形成运动。1967年，"造反派"提出砸烂公、检、法，其职能职责、职权受到严重冲击，实施军管，相继人民检察院被撤销，由军事管制委员会行使职权。

1955—1965年部分年份瓮安县人民检察院起诉支持公诉统计表

表4-1　　　　单位：件

年度	公安移送审查起诉案件	检察院决定						出席法院支持公诉
		起诉	免诉	不予起诉	退回补充侦查	撤回起诉	其他	
1955	136	134	—	—	2	—	—	2
1956	70	58	—	4	8	—	—	36
1957	80	66	2	1	4	7	—	59
1958	250	250	—	—	—	—	—	250
1959	65	63	1	—	1	—	—	63
1960	233	233	—	—	—	—	—	233
1961	202	189	9	4	—	—	—	94
1962	53	51	—	—	—	2	—	20
1963	26	26	—	—	—	—	—	15
1964	33	31	—	—	1	1	—	—

续表4-1

年度	公安移送审查起诉案件	检察院决定						出席法院支持公诉
		起诉	免诉	不予起诉	退回补充侦查	撤回起诉	其他	
1965	11	9	1	—	1	—	—	3
合计	1159	1110	13	9	17	10	—	775

第三节　重建检察院后公诉检察

1978 年 8 月，瓮安县人民检察院重新建立，内设刑事检察组，检察起诉受其领导。

1979 年，根据《中共中央关于坚决保证刑法、刑事诉讼法切实实施的指示》（中发〔1979〕64 号）文件精神，全方位恢复检察院职能职责，重新履行公诉职能职责。履职中坚持以事实为依据，以法律为准绳，尊重客观事实，重视被告人的申辩，反复核实核对证据，树立了检察院秉公执法办案，清正廉洁的形象。是年，受理公安机关移送各类刑事起诉案件 38 件，经审查，起诉 27 件，免予起诉 1 件，退回公安机关补充侦查 1 件，公安机关撤回案件 9 件。

1980 年，全面实施《中华人民共和国刑法》《刑事诉讼法》《人民检察院组织法》，运用法律武器，发挥起诉工作职能，不断总结起诉工作经验，做到认真阅卷，细致审查，提审被告，询问证人，鉴别证据，弄清“六要素”，稳扎稳打，稳诉稳辩。是年，受理公安移送起诉各类刑事案件 56 件 68 人，审结 53 件、64 人，占受理人数 94. 1%，起诉 56 人，为移送案件 87. 5%；不起诉 3 人，退回公安机关补充侦查 5 人，占 7. 82%。出席法庭支持公诉 37 人次，发表公诉词 12 篇。

1981 年，贯彻中共第十一届三中全会制定的各项方针政策，全面纠正“左”的或“右”的错误，从根本上开始拨乱反正。起诉中认真落实和执行《中共中央批转中央政法委员会召开的〈京、津、沪、穗、汉五大城市治安座谈会纪要〉和彭真、彭冲同志在座谈会上的讲话》（中发〔1981〕21 号）文件和全国整顿城市社会治安会议精神，从重从快打击“六类”罪犯，根据院党组安排和检察委员会安排，实施案件到人，责任到人，对大案难案集中办理，个人阅卷，集体讨论，检察长决定制度。是年，受理公安机关移送起诉各类刑事案件 102 件。经严格审查决定提起公诉 76 件，免诉 11 件，不予起诉 10 件，退回公安机关补充侦查 3 件，公安机关撤回 2 件，出席法庭支持公诉 64 人次。

1982 年，起诉围绕整顿社会治安秩序，开展综合治理，继续落实中央拨乱反正指示。是年，受理公安机关移送起诉各类刑事案件 38 件、55 人。决定起诉 32 件、41 人，免诉 4 件、9 人，公安机关撤诉 2 件、5 人。受理加刑案件 40 件、51 人，起诉 32 件、42 人，免诉 5 件、6 人，撤回 2 件、2 人。

1983 年，社会治安极为严峻，中共中央发出《关于严厉打击严重刑事犯罪活动的决定》，重点打击“七类”犯罪，审查起诉贯彻“从重从快，一网打尽”的方针。凡基本犯罪事实清楚，基本证据确凿，构成犯罪依法起诉。是年，受理公安机关移送起诉各类刑事案件 271 件，决定提起公诉 194 件，免诉 22 件，不予起诉 3 件，退回公安机关补充侦查 52 件。

1984年，继续开展“严打”，根据《中共中央关于少数民族公民犯罪的“两少一宽政策”》（中发〔1984〕5号）文件及高检〔84〕9号文件精神，紧密与公安机关、法院配合，域内经历了打击犯罪三大战役。集中力量办理公安移送提请起诉的各类刑事案件。是年，受理公安机关移送起诉各类刑事案件287件；其间，对公安机关移送各类刑事案件83件、130人，审结78件、125人，决定起诉66件、94人，免诉8件、21人，不予起诉4件、10人。撤回起诉22件；瓮安煤矿移送起诉189件、271人。瓮安煤矿移送各类起诉案件148件、203人（含追诉8人），免予起诉14件、22人，不予起诉3件、3人。自侦案件中大案2件、4人，挽回经济损失38000元，追赃14600元。其间出席法庭支持公诉205人次。

1985年，在整党工作（整顿党的作风和组织工作）推进下，继续贯彻执行“严打”方针，在绝不放松打击犯罪的同时，把打击经济犯罪作为主要任务，采取各种措施，开展综合治理。是年，受理公安移送各类刑事起诉案件130件，决定起诉94件，免诉21件，不予起诉10件，公安机关撤销案件5件。起诉案件中，经济犯罪9件、11人，其中万元以上大案3件、6人，经“严打”统筹，为国家挽回经济损失27万元。

1986年，以经济建设为中心，坚持打击经济犯罪，打击刑事犯罪“两打”一起抓。经过“严打”两个战役，刑事案件发案率有所下降，但“七类”犯罪上升，瓮安批捕“七类”犯罪达154人之多，迅速审查起诉，及时打击严重刑事犯罪成为当务之急。是年，受理公安机关移送提请起诉各类案件213件，决定起诉182件，免诉14件，退回补充侦查17件。通过受理群众举报、来信来访，从中起诉5件、11人，自侦案件4件、6人，起诉1件、1人，撤回起诉1件、1人，其他处理2件、4人。

1987年，坚持党的四项基本原则，旗帜鲜明地反对资产阶级自由化，继续执行“严打”方针，依法从重从快严惩严重危害社会治安犯罪分子，仍加强对“七类”犯罪打击不放松，坚持从快起诉。是年，受理公安机关移送各类刑事起诉案213件，经审查决定起诉162件，免诉16件，不予起诉2件，退回补充侦查33件。

自检察院恢复到1987年，历经政治、思想、法律的拨乱反正，检察院正式行使检察权。形成合力，开展“严打”斗争，公安、法院相配合，在县委统一领导下，惩治各类刑事犯罪，保障社会治安好转；依法检察起诉，出席法庭支持公诉，独立行使检察院职权，树立了检察形象。1979—1987年，累计受理公安机关移送提请起诉各类刑事案件1377件，年均153件，决定起诉1037件，年均115件；免诉42件，年均4.6件；退回补充侦查59件，年均6.5件；撤回起诉99件，年均11件；出席法庭支持公诉306次，年均34人次。

1979—1987年瓮安县人民检察院起诉支持公诉统计表

表4-2　　　　单位：件

年度	公安移送起诉案件	检察院决定						出席法院支持公诉
		起诉	免诉	不予起诉	退回补充侦查	撤回起诉	其他	
1979	38	27	1	—	1	9	—	—

续表4-2

年度	公安移送起诉案件	检察院决定						出席法院支持公诉
		起诉	免诉	不予起诉	退回补充侦查	撤回起诉	其他	
1980	68	58	2	1	5	4	—	37
1981	102	76	11	10	3	2	—	64
1982	55	41	9	—	—	5	—	—
1983	271	194	22	3	—	52	—	—
1984	287	205	44	16	—	22	—	205
1985	130	94	21	10	—	5	—	—
1986	213	182	14	—	17	—	—	—
1987	213	162	16	2	33	—	—	—
合计	1377	1037	140	42	59	99	—	306

1988 年，充分利用审查起诉职能，严厉打击严重刑事犯罪分子和严重经济犯罪分子。坚持以事实为依据，法律为准绳审查起诉案件，依据不同形式犯罪，从犯罪要件的证据入手，审查证据，讯问犯罪嫌疑人，不枉不纵，不冤不漏，受理公安机关移送提请起诉各类刑事案件 118 件、248 人，决定起诉 105 件、193 人，占受理案件 93.07%；不予起诉 10 件、10 人，退回公安机关补充侦查 8 件、25 人，公安机关撤销案件 8 件、25 人；大案移送州检察院管辖 5 件、14 人。起诉经济犯罪案件中，万元以上要案 2 件、7 人，为国家挽回资金损失 18902 元，追赃 65646 元，协助单位追还资金 126944 元。贪污受贿 6 件，金额 567000 多元。

1989 年，继续坚持“严打”方针，积极与公安、法院配合，开展反盗窃、打击经济犯罪专项治理。是年，受理公安机关移送提请起诉各类刑事案件 160 件、304 人，较上年同期分别上升 26.2%和 18.4%。经审查，决定起诉 148 件、267 人，分别占受理案件人数的 92.5%和 88%；免诉 3 件、13 人，退回公安机关补充侦查 2 件、2 人，公安撤回 1 件、1 人。受理自侦案件 30 件、38 人，其中审查起诉 13 件、17 人，免诉 14 件、16 人，退回补充侦查 2 件、4 人，撤销 1 件、1 人，结案率达 100%。

1990 年，继续坚持“严打”并重不放松，快审、快诉，保持严打声威。共受理公安机关移送提请起诉各类刑事案件 213 件、336 人，其中，公安机关移送刑事案件 172 件、287 人；自侦案件 41 件、49 人。经审查，决定起诉 141 件、200 人。其中，起诉刑事案件 126 件、182 人，起诉贪污贿赂案 5 件、9 人，移送州人民检察院管辖 14 件、35 人，自侦案 15 件、18 人。公安机关撤诉刑事案件 1 件、1 人，自侦撤诉 2 件、3 人；退回公安机关补充侦查 26 件、61 人；退回自侦补充侦查 9 件、10 人；决定对公安机关移送审查起诉刑事案免诉 5 件、9 人，自侦案免诉 15 件、18 人；起诉的刑事案件中，盗窃案件 64 件、97 人，拐卖人口案件 19 件、33 人，强奸案件 12 件、12 人，抢劫案件 8 件、16 人，故意伤害案件 11 件、11 人，杀人案件 2 件、2 人，贪污案件 13 件、16 人，其他案件 12 件、13 人。

自 1979 年检察院正式行使检察职权后，至 1990 年，共受理公安机关提请起诉各类刑事案 2009

件，经审查，决定起诉1654件，占移送案82.33%；退回公安机关补充侦查85件，占4.23%；出庭支持公诉926件。

1991—1999年，审查起诉始终坚持对大案、要案提前介入，审查案子与被告人，受害人、主要证人“三见面”的做法，认真把握基本犯罪事实已经查清、基本证据确实充分的两个基本原则，坚持“一要坚决，二要慎重、务必搞准”的方针，教育，挽救、感化政策，“稳、准、狠”地打击各种犯罪活动；坚持“两手抓，两手都要硬”，既抓人员素质提高，又抓办案质量，提高执法水平。

1991年，受理起诉案件203件、353人，经审查决定起诉147件、248人，分别占受理案件、人数70.3%和70.2%。免予起诉29件、42人，追诉1人，移送州人民检察院管辖9件、13人；不起诉3件、3人；退回补充侦查23件、46人，结案率100%。起诉案件中，公安机关移送181件、319人，决定起诉139件、235人，分别占76%；决定不起诉1件、3人；免诉14件、27人，退回公安机关补充侦查18件、40人。起诉案件中，盗窃案件73件、135人，占52.58%；强奸案件15件、16人，拐卖人口案件16件、39人，故意伤害案件14件、14人，其他案件16件、14人。受理自侦贪污受贿案件19件、22人，起诉5件、7人，免诉12件、13人，撤诉1件、1人，退回补充侦查1件、1人。

1992年，贯彻邓小平视察南方谈话和第九次全国检察工作与全省检察工作会议精神，解放思想，开拓前进。是年，受理公安机关移送审查起诉各类刑事案件154件、253人，自侦贪污受贿案14件、20人。决定起诉公安机关移送案103件、157人，免予起诉26件、35人，报州检察院批复起诉案15件、30人；不起诉2件、2人，退回公安机关补充侦查9件、18人；起诉自侦案件3件、3人，免予起诉10件、10人，反贪污贿赂案撤诉4人，退回补充侦查1件、3人。起诉中盗窃案44件、65人，强奸案13件、13人，拐卖人口案12件、28人，杀人案10件、11人，伤害案7件、7人，其他12件、26人。

1993年，贯彻全国政法工作会议精神和高检院提出的“严格执法，狠抓办案”的工作方针，把反贪污贿赂纳入重中之重，积极开展“两打”斗争。是年，受理公安机关、自侦移送提请起诉案件171件、281人，较1992年上升3.9%。公安机关提请起诉刑事案件142件、235人；涉及经济犯罪20件、28人，法纪案件9件、18人。移送州检察院11件、31人，其中刑事案件10件、25人，刑讯逼供1件、6人。向县法院提起公诉107件、161人，其中刑事犯罪103件、154人，贪污贿赂犯罪3件、6人，重大责任事故犯罪6件、6人，不起诉1件、1人。

1994年，贯彻高检院提出的检察工作“二十字”方针，坚持“严打”不放松。是年，受理各种刑事起诉案件135件、213人，其中公安机关提请起诉各类刑事案件109件、181人，自侦案件26件、32人。提起公诉91件、133人。含追诉1人，占提请起诉案80.7%。其中公安机关移送起诉刑事案件88件、130人，免予起诉8件、14人，不起诉1件、4人，退回公安补充侦查4件、12人，移送州检察院5件、13人；自侦案件起诉3件、3人，免予起诉21件、25人，撤诉1件、1人，退回补充侦查1件、3人。起诉案件中盗窃56件、87人，杀人伤害案件8件、8人，抢劫案件6件、17人，强奸案件9件、9人，贪污受贿案件7件、7人，重大责任事故案件1件、1人，其他案件9件、12人。

1995年，仍处于“严打”态势和继续落实检察工作方针的重要结点，是年，受理提请各类刑事起诉案件135件、213人，其中公安机关移送起诉案件109件、181人，本院自侦26件、32人。经审查，决定起诉 91 件、133 人，其中公安机关移送刑事案件 88 件、130 人，决定免予起诉 8 件、14 人，不起诉 1 件、4 人，退回公安机关补充侦查 4 件、12 人，移送州人民检察院 5 件、13 人；自侦案起诉 3 件、3 人，免诉自侦案 21 件、25 人，撤诉 1 件、1 人，退回补充侦查 1 件、3 人。1996 年，以惩治经济犯罪为重点，学习江泽民“讲政治，讲正气，讲学习”讲话精神，认真学习《中华人民共和国检察官法》施行后相关法律规定，加强适应新法适应性培训，提高执法水平。是年，自侦立案 116 件、131 人。其中，贪污案件 39 件，贿赂案件 10 件，挪用公款案件 46 件，涉及偷税漏税案件 17 件，其他案件 4 件，要案 1 件，万元以上大案 71 件，其间侦查终结 88 件，占立案 75.8%。经审查提起公诉 53 件、64 人，其中贪污受贿 37 件；免予起诉 34 件，撤诉 4 件。挽回国家、集体经济损失 285.39 万元，追赃率达 74.7%。是年，检察院贪污贿赂检察科、法纪检察科被州人民检察院评选为“先进集体”。

1997 年，中共十五大召开，实施修订后的《刑法》《刑事诉讼法》，同时检察院工作开始受县人大评定，加强了起诉工作的顺利开展。是年，共审查起诉案件 98 件、123 人。其中，公安和监狱管理机关提请起诉案 82 件、105 人，自侦案件 16 件、18 人。经审查，提起公诉 68 件、88 人，不起诉 11 件、13 人，移送州人民检察院管辖 8 件、9 人，退回补充侦查 11 件、13 人。1998 年围绕全国工作大局，坚持“严打”和新的《刑法》《刑事诉讼法》实施，共受理公安机关提请起诉各种刑事案件 142 件、203 人，审查决定起诉 108 件、141 人。其中决定不起诉 10 件、19 人，移送州人民检察院管辖 11 件、17 人；证据不足，决定不起诉 8 人；犯罪情节轻微，不予起诉 10 人；退回公安机关补充侦查 49 件、70 人，是年年底，仍处置退回补充侦查 11 件、23 人。其间，起诉案件以经济案件尤为瞩目，查办犯罪金额 89.94 万元，追回资金 79.96 万元，挽回案外损失 13 万元。逮捕 3 人，起诉 3 人，移送州人民检察院诉讼 3 人，犯罪分子均为三机关一部门人员。其中 1~5 万元 3 件、3 人，5 万元以上 2 件、2 人，10 万以上 1 件、2 人。

1999 年，贯彻执行高检院“公正执法，依法办案，服务大局”方针，坚持“从重从快”的“严打”态势，稳、准、狠地打击犯罪活动。是年，受理公安机关移送起诉各类刑事案件 134 件、202 人，决定提起公诉 89 件、135 人；决定不予起诉 19 件、28 人；移送州人民检察院 15 件、21 人。公诉经济案件中涉国家资金 167900 余元，追回 84173.50 元，挽回经济损失 101700 元。2000 年，受理公安机关移送起诉刑事案件 134 件、197 人。审查决定提起公诉 97 件、120 人，退回公安机关补充侦查 28 件、36 人，对证据不足不予起诉 22 人。起诉的被告人中，涉及杀人案件 7 件、13 人，抢劫案件 11 件、30 人，盗窃案件 27 件、30 人，强奸案件 10 件、10 人，贩毒案件 9 件、12 人，贩卖制造假币案件 13 件、15 人。

2001 年，开展“三个代表”学习教育活动，继续开展“严打”。是年，受理公安机关移送起诉各类刑事犯罪案件 148 件、210 人，较上年 134 件、197 人分别上升 10.45% 和 7.16%。经审查决定提起公诉 118 件、160 人，决定不起诉 3 件、5 人，移送州人民检察院 9 件、14 人，退回公安机关补充侦查 17 件、30 人。公诉案中，涉嫌杀人案件 4 件、4 人，强奸案件 4 件、8 人，抢劫案件 12 件、27 人，盗窃案件 30 件、39 人，绑架案件 1 件、2 人，贩卖毒品案件 10 件、12 人，涉枪涉爆炸案件 22 件、24 人，故意伤害案件 16 件、19 人。2002 年，受理公安机关移送起诉案 112 件、140 人，较上年同期分别下降 24% 和 33%。审查决定起诉 85 件、107 人，决定不起诉 6 件、7 人，移送州人民检察院 5 件、7 人，退回公安机关补充侦查 16 件、19 人。起诉案件中，“严打”“三类”案件 71 件、91 人，占所有公诉刑事案件的79%，总案件数的80%。

2003年，以稳定社会治安为目标，打击各类刑事犯罪。是年，受理公安机关移送起诉各类刑事案件180件、246人。经审查，决定起诉145件、185人，移送州人民检察院7件、14人，决定不起诉3件、5人，退回公安机关补充侦查15件、16人。起诉刑事案件中，抢劫案件11件、24人，强奸案件16件、18人，杀人案件7件、8人，故意伤害案件35件、40人，贩毒案件7件、10人，盗窃案件44件、73人，其他案件60件、73人。2004年，受理公安机关移送起诉各类刑事案件158件、230人，其中贪污受贿案件18件、18人。

2005年，以惩治经济犯罪，抢劫、盗窃、贩毒为重点，以整顿和规范市场经济秩序为目标，共受理公安机关移送起诉各类刑事案件163件、230人。审查决定起诉140件、193人，移送州人民检察院4件、7人；退回公安机关补充侦查10件、13人，不起诉3件、5人，公安机关撤销案件2件、6人，起诉中贪污贿赂案件7件、7人，大案1件、1人，挽回国家经济损失1102426元。2006年，受理公安移送各类起诉刑事案件159件、254人。

2007年，重点打击杀人、强奸、绑架等8类犯罪，惩治黑恶团伙犯罪、贩毒犯罪，跨地区“两抢一盗”等犯罪。加速起诉办案力度，震慑罪犯。是年，受理移送各类起诉案件219件、387人。其中公安机关移送196件、360人，自侦案件23件、27人。经审查，决定起诉202件、364人，决定不起诉2件、4人，移送州人民检察院6件、8人，退回公安机关补充侦查5件、8人，退回自侦1件、1人。公安机关撤销案件2件、2人，起诉率达92.2%，刑事不诉率1.1%，准确率100%。

2008年，瓮安遭受特大凌冻自然灾害，经济损失较为严重；6月28日，发生“打、砸、抢、烧”群体性突发事件。是年，受理起诉各种刑事案件301件、535人。其中公安机关移送起诉案282件、513人，其中“6·28”事件75件、214人，自侦案件13件、14人。经审查，起诉249件、372人，其中“6·28”事件49件、53人，移送州人民检察院6件、6人。决定不起诉22件、35人，其中“6·28”事件20件、30人。公安机关撤销案件1件、1人。撤案9件、14人，其中“6·28”事件7件、12人。退回公安机关补充侦查4件、93人，其中“6·28”事件2件、84人。积案4件、6人，审结率达99%，准确率100%。

2009年，继续惩治“6·28”群体事件“打、砸、抢、烧”犯罪分子，以清扫黑恶势力，震慑犯罪，整顿社会秩序，力争瓮安社会秩序，社会治安根本好转。是年，受理公安机关移送各类起诉案件227件、440人。提起公诉227件、414人。2010年，实施综合治理，进行纪律整顿，对域内黑恶势力，团伙犯罪深挖猛追。是年，受理各类起诉案件309件、492人，较2009年同期分别上升34.8%和44.7%。经审查，决定提起公诉263件、414人，移送州人民检察院16件、29人，较上年同期分别上升6.7%和26.1%。移送其他检察院1件、2人。决定不起诉7件、8人。在刑事公诉案件中，暴力犯罪案件89件、109人，“两抢一盗”案件70件、126人。自侦案件11件、13人，其中经济大案8件、9人，涉案金额148.34万元，挽回国家经济损失100余万元。

2011年，仍保持高压态势，推行一岗双责，加强党风廉政建设，推进检察工作改革。依法惩治瓮安各类犯罪。是年，受理公安机关移送各类刑事起诉案件252件、465人，较2010年同期分别下降17.65%和5.49%。审查决定提起公诉210件、368人。其间发挥刑事诉讼监督检察，对不应立案，监督公安机关撤案 7 件、11 人，对应立案而未立案，监督立案 2 件、3 人。发出要求提供法庭所需证据材料意见书 3 件，对重大案件提前介入侦查 10 次，特大、重大案件讨论 10 次。建议公安机关撤销案件 5 件、6 人，追诉漏犯 1 件、1 人，追诉遗漏犯罪事实 73 次。

2012 年，继续深化检察改革，实现社会公平、正义的法律保障体系。是年，受理公安机关和本院自侦移送各类起诉刑事案件 343 件、600 人，较 2011 年同期分别上升 35.54%和 31%。经审查，决定起诉 251 件、362 人，较 2011 年同期分别上升 9.13%和 13.6%。其中移送州人民检察院起诉 14 件、18 人，移送其他检察院 3 件、11 人；决定不起诉 14 件、17 人；建议公安机关撤案 14 件、24 人，纠正漏罪和漏犯事实 11 件次；提前介入重案，引导公安侦查取证，打掉和起诉了“费某帮”“七匹狼帮”“明教帮”“刘某帮”四个团伙犯罪集团。对法院提出量刑建议 135 件、158 人，建议适用简易程序 143 件。2013 年，继续开展“严打”，紧紧围绕平安瓮安、和谐瓮安、法治瓮安建设，以增加人民安全感、满意度。是年，经测评，瓮安人民安全感、满意度均达 98%以上，名列全省前茅。

2014 年，检察院以深化检察改革为动力，以执法规范化、标准化建设为核心，以检察院文化建设为抓手，“让党满意，让人民满意”。是年，受理移送审查起诉案件 353 件、504 人，经审查决定，依法提起公诉 274 件、373 人，无冤假错案。积极参与全省惩治赌博专项行动，对赌博案提起公诉 6 件、23 人。

2015 年，着眼于经济发展，服务大局，把惩治职务犯罪作为重点，把促进社会和谐稳定、倾力化解社会矛盾为工作重要目标，惩治各类罪犯。是年，受理移送审查起诉案件 298 件、424 人，经审查决定起诉 255 件、361 人。始终坚持做到重大复杂疑难案件请示报告和按程序及时移送州人民检察院。以维护社会公平正义。2016 年，将工作重心放在反贪污贿赂和反渎职侵权检察方面，并配合这一重点开展起诉工作。是年，受理各类移送审查起诉案件 232 件、321 人。经审查，决定提起公诉 162 件、222 人，移送上级检察院审查起诉 3 件、4 人。决定不起诉 8 件、11 人，退回公安机关补充侦查 51 件、113 人，未结案 18 件、37 人。起诉中对贪污、贿赂大案 2 件、2 人提起公诉，追回赃款 79.3 万元，对立案中尚未侦查终结的 3 件、5 人，侦查基本终结。认真办案，依法起诉，根据犯罪事实依法决定不诉和依照证据链条退回补充侦查已成为起诉常态。

第四节　执行死刑监督

执行死刑临场监督，是一项非常重要、非常严肃的法律监督工作。根据《刑事诉讼法》第 155 条规定，人民法院判处死刑的罪犯，在交付执行前应当通知同级人民检察院派员临场监督。临场监督的检察人员必须认真负责，严格依法办事，以保证死刑的正确执行，并注意防止错案，其主要职责是：(一) 执行死刑的法律手续是否完备，是否符合法律要求。执行死刑必须有最高人民法院院长签发执行死刑的命令，否则不得执行死刑。(二) 执行死刑，是否按使用枪决的方法执行。(三) 执行死刑前，指挥执行死刑的审判人员是否按照《刑事诉讼法》第 155 条第二款之规定，对罪犯验明正身，讯问有无遗言、信札。(四) 执行死刑后，应当查明罪犯是否已经死亡，人民法院是否通知罪犯的家属。

临场监督人员，在执行死刑前发现判决有错误，或者罪犯正在怀孕，或者死刑犯在执行前喊冤或要求交代、揭发、检举属大案、要案的，应建议停止执行；如发现执行过程中有违法现象，应当及时提出纠正意见。对于临场监督执行死刑的情况，检察人员应当制作笔录存档。

瓮安县人民检察院自1978年重建后，从1978—1982年，对强奸、抢劫、盗窃犯宋某，拐卖人口、强奸、盗窃犯傅某尧、罗某伦，赌博、抢劫、杀人犯李某荣等执行死刑命令的罪犯，检察院均派员临场监督。

1983年按照中央从重从快的“严打”方针，是年，计临场监督执行死刑命令25人；1996—1999年，临场监督执行死刑命令13件、15人；2000—2014年，临场监督执行死刑命令15件、15人。

第五节　典型案例

公诉，自古以来均为国家行为，故称“劾诉”，有今之公诉成分。封建社会的劾诉，是官员对官员弹劾揭发检举，以期达到判罪目的。自人民检察院成立以来，则是以国家行为对各种犯罪分子的诉讼审判。从中反映和折射出不同历史时期惩治犯罪重点，各个历史时期时代背景、政治、法律、经济、社会的不同进步。

新华铁厂杨某反革命集团

杨某，男，瓮安新华铁厂职工。

1958—1961年，组织“劳动党”反革命集团并择机暴动。

杨某在新华铁厂工作期间，以其为首，组织以7人为骨干、59名成员参与的反革命“劳动党”，并预谋在“五一”或“七一”发起暴动。

1961年4月27日，被公安机关、检察机关破获，一网打尽。由检察机关提起公诉，对反革命“劳动党”集团首恶分子杨某判处死刑立即执行，其他骨干分子分别被判处10~20年有期徒刑，组织成员遣散返乡交农村管制。

杨某兴诈骗案

杨某兴，男，犯罪时年38岁，汉族，正安县人。

1972年，杨某兴流窜到贵阳参加杨某文、黄某恒为首的诈骗集团，伪造“六枝特区”“九八五五厂”“八一南昌起义纪念馆”等处公章和衔头公用笺，先后诈骗贵阳、遵义电池厂、三都硫磷厂、湖南衡阳文化用品商店、河北、江苏采购员的物资，价值达2000余元。1975年12月，流窜至瓮安，先后诈骗县五金公司价值8346元的各种物资。1976年3月破案，缴获全部赃物及罪证。时值检察恢复，提起公诉，杨某兴对构成诈骗罪供认不讳，诉后获刑五年。

雷某亮家事投毒杀人案

雷某亮，男，瓮安县龙塘乡金钟村人。

1998 年，雷某亮因家庭琐事与父母、弟兄发生矛盾，心起杀人恶念。

是年 4 月 28 日，雷某亮到责任地牛滚凼除草，忽见二哥雷某林赶玉山路过除草的牛滚凼，赶场（赶集）回家必经此处，顿生杀人恶念。立即回家将老鼠药散在面饼上，并用方便袋置放于路边显眼处。

下午四时左右，雷某林赶场回家忽见面饼，误认是路人丢失，顺便捡回家中，分送父母。其父接饼因忙而来不及吃下，其母将儿送毒饼母子各分一半吃下，不幸母子吃下分别中毒死亡。是时，雷某林之侄儿雷某军见祖母和伯父死去，哭闹不止，雷某亮之父在忙乱中误认为孙子是饥饿而哭，将子思林送饼随分一半给孙子雷某军，雷某军吃后中毒而死。

该起家庭纠纷，雷某亮投毒亲杀其弟并生母，再杀其侄，3 人死于亲人之手。检察院按照《刑法》规定提起公诉，判决雷某亮死刑立即执行。

谭某华故意放火案

谭某华，男，瓮安县珠藏区木引槽乡人。

1986 年 10 月，谭某华经人介绍与本村长滩村民组商某碧订婚，双方在交往中发生异议，女方于 1989 年 10 月提出退婚。

1990 年 3 月 29 日，经乡治安办公室进行调解无果，8 月 17 日，再经珠藏区司法所调解达成退婚协议。即女方退还谭某华彩礼诸项共计 1800 元，并限期于 9 月 13 日交清。因女方逾期未交退亲款，谭某华遂起恶念。9 月 18 日，闯进商某碧家，点燃床上物品，引发火灾。烧毁木房 5 间，猪、牛圈各 1 间，造成家具、用具、农具、衣物、棺材等损失折合人民币 7000 余元；烧毁各种粮食 2000 余千克。

1990 年 11 月 22 日，县人民检察院按《刑法》规定的故意放火罪提起公诉，鉴于谭某华主动投案自首，有从轻处理情节，判处其有期徒刑 10 年。

张某荣伪造假币案

张某荣，女，29 岁，瓮安县草塘区人。

石某祥、石某明、蒲某举为同案人，均系草塘区人。

1991 年 4 月，卢某（因肺结核死于看守所）从广西带回氢氧化钾、氢氧化钠、显影粉、定影粉和纸张到张某荣处，并向张陈述伪造假币一事，需活动买主，并约定按每伪造 100 元假币收取 35 元加工费。票面可分别加工为 5 元、10 元、50 元、100 元。买主石某明、石某祥、蒲某举以营利为目的，共购得伪造假币 5655 元，销售假币 770 元，卢明获加工费 1270 元。检察院依据《刑法》规定，认定卢明、张光荣等五人已构成贩卖伪造国家货币罪。依法提起公诉，经审，主犯张某荣获刑 5 年，石某祥、石某明、蒲某举分别获刑 4 年。

邹某豪盗窃杀人案

邹某豪，男，汉族，犯罪时年 42 岁，瓮安县珠藏镇高水人。

1996 年，邹某亮因盗窃被失主邹某洪发现，邹某豪在盗窃行径暴露后，拒不承认赔偿责任，反而当众持刀向失主邹某洪胸部猛刺，致失主重伤当场死亡。手段残忍，民愤极大，严重危害社会治安稳定。邹某豪明知其行为构成故意杀人罪，不但不思悔罪，反而畏罪潜逃 6 年之久。依据《刑法》，县人民检察院将该案移送州人民检察院提起公诉，经审，邹某豪被判处死刑立即执行。

刘某利等绑架杀人案

刘某利，贵州瓮安人；

张某明，贵州瓮安人；

卢某海，贵州瓮安人。

2000 年 12 月，张某明、卢某海共谋以绑架手段“找钱”。后联系上刘某利，经共商，刘认定绑架对象为谢某菊。是月 13 日 22 时左右，张 1 人持刀闯进谢某菊县卫生局宿舍，以有人找谢为由，将谢挟持至西坡林场张光明住处，威逼谢某菊交出建设银行储蓄卡 1 张及其取款密码内存的 4000 元人民币，并于次日取款分赃。同时从谢身上搜得诺基亚手机 1 部和金银首饰。张、卢二人逼迫谢服下安定和三挫伦等安眠镇静药，使其昏迷。并于 12 月 14 日 22 时左右将谢扼死掩埋，手段极为残忍。

根据《刑法》相关规定，县人民检察院于 2004 年 5 月提起公诉。经审，张某明、卢某海被判处死刑，刘某利判处有期徒刑 15 年。

“玉山帮”黑社会组织犯罪案

“玉山帮”核心成员：卢某霖、韩某、熊某勋、李某芝。

骨干成员：粟某飞、聂某超、胡某。

积极维护成员：余某、曾某锋、邓某伦、郭某旭、聂某忠。

1998 年，“玉山帮”以核心成员、骨干成员和维护人员纠集瓮安县玉山镇为主的不法分子，社会闲散人员，逐步形成有明显特征达上千人的黑社会帮派组织——“玉山帮”，并开展各种违法违纪犯罪活动，多次为自己组织的帮派利益实施团伙犯罪。

2005—2007 年，“玉山帮”参与花竹歌舞厅、鱼河乡、中坪镇、珠藏镇、县城林业局街道路段聚众群殴；为争夺地盘报复冷光发黑社会组织，并持械群殴；随意殴打刘某国、李某发等；敲诈勒索吕某现金 5000 元，玉山镇小开州矿山吴某科 12 万元，舒某跃 56 万元，某某矿业公司 15 万元，某某洗矿厂 2 万元，累计人民币 85.5 万元。于瓮安玉山镇大坪村双星洗矿厂开采磷矿，白花村白岩脚非法开采硫铁矿等多种违法犯罪活动，造成重伤 1 人、轻伤 4 人、轻微伤 7 人，造成资源经济损失 420 余万元。

2008 年 6 月 28 日，“玉山帮”成员张某静、莫某富、宋某成、刘某麟、兰某涛等积极参与冲击公安局、县政府等国家机关，并于大楼放火烧毁党政公文、档案、办公用品等。自 2005 年至 2007 年，多次以黑社会暴力威胁手段实施保护非法所得。利用国家机关工作人员的包庇、纵容、信息等开设赌场、非法采矿、强迫交易、非法经营，垄断长途客运市场，矿山货运市场等。根据“玉山帮”黑社会组织的犯罪事实，以《刑法》故意伤害罪、强奸罪、流氓罪、妨碍公务罪等相关条款为准绳，于 2009 年对“玉山帮”黑社会组织团伙提起公诉。

经审判，卢某霖、韩某、熊某勋数罪并罚，刑期总和 50 年，决定获刑 20 年。粟某飞获刑 20 年，聂某超获刑 20 年，胡某获刑 20 年，金某、曾某清、邓某伦、郭某旭、聂某忠等分别获刑 3~8 年。

“刘军帮”黑社会性质组织犯罪案

“刘军帮”组织核心人员：刘某军、王某、刘某宇；

骨干成员：肖某松、宋某志、郎某金；

组织成员：郑某华、徐某、刘某均、吴某勇。

2002 年，刘某军网络王某在瓮安县城成立“刘军帮”黑社会性质组织。吸收社会闲杂人员刘某宇、郎某金等 30 余人称霸瓮安、福泉之间。并在其中发展骨干人员，有组织、有领导实施诈骗、赌博、非法购买枪支弹药，强迫交易，聚敛财物，敲诈勒索，多次在瓮安、福泉聚众冲击国家机关等 14 类犯罪活动，作案 40 件，造成 4 人轻伤、5 人轻微伤，公私财物遭到侵害。刘某军控制桐木采石厂，宋某志控制玉华平山矿点，霸道经营，非法控制矿山正常生产。刘某君拉拢永和派出所民警肖某洪，为其包庇开设赌场，称霸一方，无恶不作。骨干成员肖某松非法购买枪支、弹药，寻衅滋事，敲诈勒索，开设赌场。其余成员，积极维护黑社会性质组织，参加黑社会性质的团伙犯罪。

经审查，按《刑法》犯领导黑社会性质组织罪、诈骗罪、赌博罪、非法购买枪支弹药罪、寻衅滋事罪、敲诈勒索罪等犯罪，根据犯罪事实，检方提起公诉。

经判，“刘军帮”核心人物刘某君获刑 20 年，骨干成员肖某松、宋某志获刑 20 年，郎某金有期徒刑 10 年，其他成员 1~9 年不等徒刑。

“叶八二帮”黑社会性质组织犯罪案

“叶八二帮”领导人物：叶某章（小名叶八二），曾某；

骨干成员：张某兴（小名张老六）、叶某贵、严某（小名海元）；

组织成员：李某福、娄某维、胡某德、艾某涛、何某。

1990 年，以叶某章为核心，以习武为名召集聂某忠、郑某、陈某志、冷某发、冷某平、顾某洪等组织“混社会”打天下。常在瓮安境内寻衅滋事，打架斗殴，聚众赌博，闯出所谓的“敢打、能打、讲义气”的名声。通过多年发展，逐步形成以叶某章、曾某为核心的“叶八二帮”黑社会性质组织。以张某兴、叶某贵、严某等为骨干成员。并制定“不搞入帮仪式，不搞组织聚会，不打没有道理的架，有道理的架该打就打”的帮规。参加人达百人以上。

多年来，利用团伙敲诈勒索，开设赌场，放高利贷，聚众博彩，非法采矿，牟取暴利100万余元。为扩大帮派，分别在瓮安雍阳镇、中坪镇、珠藏镇、建中镇、永和镇、白沙乡、余庆县构坡滩镇与“玉山帮”形成规模型持械聚斗，争霸“地盘”。拉拢、腐蚀乡、村干部，称霸一方，横行乡里，长期欺压群众，造成1人死亡，4人重伤，9人轻伤，5人轻微伤的严重后果。

依据《刑法》规定，“叶八二帮”已构成多种刑事犯罪，依法提起公诉。

经审，叶某章、曾某判处有期徒刑20年；骨干张某兴、叶某贵被判处有期徒刑18年，“叶八二帮”骨干及成员中，被判处有期徒刑18年9人，5~8年6人，3~5年12人，3年以下38人。

第五章 监所检察

对拘押监所、劳改场所的检察是检察机关的重要职能之一。是对刑事判决、裁定的执行和看守所、监狱、劳动改造机关以及劳动教养机关的执法活动是否合法实行法律监督，是人民检察制度一个重要的部分。

第一节 监所检察职责职权

根据《刑事诉讼法》规定，人民检察机关对执行机关刑罚执行情况的监督，由监所检察部门承担。它负有司法监督和对行政强制教育改造措施的监督职能。对各种监管、改造场所是否遵守政策法律实行监督。并检察监管、教养，改造人员及监外执行“五种”犯罪的守法和改造情况，以促进罪犯和劳教人员的改造，化消极因素为积极因素。

中华人民共和国成立以来，相随我国法治建设和检察工作的发展，国家赋予检察机关对监所检察职能更加完善。

1983年《人民检察院组织法》第5条规定：“人民检察院对于刑事案件的判决、裁定的执行和监狱、看守所、劳动改造机关的活动是否合法，实行监督”。《劳动改造条例》第6条规定：“劳动改造机关，受各级人民检察院的监督”。1979年11月29日，第五届全国人民代表大会常务委员会第十二次会议批准的《国务院关于劳动教养的补充规定》指出：“人民检察院对劳动教养机关的活动实行监督”。经最高人民检察院检察委员会决定，人民检察院内部分工，监所检察的职权职责范围是：（一）对刑事案件的判决、裁定的执行是否合法，实行监督以保障刑事判决，裁定的正确执行，实现国家惩罚和改造刑事犯罪分子的任务。发现错误的判决和裁定，及时提出纠正，保护无罪的人不受刑事追究和维护公民的合法权益。（二）对看守所的执法活动是否合法实行监督，纠正看守所违法行为，保障依法羁押和释放罪犯，维护在押人员的合法权益，保障刑事诉讼活动的顺利进行。（三）对看守所、劳动改造场所、少年管教所、拘役所的执法活动是否合法，实行监督。检察执行劳动改造政策和遵守法制的情况，正确贯彻执行改造第一、生产第二的方针，维护社会主义法制，促进罪犯改造。（四）对劳动教养机关的活动实行监督。检察执行劳动教养方针、政策、法律的情况，正确贯彻执行教育、感化、挽救的方针。把劳教人员改造成为拥护社会主义制度的守法公民和建设社会主义的有用人才。（五）受理罪犯、劳动教养人员及其家属的申诉和控告。（六）办理未判决犯、劳改犯、劳教人员和留场就业人员又犯罪案件决定是否逮捕。起诉或者不予起诉，维护监管场所的正常秩序和打击犯罪，以利于改造和生产任务的顺利完成。（七）办理监管场所干警人员、属于检察院管辖的犯罪案件。

根据有关法律和“两个试行办法”的规定，其监所检察的受案范围也作出了界定：一是向法院申诉不服刑事判决，被法院驳回，又向人民法院提起申诉并有冤错可能的案件。二是向劳动教养委员会申诉不服劳动教养决定，被驳回以后，又向人民检察院提出申诉，并确认有冤错可能的案件。三是多次申诉不服刑事判决、裁定或不服劳动教养决定，主管部门不予转逮的案件。四是人民检察院监所检察部门办理的，起诉的罪犯又犯罪案件和劳教人员，留场就业人员的犯罪案件，以及起诉干警的犯罪案件。经人民法院判决后，不服判决，向人民检察院提起申诉的案件。五是对监管改造场所的干警，包括劳动教养场所的干警及担任警戒，或者护卫的武警部队的干部、战士违法乱纪行为提出纠正。六是检察长或上级检察机关交办的控告和申诉案件。

人民检察院对监管场所工作人员的执法，执行职务的监督，主要体现在依法查办监管干警职务犯罪案件上。根据最高人民检察院规定，监所检察部门立案侦查的案件只限于虐待被监管人员案，私放在押人员案，失职致使在押人员逃脱案，徇私舞弊减刑，假释、暂予监外执行案等。需要批捕、起诉的，分别移送审查批捕，审查起诉部门办理。

第二节　监所、劳动改造场所检察

瓮安县人民检察院自 1955 年建立后，由于配置人员较少，未设置专职机构。

1956 年，域内只有看守所监所 1 所，随着检察干警增员，监所检察划归办案组管理。根据中央有关文件精神，配合公安、法院对监所进行监督。1955—1956 年，受理群众来信来访 732 件次，均配合有关部门进行处理。

1958 年，瓮安、福泉两个县合并为瓮安县，域内增加瓮安煤矿，福泉钢铁厂监所，1961 年，福泉县分出，仅瓮安煤矿监所，瓮安夹山劳教所和瓮安看守所。其间，检察院对监所、看守所按规定和职权分工进行检察。

1962 年，检察院对瓮安看守所、州劳教厂矿、瓮安煤矿 2 个监所执行执法检查。对两所现有 1709 人，其中反革命罪犯 1407 人，重大刑事犯 738 人，刑事犯 302 人，就业 297 人，看守所在押犯 44 人，配合监所、公安对监所三类人员分别进行排队。其中，夹山 617 名教养人员中，一类人员 174 人，占 28.2%；二类人员 275 人，占 44.57%；三类人员 135 人，占 21.8%；瓮安煤矿劳改监所 1838 人中，一类人员 397 人，占 21.6%；二类人员 807 人，占 42.9%；三类人员 382 人，占 20.78%；四类人员 352 人，占 13.91%。对表现好的 60 名夹山教养人员进行表彰奖励，计发奖金 36420 元；处理 22 名抗改分子，经劳动改造和教育，瓮安煤矿一类人员增加为 409 人，占 23.78%，二类人员 819 人，占 47.58%，三类人员 339 人，占 19.7%，四类人员 154 人，占 8.97%，一、二、三类人员分别提高 2.12、4.39、5.99 个百分点，四类人员降低 4.77 个百分点。是年，受理三类人员重新犯罪案 4 件、5 人，移送公诉 2 件、3 人，退回补充侦查 3 件、4 人。

自1958年开展“大跃进”“人民公社化”后，监所检察时断时续。特别是“三年困难时期”的冲击，1966年开始“文化大革命”实施军管，1973年撤销检察院，直到1978年检察院恢复，监所检察处于不正常或极不正常阶段，均以“四清”“阶级斗争为纲”等政治工作取代法律的执行实施，检察所有工作中断。

1980年，监所检察职责职权恢复行使，并明确1名干警专门司职。是年，清理关押未决罪犯案9件、15人。整顿监所管理秩序，受理瓮安煤矿劳改单位提请罪犯重新犯罪加刑案10件、11人。及时审理向法院提起公诉，加刑判处5件。1981年，依法对监所保持一般性检察。1956—1981年，计检察看守所32次，发现问题117件，劳动改造单位21次。受理加刑案件215件、226人，起诉188件、194人，免予起诉5件、7人，其他处理25人。

1956—1981年瓮安县人民检察院检察监所劳改厂矿和受理加刑案件情况统计表

表5-1

年度	检察情况				法制宣传（次）	受理加刑案件		审查情况								备注
	看守所		劳改单位					起诉		免诉		其他处理		小计		
	次数（次）	发现问题（件）	次数（次）	发现问题（件）		件	人	件	人	件	人	件	人	件	人	
1956	3	117	—	—	—	—	—	—	—	—	—	—	—	—	—	不服判决17件。驳回捕就业人员34人，教养8人
1957	2	—	—	—	—	—	—	—	—	—	—	—	—	—	—	
1958	—	—	—	—	—	39	39	35	35	—	—	4	4	39	39	
1960	—	—	—	—	—	116	116	116	116	—	—	—	—	116	116	
1962	15	—	16	—	—	10	13	2	3	—	—	8	10	10	13	
1963	—	—	—	—	—	5	5	4	4	—	—	1	1	5	5	
1964	—	—	—	—	—	7	7	7	7	—	—	—	—	7	7	
1965	12	—	5	—	—	2	2	2	2	—	—	—	—	2	2	
1980	—	—	—	—	—	10	11	5	6	—	—	5	5	10	11	
1981	—	—	—	—	—	26	33	17	21	5	7	4	5	26	33	
小计	32	117	21	—	—	215	226	188	194	5	7	22	25	215	226	

1982年，遵照中央加强劳改、劳教工作的指示，贯彻落实文明管理监狱8件事，加强看守所的检察和罪犯改造检察回访工作，查处“三类”人员及其家属的申诉。对看守所加强检察，实施定时检察和抽查相结合，发现问题及时查，重大问题详细查。是年，受理瓮安煤矿、北斗山磷矿两个监狱提请劳改犯再犯罪加刑案40件、51人，经审查，起诉32件、42人，决定免诉5件、6人，撤回2件、2人。

1983年，结合打击刑事犯罪的“严打”斗争，加强监所安全检察，预防事故发生，改进监狱管理，加强对在押罪犯的教育改造，预防和减少在押犯重新犯罪。是年，累计对看守所检查17次，对劳动改造单位2次，受理加刑案件46件、61人。对8名实属不堪改造罪犯，移送州人民检察院提起诉讼。着力打击看守所、劳改监所中的“牢头”和“狱霸”。

1984年，检察院设置监所检察科，使监所检察步入正式轨道。为进一步贯彻执行《中共中央关于少数民族公民犯罪的“两少一宽政策”》（中发〔1984〕5号）文件和全国检察会议精神，将监所检察纳入党委正式议程，置正副科长和检察员、书记员。进一步完善各项监所检察制度，坚持“一看、二听、三查、四纠正”的方法（一看执行中存在的问题，二听取情况反映，三查原因，四采取措施及时纠正），坚持定期检查和抽查的制度，进一步完善监规制度、关押罪犯制度、提审罪犯制度、看守重刑犯人制度、会见罪犯制度、送物登记制度、病犯服药制度、看守值班制度等，对罪犯经常进行守法和前途教育。文明管理监所，对违反监规，抗拒改造的罪犯，起诉送法院加以重处。是年，紧密配合“严打”斗争，受理贵州省瓮安煤矿劳改队加刑案31件、34人。其中，脱逃案14件、15人；脱逃犯罪8件、8人，制作造谣反动书信1件、3人；伤害1件、2人，破坏交通设施1件、1人，流氓罪1件、1人。起诉2件、2人。检察看守所53次；犯罪嫌疑人坦白交代16件、17人，看守所在押人员坦白交代36人，受理检举揭发20人次、23件。1978—1984年，共收到人民来信来访3407件，均进行了分流处理。

1985年，贯彻打击劳动改造、劳动教育“两劳”人员的犯罪活动，受理瓮安煤矿加刑案31件、34人，并全部办结。其中起诉28件、31人，决定免予起诉1件、1人，建议撤诉2件、2人，起诉到法院全部案件均作出有罪判决。对瓮安县看守所检察37次，对罪犯个别谈话26次。从3月起，派驻瓮安煤矿检察组，对劳改场所检察53次，深入调查36次，给罪犯上法制教育课3次，对罪犯个别谈话教育19次。

1986年，贯彻全国监所检察会议精神，结合瓮安县实际，积极开展监所检察，取得党委支持，公安机关和狱政机关积极配合，完善各项规章制度和各种表、卡、册、簿。坚持监所检察经常化、制度化。是年，受理瓮安煤矿劳改支队加刑案17件、20人，其中脱逃案11件、14人，盗窃案3件、3人，伤害案2件、2人，失火案1件、1人，全部提起公诉。其间，根据罪犯在劳动改造中的立功表现，审结减刑158人。

1987年，继续修订和完善监所检察制度，随时掌握办案进度和罪犯的变化情况，形成一套完整的监所检察制度，并使之制度化、规范化。

1982—1987年瓮安县人民检察院检察看守监所、劳改厂矿和受理加刑案件情况统计表

表5-2

年度	检察情况				法制宣传（次）	受理加刑案件		审查情况								备考
	看守所		劳改单位					起诉		免诉		其他处理		小计		
	次数（次）	发现问题（件）	次数（次）	发现问题（件）		件	人	件	人	件	人	件	人	件	人	
1982	24	—	7	—	3	40	51	32	42	5	6	3	3	40	51	—

续表5-2

年度	检察情况				法制宣传（次）	受理加刑案件		审查情况								备考
	看守所		劳改单位					起诉		免诉		其他处理		小计		
	次数（次）	发现问题（件）	次数（次）	发现问题（件）		件	人	件	人	件	人	件	人	件	人	
1983	—	—	—	—	—	46	61	28	32	1	2	17	27	46	61	—
1984	17	—	6	—	—	57	81	39	49	3	4	15	28	57	81	—
1985	37	—	53	—	3	31	34	28	31	1	1	2	2	31	34	—
1986	20	—	32	—	—	17	20	17	20	—	—	—	—	17	20	—
1987	30	—	50	—	—	26	30	24	27	1	1	1	2	26	30	—
合计	128	—	148	—	6	217	277	168	201	11	14	38	62	217	277	—

1985—1987 年，计收到人民群众来信来访 1495 件，分别按管辖范围进行分流。

1988 年，监所管理经制度建设，取得新进展。相伴开展文明管理，创文明监舍活动，杜绝了干警违法违纪对罪犯的管治。是年，受理瓮安煤矿劳改支队加刑案 13 件、21 人。其中审查起诉 9 件、12 人，撤诉 1 件、6 人，决定免予起诉 3 件、3 人。

1989 年，为加强监所检察，针对劳改监所年初在押人员 2522 人，年末增至 2792 人，年进出 1000 余人次的现状；看守所年初在押人员 136 人，年末增至 178 人的实际，坚持摸清底数，实施文明管理监所，发挥法治与德治辩证治理关系，针对看守所年初超时关押 15 件、36 人，实施认真检察，减少至年末 2 件、2 人。与罪犯谈话 130 余次，开展法治教育 5 次，犯人听课 5000 余人次。受理犯人检举贪污、贿赂案 17 件，金额达 10 万元之多；控告申诉 94 件，经审查和依据高检院监所管理规定，纠正申诉有误 3 人次，重新受理 21 件、27 人，审查起诉 19 件、20 人，决定免予起诉 1 件、2 人，撤回 1 件、5 人，审结率达 100%。

1990 年，从稳定大局出发，进一步完善和加强了看守所的安全防范，坚持文明管理和政策法令教育，保证监所安全。针对瓮安煤矿劳动改造井下作业的特殊性，把安全生产放在改造工作的重要位置，杜绝安全隐患事故的发生。是年，受理瓮安煤矿罪犯重新犯罪案 18 件、30 人。其中脱逃案件 8 件、8 人，伤害案件 6 件、14 人，盗窃案件 1 件、2 人，包庇案件 1 件、3 人，贪污案件 1 件 1 人，诈骗案件 1 件、2 人，撤回诉讼 1 件、3 人。

1980—1990 年，共检察看守所 168 次，检察瓮安煤矿监所 172 次；向罪犯进行法制教育、法制宣传 17 次；受理监所检举案件 305 件、399 人，经审查，决定起诉 232 件、281 人，决定免予起诉 21 件、28 人；其他处理 52 件、90 人。及时、准确地打击了抗拒改造和有破坏活动的罪犯。保证了法律、法规、方针、政策的正确执行。检察中，对管教干警的违法行为，及时进行口头或书面纠正，保障了监所法律、法规的正常执行。

1991 年，贯彻执行第二次全国监所检察工作会议精神，落实两个《细则》和一个《规程》，建立健全各种表、册、簿和十一项监所检察制度，全面开展监所检察工作。经查，县看守所有在押人员244 人，未作出判决的 213 人，留所改造服刑犯 31 人，全年脱逃 3 人。瓮安劳改支队服刑罪犯 2608 人，历年在逃犯 46 人，留队就业 44 人。是年，发生安全事故 4 起，死亡 3 人，重伤 6 人。其间，对劳动改造罪犯进行了动态分析，表现积极的 996 人，占在押改造罪犯的 35.20%；表现一般的 1238 人，占在押改造罪犯的 43.7%；表现落后 386 人，占在押改造罪犯的 17.8%；顽固不化，抗拒改造 93 人，占在押罪犯 3.3%。通过对监所在押罪犯的动态分析，提高了检察工作对监所的重点检查方面和注重对象，是年，审结监所起诉案件 100%。

1992 年，随着高检院监所工作《细则》《规范》的实施，对超期羁押案件 63 件、130 人实施检察。经查，其中案在公安 35 件、69 人，案在州检察院 7 件、13 人，案在法院 21 件、48 人（包括黔南州中级人民法院、贵州省高级人民法院 20 件、47 人），分别落实了消化措施。对“五种人”回访考察罪犯 63 人次，经过考察表扬、批评，促进帮教工作的正常开展。1993 年，受理瓮安劳改支队移送罪犯重新犯罪案 13 件、14 人，其中脱逃案 6 件、6 人，盗窃案 2 件、3 人，强奸案 1 件、1 人，贪污案 2 件、2 人，毁坏公共财物案 1 件、1 人，伤害案 1 件、1 人。审查移送起诉 13 件、14 人，法院作有罪判决 12 件、13 人。

1994 年，围绕全党全国工作大政方针，贯彻“严格执法、狠抓办案”方针，进一步加强监所检察和看守所检察，是年，瓮安县看守所有在押人员 150 人，其中未决犯 120 人，法院未作判决 14 人，死刑未决执行 15 人。劳改支队在押罪犯 1979 人，受理劳改支队移送起诉重新犯罪案 11 件 17 人，经审查，决定起诉 9 件、11 人，免予起诉 2 件、2 人，撤诉 1 件、1 人。

1995 年，认真执行《中华人民共和国监狱法》（以下简称《监狱法》）《看守所检察工作细则》，狠抓办案，纠正违法，打击犯罪，维护监所秩序。是年，受理劳改支队监所重新犯罪案 11 件、13 人，其中脱逃案件 7 件、7 人，伤害案件 2 件、2 人，盗窃案件 2 件、4 人。决定起诉 9 件、11 人，决定免予起诉 2 件、2 人。5 次对监所进行检查，搜出各种违禁物品 177 件；对 74 名“五种人”进行回访考察。1996 年，继续学习《监狱法》和《看守所检察工作细则》，从法律层面打好基础，在实施中达到精准到位。

1997 年，监所检察强化对执行刑法活动的监督，受理瓮安监狱、北斗山监狱移送起诉案 17 件、20 人，查处监管执法活动中违法犯罪案 2 件、2 人。3—5 月，瓮安煤矿井下连续发生 5 起重大死亡事故，罪犯伤亡达 14 人。针对生产安全事故，不但追究了责任人的刑事责任，监所检察科还配合监狱进行安全检查 18 次，发现隐患 13 次，提出安全检察建议 18 次，避免发生事故 9 起。

1998 年，受理瓮安监狱、北斗山监狱、县看守所移送审查起诉案 19 件、27 人，审结 19 件、27 人。根据监所检察职能职责，共清理、催办县看守所久押不决案件 39 件、41 人；清查出 2 起超期长达 5 年的违法超期羁押案；对看守所允许在押人员向外打电话，以每次收费 5 元严重违法的看守人员及时反映，纠正违法行为。其间，派驻监所检察人员入监检察 11 次，对在押人员进行法制宣传教育 9 次，受教罪犯 2750 人次。

1999 年，县人民检察院始终坚持驻监所检察和监外执行考核制度，认真履行检察职能，监督、纠正、处置监所干警的违法行为，监督监狱干警提高井下安全生产的责任意识，配合监所干警对井下作业的安全检察，以减少和杜绝责任事故。是年，受理北斗山监狱移送审查起诉案12件、14人，决定提起公诉12件12人，结案率达100%。安全检查14次，对安全隐患提出检察建议11件次。利用减刑、假释、宣判会、禁毒会实施法制教育12次，受教人数达4180人次，针对监所干警的违法行为，监督瓮安监狱对5名干警的违法行为分别进行了党纪、政纪处理。

2000年，坚持驻所对两个监狱生产安全责任不放松，针对井下采矿的特殊性，积极参与重大事故的检察工作，并作为重中之重。是年，受理瓮安监狱、北斗山监狱移送罪犯重新犯罪加刑起诉案13件、14人，办结13件、14人。并积极参与处理罪犯死亡事故，罪犯脱逃原因调查和追捕行动。针对安全和罪犯逃脱写出专题调查报告3篇，进行法制宣传教育14次，受教人数4660余人，起到了威慑和警示教育作用。

2001年，加强对监所罪犯人身事故检察和生产安全检查，保外就医实地考察，清理监所超期羁押，整顿监管秩序，开展对罪犯的法制教育。是年，受理两个劳改监所移送罪犯重新犯罪案6件、6人，经审查移送起诉6件、6人。其间，参与调查处理看守所两起在押人员死亡事件；重大生产安全事故2起，参加安全检查11次，提出安全生产口头建议9件；开展法律宣教14次，受教人数5980人次。同时，对15个省内外保外就医人员进行实地考察。对查出2000年考核6个罪犯记功中，其中5名年度考核成绩作假造假的干警进行教育并当即纠正。是年，对瓮安看守所羁押人员进行清查，清出看守所超期羁押5人，纠正错抓、错关3人。

2002年，加强监所检察力量，进一步完善监所检察工作的各项管理制度。是年，受理监狱移送罪犯重新犯罪起诉案13件、14人。经审查决定撤案2件、2人，起诉11件、12人。发出检察建议书6份；纠正看守所超期羁押12人。参与两个监狱安全检查13次；参与事故调查处理9起，查出事故隐患15起，并提出纠正意见；召开宣讲法制大会，受教育人数达5000余人次。

2003年，监所检察始终把矿山、矿井安全生产放在重要位置，尽量减少事故发生，坚持履行监所检察工作职责职能。是年，清理瓮安看守所超期羁押6人，纠正超期羁押3年以上2人，不按时依法交付执行4人。对看守所不符合留所服刑的2人发出纠正通知书。受理监狱移送在押人员重新犯罪起诉案5件、5人。其中故意伤害案件2件、2人，脱逃案件3件、3人。审查决定起诉4件、4人，建议监狱撤诉1件、1人。

2004年，监所检察实施清理、整顿看守所专项行动，对在押人员加强法制教育，检察机关在看守所及各监区设立举报信箱，接受在押人员举报和控告。监所干警依法办案，依法履行检察监督工作职责。是年，向有关部门发出预警告知书39次，口头提出纠正50次，发出书面预警39次。受理审查看守所和两个监狱在押人员减刑1483人，假释43人，登记审查保外就医7人。发现和纠正不符合法定程序保外就医4件；发出书面纠正违法通知书3份，检察意见书3份。受理两个监狱移送罪犯重新犯罪案4件、4人，起诉后，法院均作出有罪判决。

2005年，继续开展看守所专项检察，坚持监所检察工作各个环节不放松。制定和实行羁押期限届满通知制，案件即将到期催办制。是年，共发出羁押期限即将刑满通知书32份，口头通知40次，向县公安局提出检察建议书一份，检察建议得到公安机关高度重视和认同，及时对看守所进行整顿，撤换看守所领导班子和不负责任的干警。其间，受理监狱移送罪犯重新犯罪加刑起诉案 3 件、3 人，均判有罪加刑。经整顿，是年，看守所实现零超期羁押。在开展减刑、假释、保外就医专项检察中，监所科 1 名干警荣获全省检察机关减刑、假释、保外就医专项检察工作“先进个人”荣誉称号。

2006—2007 年，仍坚持两所检察监督工作不松懈，认真开展“为人民执法，让人民满意”的政治思想教育。深入监所监督检察 50 余次，检察指导工作 18 次，做到看守所零超期羁押，并首次办理渎职侵权案 1 件、1 人。

2008 年，县内发生“6·28”群体性事件，给瓮安的社会安定造成极大影响。是年，以纠正超期羁押、保障人权为重点，加强刑罚执行监督，变过去软监督为硬监督。受理并初查监管场所职务犯罪案件线索 2 件，立案查处瓮安监狱监管民警刘某虐待被监管人 1 件。受理审查起诉在押人员重新犯罪加刑案 9 件、10 人，经审查起诉，均作有罪判决加处刑罚。

2009 年，监所检察以配合瓮安大乱治理大局，以维护人民的切身利益为重点。针对县看守所羁押人员严重超员，100 余名涉黑在押人员关押时间较长的特殊情况，及时增派监所检察干警，实行 24 小时轮流监督值班制，以稳定在押人员思想情绪。坚持羁押期限届满提示制度，共口头提示 397 件、596 人次，书面提示 29 件、233 人次，确保全年无超期羁押发生。受理两个监狱移送提请减刑 1019 人、假释 7 人、保外就医 3 人，经审查，按程序移送相关部门监督落实与同步监督。列管法院、监狱、看守所交付监外执行罪犯 104 人，对其中的 91 人进行监督检察。参加狱情分析 8 次，配合监狱处置突发事件 2 起。

2010 年，坚持监督看守所无超期羁押制度的落实，坚持监狱的监管执法检察，对减刑、假释、保外就医加强检察力度。是年，对看守所共提出催办羁押即将届满通知 197 件、706 人，保持无羁押超期案件发生。监督纠正监管场所存在的体罚行为，监管活动违法与不规范执法 143 件。受理监狱提请减刑、假释 1363 人，暂予监外执行 20 人。其间，均派员列席监狱评审委员会实施同步监督，经审查决定，提请法院减刑、假释 1177 人，相关机关审批保外就医 4 人，监督纠正减刑不当案件 41 件、41 人，假释不当 12 件、12 人，暂予监外执行 2 件、2 人。同时派员对判处管制监外执行的罪犯 202 人进行了 2 次监督考查，纠正脱管、漏管罪犯 23 人，确保减刑、假释、保外就医的有序开展。

2011 年，坚持监所检察不放松，把对监所干警依法管教，严格执法，规范执法作为检察重点，以保证监狱、看守所监管秩序的正常运行。是年，向看守所提示和催办即将到期案件 700 件、862 人，监督纠正监管场所存在的减刑不当，监管活动中的违法和不规范执法 80 件。受理监狱提请减刑、假释、暂予监外执行罪犯案件 1159 件，经审查和派员列席监狱评审委员会检察监督，提请相关部门全部审结而无异议，确保监管场所减刑、假释、保外就医顺利进行。同时对监外执行罪犯 277 人进行监督考查，并督促相关部门、单位、街道加强对监外执行罪犯的监督管理。由于工作突出，监所科被贵州省人民检察院荣记集体二等功。

2012 年，依法监督看守所无超期羁押，检察监管干警是否依法监管、规范执法。是年，依法对监管场所违法行为和不规范执法提出检察意见书 24 件，向监管单位发出检察建议书 2 份。监督监管场所做好平常及节假日的安全防范工作，以确保监管场所的安全稳定。其间，监狱提请减刑、假释、保外就医暂予监外执行案件 1355 件，经法院依法裁定减刑、假释、决定保外就医案件 1424 件，监督纠正减刑、假释不当案件15件。对全县监外执行罪犯进行走访考察2次，共100余人次。按照《贵州省社区矫正衔接工作管理办法》规定，监督纠正脱管、漏管监外执行罪犯5件、5人。立案查办监狱司法人员玩忽职守、职务犯罪3件、3人。

2013年，全院把党风廉政建设，开展思想政治教育，落实党内外监督，全面落实和加强中央八项规定，紧盯“四风”不放松，细化和落实“两个责任”，实施和开展干部选用制，夯实和提高监所队伍的组织建设和素质建设。2014年，监所检察紧紧抓住监所执法中刑罚执行这一重点，监督纠正不规范执法和干警违法的行为；依法审查监管机关移送呈报的减刑、假释、保外就医案件。是年，审查瓮安监狱、北斗山监狱“减、假、保”案件1199人，经审查决定报请法院裁定减刑、假释案件961人，审查决定保外就医案件32人。纠正减刑、假释、暂予监外执行不当案件38人，纠正监管单位违法和不规范行为27件。

2015年，在着眼服务经济发展大局，预防职务犯罪，着眼于促进社会和谐，倾力化解矛盾，努力实现和维护社会公平、公正的大前提下，进一步落实监所检察制度，坚持羁押期限届满提示制度。是年，共提示和催办即将到期案件1417件、1664人次，杜绝了超期羁押案件发生。对监所存在的违法行为、不规范执法问题提出书面纠正意见26件，成功办理羁押必要性审查3件、3人。提出变更强制措施3件、3人。依法审查监狱管理机关减刑1018人、假释337人、保外就医28人。经审查，书面纠正减刑、假释、暂予监外执行不当33人，确保了监管场所“减、假、保”工作依法有序开展。同时，纠正法院适用法律条款错误案件2件，纠正刑期已满而法院未下执行通知书案件1件，有效维护了在押人员的合法权益；办理监狱服刑人员重新犯罪案件2件、2人，其中向法院提起公诉1件、1人，建议监狱撤诉1件、1人。根据法律规定，对监狱提请的24件、124人“三类罪犯”减刑、假释案件，依法出庭参加减刑听证庭审，取得了较好的法律效应。

2016年，检察工作继续以创先争优，激发活力，对党风廉政建设落实“两个责任”，立足本职，更加重视监所监督检察力度。是年，对县看守所提示催办即将到期案件1042件、1210人次，杜绝超期羁押，纠正监狱管理单位违法和不规范执法行为4件，受理羁押必要性审查案件9件、9人，提出变更强制措施建议9件、9人，采纳建议9件、9人。受理监狱服刑人员重新犯罪案3件、7人，经审查起诉3件、7人。其间，依法审查监狱管理机关减刑904人、假释252人、保外就医5人的移送案件。书面纠正“减、假、暂”呈报不当26人，确保刑罚执行的公正性、严肃性、合法性。同时依法对县人民法院决定强制医疗的2人进行了检察监督。对监狱提请的7件、7人“三类罪犯”减刑、假释案件，依法出庭参加减刑、假释庭审听证，取得了较好的法律效果和社会效应。是年，将监外执行和社区矫正的法律监督作为监所检察的不可缺失工作，开展监外执行回访考察达5次。

自瓮安县人民检察院恢复后，而对黑社会集团的罪犯，在监所听证减刑。不但开瓮安监管场所历史听证减刑监督之先河，也是创黔南检察，特别是黑社会犯罪听证减刑监督之独有。

2014年4月17日，黔南州中级人民法院在瓮安监狱举行涉黑罪犯减刑公开听证会，瓮安县人民检察院派驻监所检察人员出席依法进行监督。拟减刑罪犯梁某义到会，瓮安监狱干警现场观摩，100多名罪犯旁听听证会。2010年2月8日，梁某义因犯参加黑社会性质组织罪，寻衅滋事罪，强制交易罪，开设赌场罪被法院依法判处有期徒刑7年，于2011年3月9日送瓮安监狱服刑。在服刑改造期间，罪犯梁某义积极改造，两次考核周期被评为“改造积极分子”，确有悔改表现，具备可以减刑的法定条件，瓮安监狱遂提请黔南州中级人民法院依法对梁某义是否符合法定减刑条件而举行公开听证。该次出席公开减刑监督听证，是瓮安县人民检察院开展减刑、假释、暂予监外执行专项检察活动，首起涉黑罪犯的减刑听证。为做好该次听证的监督，派驻瓮安监狱检察人员事前认真审查材料，积极做好公开听证的监督准备工作。听证中，出席听证派驻监所检察人员听取各方意见后，及时对刑罚执行机关提请减刑建议及其事实证据，法庭审理活动等发表了法律监督意见。认为刑罚执行机关对罪犯梁某义提请减刑的建议事实清楚，证据确实充分，黔南州中级人民法院审理该案程序合法，应予支持。同时，派驻检察人员还结合公开听证活动，对拟减刑罪犯及旁听罪犯同步进行了法律、政策宣传教育，促其积极接受改造。

第六章　渎职侵权检察

自瓮安县人民检察院恢复重建后，该院于1980年增设法纪检察科，直接受理国家机关工作人员侵犯公民的民主权利、人身权利等职务犯罪案件，对职务犯罪行为直接立案侦查。2001年2月，检察院实行机构改革，将原法纪检察科更名为渎职侵权检察科。2005年12月，渎职侵权检察科更名为反渎职侵权局。

第一节　渎职侵权检察的职能职责

渎职侵权检察工作是检察机关法律监督的主要部分。渎职侵权是指人民检察院对国家机关工作人员渎职犯罪行为和利用职权实施的非法拘禁、刑讯逼供、非法搜查等侵犯公民民主权利、人身权利的犯罪行为，实施法律监督的活动。渎职侵权检察的基本职责和任务是通过行使检察权，查办和惩治国家机关工作人员渎职犯罪和侵害公民人身权利、民主权利的犯罪，以巩固人民民主专政，维护国家的司法程序和管理能力。保护公民人身权利、民主权利不受侵犯，保障社会主义法治的统一和正确实施。

根据1979年《刑法》和《刑事诉讼法》第13条规定，以及最高人民法院、最高人民检察院、公安部《关于执行刑事诉讼法规定的案件管辖范围的通知》和《中华人民共和国人民检察院组织法》，检察机关管辖16种渎职侵权案件，以及人民检察院认为需要自己直接受理的其他案件。

依据1997年修订后的《刑法》《刑事诉讼法》，检察机关管辖渎职侵权案件增加至33种。此外，国家机关工作人员利用职权实施的侵犯公民人身权利、民主权利犯罪案件7种，渎职侵权案件管辖共40种。

1998年，最高人民检察院发出《关于重新明确监所检察部门的办案范围的通知》，渎职侵权案件中的4种案件由监所检察部门管辖，渎职侵权犯罪案，渎职侵权检察部门实际管辖36种罪案的职能与职责。

管辖36种罪案中，以下列18种极为重要：（一）叛国案，分裂国家以及严重破坏国家的政策、法律、法令、政令统一实施的重大犯罪案件；（二）刑讯逼供；（三）诬告陷害案；（四）破坏选举案；（五）非法拘禁案；（六）非法管制搜查案；（七）报复陷害案；（八）非法剥夺宗教信仰自由案；（九）伪证陷害、隐匿罪证案；（十）侵犯通信自由案；（十一）泄露国家机密案，过失泄露国家秘密案；（十二）玩忽职守案，国家机关工作人员徇私舞弊案；（十三）重大责任事故案；（十四）枉法追诉、裁判案；（十五）体罚虐待被监管人员案；（十六）私放罪犯案；（十七）重婚案（被害人不控告，群众单位提出控告的）；（十八）人民检察院认为需要直接受理的其他犯罪案件。

第二节 渎职侵权检察

自1955年县人民检察院建立后，独立行使检察权开始，便将法纪检察（后改为渎职侵权检察）纳入工作议事日程。是时，由于人员配置短缺，无专人专责负责这一工作。

1961年，瓮安县人民检察院在受理案件中，其中干部打击报复案3件，占全年受理案件50%。

1962年，受理违法违纪案件16件。其中，县级机关2件、公社5件、生产大队4件；其中，打击报复3件、捆绑吊打3件、群众揭发检举干部违法30件。1963年，受理机关工作人员违法案件9件、10人，其中党委交办4人、单位直接控告4人、群众举报2人。

由于三年困难时期，“四清”运动，后期“文化大革命”直至撤销检察院，法纪检察工作停止运行。1978年恢复检察院后，瓮安县人民检察院于1980年增设法纪检察组，法纪检察重新走上正轨。

1980年，受理违纪案件5件、6人，审结4件、5人，立案3件、3人，其中逼死人命案1件、1人，捆绑吊打案1件、1人，诬陷案1件、1人。1982年受理违法线索14件、14人，其中非法搜查4件、4人，刑讯逼供5件、5人，诬告陷害5件、5人，受理来访信件举报263件，转办202件，自侦自查39件。1984年，受理重大责任事故案件12件、14人（重大事故造成死亡13人，重伤4人，轻伤5人，损失6万元），立案2件、2人。

1985年，受理法纪线索30件、48人，直接查处25件、40人，转移处理5件、8人。其中，非法拘禁4件、8人，非法侵入他人住宅3件、9人，诬告陷害3件、5人，重婚3件、4人，重大责任事故12件、14人。经审查，立案5件、8人，其中重婚2件、3人，重大事故2件、4人，诬告1件、1人，决定提起诉讼5件、6人，决定免予起诉2人。1984—1985年，共受理重大责任事故案23件、28人，1986年受理法纪案件11件。

1987年，认真贯彻执行全国、省、州法纪检察会议精神，以“两法”为武器，紧密围绕“三非”案件，全面开展法纪检察，全年受理法纪案件52件。其中玩忽职守23件，造成死亡37人，占受理案件的42%，其中“三非”案件占受案总数的98%。较1986年增加1倍多。立案侦查各类法纪案15件、24人，其中重大案件5件、6人，玩忽职守案1件、1人，经审查起诉4件、5人，免予起诉2件、2人，法院均作出判决。1988年，继续对“三非”违法犯罪开展积极整治和打击。1989年，受理法纪线索35件、58人，经调查立案侦查10件15人。受理查处一大批不构成案件线索，对受理线索及时派员予以疏导和处理，防止矛盾激化。针对县内小煤窑较多，事故频发的特点，协同有关部门进行多次安全检查，使事故发生率逐年下降。是年，进行法制宣传6次，受教人数达2000余人。

1956—1987 年部分年份瓮安县人民检察院受理法纪案件的处理情况统计表

表 6-1

年份	受理案件		立案侦查		不予立案		小计		侦查终结								备考
	件数（件）	人数（人）	件数（件）	人数（人）	件数（件）	人数（人）	件数（件）	人数（人）	起诉		免诉		其他处理		小计		
									件	人	件	人	件	人	件	人	
1956	11	11	—	—	11	11	11	11	—	—	—	—	—	—	—	—	—
1957	3	3	—	—	3	3	3	3	—	—	—	—	—	—	—	—	—
1980	5	6	3	3	2	3	5	6	1	1	—	—	2	2	3	3	—
1981	12	16	1	1	11	15	12	16	1	1	—	—	—	—	1	1	—
1982	16	16	2	2	14	14	16	16	2	2	—	—	—	—	2	2	—
1983	2	2	2	2	—	—	2	2	2	2	—	—	—	—	2	2	—
1984	17	25	3	9	14	16	17	25	3	9	—	—	—	—	3	9	—
1985	30	48	5	8	25	40	30	48	5	6	—	2	—	—	5	8	—
1986	48	48	7	7	41	41	48	48	6	6	1	1	—	—	7	7	—
1987	52	61	15	24	37	37	52	61	8	13	5	7	2	4	15	24	—
合计	196	236	38	56	158	180	196	236	28	40	6	10	4	6	38	56	—

1990 年，坚持对“三非”案件，加大重大责任事故案件的检察力度。一是对直接责任人处理从严；二是对玩忽职守造成严重后果的领导处理从严；三是对一定责任人员在经济上处理从严。采取防重于治，打防结合的方针。是年，受理法纪案件线索 35 件、46 人。其中，立案侦查 16 件、19 人，侦结 8 件、8 人。重点办理“侵权”“渎职”案件，立案侦查 16 件、19 人，包括重大责任事故 6 件、6 人，非法拘禁 9 件、11 人，诬告陷害 1 件、2 人。与县安监部门配合，深入厂矿进行安全大检查 2 次，开展 3 次法制宣传课。

从恢复检察院后于 1980 年增设法纪检察科至 1990 年，共受理法纪检察案 278 件、365 人。经审查，决定立案侦查 72 件、104 人。侦查终结、提起公诉 46 件、64 人，所起诉案件，均获法院有罪判决。

1991 年，法纪检察与反贪检察并重，“摆上位置，认真抓好，取得突破性进展”。坚持“一手抓打击、一手抓防范”的方针，立足“多办案，办好案，办大案”的要求，是年，受理法纪案件线索 31 件、37 人。经审查，立案 12 件、16 人。其中重大事故责任案 9 件、12 人，特大事故责任案 1 件、3 人，重大责任案 1 件、2 人，非法拘禁案 2 件、3 人，玩忽职守案 1 件、1 人，全部起诉审结。

1992 年，全院贯彻中共十四大和邓小平视察南方谈话精神，贯彻全国第九次检察工作会提出的“法纪检察工作只能加强，不能放松”的指示，突出重点，办理大案要案，继续侦办侵权渎职案件的精神。是年，共受理法纪线索30件、51人，立案9件、13人，其中重大责任事故2件、5人，其他重大责任3件、3人，非法拘禁4件、5人，经审查决定起诉3件、4人，决定免予起诉4件、9人。1993年，贯彻中共十四大精神，继续以一要坚决、二是慎重，务必搞准为工作指导，把好办案质量关，注重效果作为法纪检察工作总体要求开展工作。是年，受理法纪侵权、渎职线索22件、45人，其中刑讯逼供3件、3人，非法拘禁5件、11人，重大责任事故11件、16人，非法搜查1件、3人，私放罪犯1件、1人，其他1件、1人。经审查，起诉重大责任事故6件、6人，不起诉1件、1人。

1994年，重点遏制重大责任事故法纪案件的发生，以查办“五类”案件为重点。联系瓮安煤矿、瓮安磷矿山开采实际，整理编辑有关事故现场图片，到事故高发的建筑、煤矿、磷矿等行业开展巡回展览，给广大企业职工、领导、群众以深刻警示警醒。是年，受理法纪线索26件、36人，立案侦结10件、13人。重点办理侵权渎职案件，立案侦查11件、14人，其中非法拘禁案3件、4人，玩忽职守案2件、3人。经审查决定起诉9件、18人。重大责任事故案4件、5人，重大责任事故终于得以遏制，1994年，煤矿重大责任事故发案率下降44.6%。

1995年，坚持严格执法、狠抓办案的方针，以继续打击“五类”案件为法纪检察的抓手，重点查办侵权，渎职案件。是年，受理侵权渎职案线索26件、30人，决定立案侦查11件、14人。重大责任事故案6件、7人，其中特大责任事故案1件、1人，重大责任事故案3件、5人。非法拘禁案3件、4人，玩忽职守案2件、3人，是年，完成侦结11件、15人。

1996年，法纪检察坚持打击和防范相结合，深入、认真贯彻和执行最高人民检察院和省院对法纪检察的指示，是年，受理法纪线索22件、28人，立案查处7件、9人。与县乡镇企业局、劳动局联合举办两期乡镇企业法人代表培训班，学习《刑法》《中华人民共和国矿山安全法》《中华人民共和国乡镇企业法》《中华人民共和国煤炭企业法》等相关法律，提高企业法人法制意识，明确负责人所应承担的安全风险和事故发生的法律责任，加强责任心。

1997年，贯彻中共十五大精神，实施修订后的《刑法》《刑事诉讼法》，结合瓮安磷煤开采，查处重大责任事故，查处徇私舞弊，抓紧法纪检察不松懈。是年，受理法纪线索11件、16人。经研究审查决定，对构成犯罪的3件、7人立案侦查，未构成犯罪的8件、9人，决定做调解处理7件、8人，有关部门合理处置1件、1人。对银盏乡雷家槽煤厂水仓爆炸7人死亡，木引槽乡当地村民张某某非法拘禁案作调解处理。1998年，贯彻省检察院关于整顿检察队伍的指示，端正执法思想，坚持严格执法、狠抓办案、加强监督的工作方针，认真查办职务犯罪16件、17人，渎职案件2件、2人。经审查，决定立案6件、7人，其中贪污案件3件、3人，挪用公款案件1件、2人，职务侵占罪1件、1人。决定移送公安机关处理1件、1人，决定移送批捕3人，移送州检察院提起诉讼3人，均为“三机关、一部门”人员，侦查查办犯罪金额89.94万元，追回79.96万元。

1999年，坚决惩治职务犯罪不放松，重点查处渎职侵权，腐化堕落案件。是年，受理法纪线索22件、23人，其中侵权渎职3件、3人。初查22件、23人，立案侦查7件、8人，结案率达100%。2000年，学习江泽民“三讲”（讲政治、讲正气、讲学习）指示，坚持惩治职务犯罪不放松。是年，受理线索 20 件、20 人。其中，渎职案件 5 件、5 人，玩忽职守案 1 件、1 人，违法发放林木砍伐许可证 1 件、1 人。经审查，依法分别按犯罪情节轻重进行处理。

2001 年，深入贯彻学习“三个代表”的重要思想，深入开展“三个代表、三个教育”。是年，受理违纪渎职线索 6 件、6 人，经审查，对失职致使在押犯脱逃的 1 件、1 人实施侦查、起诉。2002 年 6 月 11 日，公、检、法、司制定“严打”整治社会治安斗争行动方案，县委出台《关于加强预防职务犯罪工作实施意见》，转发县检察院《瓮安县人民检察院举报职务犯罪奖励办法》，狠抓职务犯罪不放松。是年，受理违纪线索 17 件，初查 17 件，其中舞弊减刑案 1 件，私放在押犯案件 1 件。2003 年，受理法纪检察渎职案 5 件、6 人，立案 4 件、6 人，决定移送起诉 2 件、2 人。2004 年，受理法纪线索 6 件、立案 1 件。其间，开展查办国家机关工作人员利用职权实施侵犯人权的犯罪案专项宣传 3 次，发放宣传资料 1500 余册，进行法治专题讲座 2 次。2005 年，受理法纪玩忽职守案 3 件、3 人，其中 1 件为省检察院督办案件。

2007 年，狠抓法纪检察工作不松懈，是年，受理法纪案件线索 6 件、7 人，审查决定立案 3 件、3 人，其中两个案件的涉案人员为正科级干部。反渎职侵权局协助反贪污贿赂局查办贪污贿赂案 7 件，协助监所部门查办 1 起职务犯罪案件。协作煤炭、安监等部门，介入事故调查，参与事故分析会 20 余次。

2008 年，受理渎职侵权线索 5 件、6 人，经审查立案 2 件、2 人，较 2007 年下降 33%。立案法纪案件中，均涉利用职务涉及危害能源、资源和自然生态。其中，1 件、1 人作有罪判决，涉案金额达 47.4 万元，挽回经济损失 58 万元。2009 年，受理各类渎职侵权案件 6 件、6 人，经审查立案 4 件、4 人。其中涉黑充当“保护伞”案件 2 件、2 人，追回涉案金额 13 万余元。查办“黑房开”背后的职务犯罪，依法查处城建部门部分工作人员涉嫌商业贿赂案件。

2010 年，围绕瓮安经济发展大局，实施域内大乱到大治综合治理，推行一岗双责，加强党风廉政建设。是年，受理各类职务犯罪线索 14 件、16 人，初查 14 件、16 人。经审查，立案 11 件、13 人，较 2009 年同期 14 件、15 人减少 3 件、2 人。除协助反贪污贿赂局查办 8 件、8 人外，其中法纪案件中徇私枉法案 1 件、1 人，虐待被监管人员案 1 件、2 人，涉及矿产资源、环境资源、司法执法领域。公安局黄某徇私枉法案和瓮安监狱王某虐待被监管人员案被移送审查起诉后，法院均作出有罪判决。

2011 年，立案查办州检察院指定办理的福泉马场坪“11·01”爆炸事故背后的行政执法部门重特大渎职职务犯罪案 2 件、2 人。2012 年，受理渎职侵权案件线索 5 件，初查 5 件，初查率达 100%，审查立案 3 件、3 人，所立案件均为玩忽职守，侦查终结并移送起诉 3 件、3 人，法院均作有罪判决。

2013 年，以狠抓“两个落实”的抓手，树立政治意识、大局意识、核心意识、看齐意识为工作指导，以提高法治思想和法治观念。进入 2014 年，按检察院党组和检察委员会安排，深入开展依法惩治各类犯罪活动，扎实推进平安瓮安建设。是年，受理渎职侵权案件 10 件、10 人，均为涉农领域以及生态环境领域职务犯罪。其间，深入社区、乡镇、企业、学校开展职务犯罪预防宣传教育 6 次；与消防、供电、电信公司等部门召开职务犯罪联席会 3 次，联合出台《预防职务犯罪联席会议制度》。同时，由检察院和县纪委联合制作《沉痛的悔悟》职务犯罪警示教育片。

2015年，法纪检察工作继续落实服务经济大局，积极查办和预防职务犯罪的专项斗争。是年，受理渎职侵权案2件、2人，其中刑讯逼供1件、1人，滥用职权、受贿案件1件、1人，均侦查终结移送提起公诉。同时反渎局加大查处涉农渎职犯罪案件力度，以民生领域为重点开展工作，组织力量先后对家电下乡补贴，小微企业补贴以及原老坟嘴乡边坡治理工程、新区建设工程开展调查。协助有关部门挽回家电下乡补贴资金损失百余万元，得到县委、县政府领导的肯定。2016年，受理渎职侵权案2件、2人，立案侦查2件、2人，并审结2件、2人。

第七章　民事行政检察

第一节　民事行政检察职能职责

民事行政检察是人民检察院依照法律规定，对民事审判活动和行政诉讼活动所进行的法律监督。1991 年 4 月，依照法律规定，瓮安县人民检察院增设民事行政检察科。

根据《中华人民共和国民事诉讼法》第 185 条规定，最高人民检察院对各级人民法院已经发生法律效力的判决、裁定，上级人民检察院对下级人民法院已经发生法律效力的判决、裁定，发现有：（一）原判决、裁定认定事实的主要证据不足的；（二）原判决、裁定适用法律有错误的；（三）人民法院违反法定程序，可能影响案件正确判决、裁定的；（四）审判人员在审理该案件时有贪污受贿、徇私舞弊、枉法裁判行为等情形之一的，应当按审判监督程序提出抗诉。

《中华人民共和国行政诉讼法》第 64 条规定：人民检察院对人民法院已经发生法律效力的判决、裁定，发现违反法律、法规规定的，有权按照审判监督程序提出抗诉。

1990 年 12 月 29 日，最高人民检察院颁布了《关于执行行政诉讼法第六十四条的暂行规定》，1992 年 4 月 8 日又颁布了《关于民事审判监督程序抗诉工作暂行规定》，对各级人民检察院正确行使民事、行政抗诉、维护法律尊严，正确、完整履行民事行政检察权的职能、职责作出了界定和规范。

根据相关法律规定，民事、行政抗诉案件受案范围必须是人民法院对民事、行政判决、裁定产生法律效力的民事、行政案件。具体范围是：（一）民事抗诉案件除判决解除婚姻关系的案件外，人民法院判决的其他所有民事案件均属抗诉范围。如债权、债务、损害、赔偿、房屋、土地、林木财产所有权、知识产权继承、婚姻家庭、人身权利案件。（二）经济抗诉案件人民法院判决所有经济案件纠纷，均是人民检察院抗诉的案件。如经济合同纠纷、农村承包合同纠纷、经济损失赔偿、涉外涉港、涉澳、涉台经济纠纷等案件。（三）行政抗诉案件人民法院判决的所有行政案件，如治安、土地、林业、城市规划、工商、税务、矿产资源、交通运输、食品卫生、计量、渔业、环保、药品、海关、专利、邮电及其他行政案件。（四）对以上各类案件作出的裁定均有抗诉权，如裁定不予受理、撤诉、先行给付等。

根据法律规定，人民检察院提出抗诉的民事、行政案件，人民法院应当再审，人民法院在再审中，应通知人民检察院派员出席再审法庭，宣读抗诉书，于法庭具体说明抗诉根据和理由，对审判活动是否合法实行监督。

第二节　民事行政检察

民事、行政检察主要职责、职能是对人民法院判决、裁定的民事、行政案件产生法律效力有错、有差的抗诉。其抗诉案件来源一是当事人不服法院已发生法律效力的判决、裁定，向人民检察院提起申诉的；二是公民、法人和其他组织检举、申诉的；三是国家权力机关，上级人民检察院交办或者其他组织转办的；四是人民检察院自行发现的。

自1991年4月民事行政检察科组建以来，1992年按边建边干、以干促建、逐步发展的方针，是年共受理不服人民法院判决民事案3件，经审查不予立案2件，立案抗诉1件。1994年，民事行政检察步入正轨，受理民事不服法院判决案4件，经审查立案抗诉1件，送州人民检察院调解1件，退回法院2件并作重审口头建议。

1995年，受理民事不服法院判决申诉案4件，经审查立案抗诉1件，送州调卷处理1件，退回法院口头建议再审2件。

1996年，共受理各类民事、经济不服法院判决申诉案9件，经审查立案6件，纠正法院审判活动中的违法行为1件，纠正错误判决1件。是年，民事行政检察科受案、立案、办案均为全州之冠。

1997年，狠抓以办案推工作，以办案做宣传，以简报、知识问答形式向人民群众和社会各界宣传民事、行政检察工作在法治中的作用，特别是民众与政府在民事、行政间的监督监查作用。以保证公民合法权益和法律的公平公正。是年，共受理审查不服法院生效判决和调解的民事、经济案件9件，其中不服生效判决6件，不服二审生效判决1件。调解2件，审结说服申诉人息诉6件，向法院提出检察意见1件。

1998年，受理民事、行政不服法院生效判决11件，其中不服一审3件，不服二审判决8件。经审查，对确有错误立案审查8件。经调解对申诉人息诉3件，待审5件。1999年，贯彻学习“三讲”精神，以提高思想素质和政治素质。2000年，以受理、办理民事抗诉为重心，加强同法院、律师事务所和社会各界的联系协作，共受理不服法院生效判决、裁定的民事申诉案8件。经审查，立案5件，其中提起抗诉2件，建议州人民检察院提起抗诉1件，终止审查2件。加强抗诉监督。是年，对法院经济庭、行政庭审理的3个案件依法进行出庭检察监督，庭审中提出纠正违法建议1次。

2001年，立足“敢抗、会抗、抗准”的原则，抓办案效率，办案质量、办案效果三个重要环节。受理不服法院生效判决、裁定申诉案15件。经审查，决定立案4件、审结4件，提请州人民检察院提起抗诉2件，向法院建议2件，移送州审查抗诉1件。

2002年，受理不服法院生效判决、裁定申诉案10件，处理审结10件。其中立案3件，提请州人民检察院抗诉1件，建议法院重审2件，州人民检察院采纳2件。初查审判人员枉法裁判案线索1件，对集体财产造成损害案提起刑事附带民事诉讼案1件。

2003年，针对瓮安构皮滩移民的工作实际，以预防职务犯罪，掌握资金使用，赔付监督检察，民事行政检察为工作主要对象。是年共受理不服人民法院生效判决、裁定申诉案17件，处理17件。其中，经审查不立案 8 件，立案审查 9 件，其中，提起抗诉 1 件，建议提请抗诉 5 件，向一审法院发出检察建议再审 3 件，办理公益诉讼 1 件，撰写相关民事行政检察信息 5 篇。

2004 年，民行检察工作以维护司法公正和司法权威为目的，重点办理侵吞国家和社会公共利益的案件，以及新闻媒体、人民群众关心热点的案件。共受理不服法院判决、裁定生效的民事、行政申诉案 17 件，审结 17 件。2005 年，坚持“敢抗、会抗、抗准”原则，受理不服法院生效判决、裁定民事、行政申诉案 12 件，经审查决定不立案 5 件，立案审查 7 件。其中，提请抗诉 2 件，终止审查 1 件。提出检察建议纠正执行错误案 1 件，向人大常委会作专题报告 2 次。

2007 年，共受理不服法院生效判决、裁定民事、行政申诉案 17 件。经审查，立案 5 件，其中提起抗诉 1 件，再审检察建议 1 件，终止审查 2 件，息诉 7 件，决定不立案 3 件，督促起诉、公诉案 1 件。

2008 年，以纠正判决不公、裁定不当为重点，加强民事审判和行政审判监督。对当事人不服法院已经生效的民事、行政判决和裁定，进一步加大监督力度。是年，共受理民事、行政不服判决、裁定申诉案 16 件，决定立案审查 5 件，向法院提出再审建议 3 件，建议提请抗诉 1 件，终止审查 1 件。初查职务犯罪线索 1 件，办理刑事附带民事诉讼 1 件。

图 7-1　2011 年 1 月 8 日，公诉人在草塘山村核对调查笔录

2009—2011 年，累计受理不服法院生效判决、裁定的民事、行政申诉案件 55 件，立案 10 件，决定不立案 2 件，息诉 26 件，作息诉处理 9 件。办理刑事附带民事诉讼案 3 件，督促起诉案 5 件（被人民法院采纳 1 件）。初查审判人员职务犯罪案件线索 1 件。向州检察院提请抗诉 7 件，州检察院采纳 5 件。向县法院提出纠正执行违法意见 1 件被采纳，向公安机关提出纠正违法意见 1 次。并利用赶集机会，向赶集人群发放宣传资料，让人民群众了解控申程序，学法、用法，保护自身合法权益。其中，2010 年，不服法院生效判决、裁定 19 件，其中立案 7 件、息诉 12 件。2011 年，不服法院生效民事、刑事判决、裁定申诉案 20 件，审查立案 5 件，不立案、息诉 15 件。事实证明，人民正在用法律保护

自身合法权益的意识正在不断提高和加强，维护了法律的公平、公正。

2012 年，受理不服人民法院判决、裁定生效的民事、行政申诉案 14 件。经审查后立案 5 件，决定不立案 9 件，对立案审查的 5 起案件建议人民检察院提起抗诉 1 件，提请州人民检察院抗诉 1 件，向法院提出再审检察建议 1 件，终止审查 2 件，提请刑事附带民事诉讼案 1 件。对提请州人民检察院抗诉的 1 件民间借贷纠纷民事案件，经州人民检察院审查后，依法向州中级人民法院提出抗诉，案件发回重审后对全案作出改判。对法院裁判正确的案件，做好当事人的息诉服判工作，以化解社会矛盾纠纷。

2013 年，坚持加强民事行政检察工作不放松，全年共受理不服人民法院生效判决、裁定的民事行政申诉案 22 件。2014 年，以加强民事和行政诉讼监督为工作重点，办理州人民检察院交办民事申诉案件 1 件。凡提请州人民检察院抗诉意见均获州检察院支持。受理不服法院生效判决、裁定的民事、行政案件 2 件。向法院发出纠正民事审判活动违法检察建议 1 件，被采纳并纠正。其间，积极保障服务民生。是年 4 月，在办理一起拒不支付劳动报酬案件中，发现涉案企业拖欠工资可能引发 21 名农民工群体上访，着力专人进行前期调查和教育疏导工作，并督促相关企业积极组织资金支付，消除了群体性上访隐患。

2015 年，受理不服人民法院生效判决、裁定 13 件，做到件件有答复，并依法审结落实，保障了平安瓮安的建设大局。是年，书面向县人大常委会专题汇报 2013 年以来检察院民事、行政检察工作的开展情况，对县人大常委会提出的 5 条审议意见进行认真整改落实。其间，受理各类民事监督案件 16 件；向法院提出再审检察建议 5 件；向有关行政执法部门发出监督履行职责检察建议 30 份；向州人民检察院提请抗诉的 3 件民事监督案件均获再审改判。同时，精心编制民行检察工作宣传卡、民行宣传手册，宣传普及民事、行政检察的法治资料。并利用宣传周、宣传日活动深入社区、乡镇向群众赠阅 2000 余册。从生态环境领域入手，积极探索检察机关提起公益诉讼制度。探索制订检察机关在履行职责中发现行政机关违法行使职权，或不行使职权行为的督促纠正制度；其间，办理督促起诉案件 60 件，在国土、人防等部门的配合、支持下，共计发出督促起诉检察建议书 7 份，督促有关单位追回国有资产 3932 万元。

2016 年，坚持 2015 年的做法不放松，办理各类民事、行政监督案件 12 件，其中当事人不服二审生效判决、裁定案件 9 件，不服一审生效判决案件 2 件，审查中依职责自行发现审判活动违法监督案件 1 件。经审查，提请州人民检察院抗诉 1 件，作出不支持监督 10 件，提出审判活动违法检察建议 1 件。办理督促起诉案件 24 件，采纳 16 件。与院生态科等部门通过联合办案等形式，深入乡镇对行政公益诉讼线索进行摸底排查 5 次，共摸出有价值的行政诉讼案件线索 1 件。

在诸玩忽职守案件中，瓮安县岚关运达煤矿驻矿安监员肖某某一例颇具代表性。犯罪嫌疑人肖某某，男，1973 年出生，汉族，大专文化，贵州省瓮安县人，系瓮安安监局驻矿安全管理监督员。2013 年 1 月，黔南州安委会，瓮安县安全监督局分别发出安全监管通知，要求全面排查安全隐患，要坚决防患煤矿企业渗水灾害特大事故，严厉打击煤矿企业非法违法生产行为。并特别强调，凡隐患未除，不准复工，要求驻矿安监员坚守岗位、盯死看牢，加大监督巡查。凡矿方拒不执行必须上报县安监局处理。自 2013 年年初，已发现井下 103 回风巷上部存在老空区积水，煤矿为落实防水仓爆发规定，更未严格执行隐患排查治理制度，并指定未排除隐患不准复工的指令。2013 年 3 月 15 日和 4 月 2 日，犯罪嫌疑人肖某某同永和片区工作站工作员何某（运达煤矿包保人）等人先后到运达煤矿进行安全检查，发现 103 号回风巷顺槽上部探水作业安全技术不到位，存在严重的安全事故隐患。安监局和工信局同时作出 103 号回风顺槽上部开采，并作出责令停止作业，撤出现场作业人员的处理决定，明确由肖某某负责监督落实。事后，由于肖某某严重不负责任，未履行监管职责，督促煤矿制定和限期整改措施，并跟踪督促，对现场监督煤矿探放水作业不到位，安全隐患并未得到解除，而对运达煤矿拒不执行现场勘验处理意见仍违规组织工人进场生产的行为，不报告主管部门安监局和没有采取措施制止复工采掘，致使 103 号回风巷安全隔水煤柱掘进作业中发生透水事故，造成 6 人死亡，直接经济损失 1030 余万元的严重后果。

检察机关经过案例原因严重后果的分析，肖某某玩忽职守行为主要表现在：（1）对已发现的 103 号回风巷积水，煤矿未落实隐患排查防治规定、制度，未经黔南州政府主管部门同意复工复产。肖某某未按瓮安监通〔2013〕24 号通知，黔南安办〔2013〕19 号文件“各煤矿包括人员和煤矿驻矿安监员要切实履行职责，对未复产（工）和停产（建）煤矿盯死看牢，严防煤矿非法、违规生产、建设的要求，去履行监管职责”。（2）肖某某没有按 2 月 20 日黔南安〔2013〕1 号紧急通知对特别突出瓦斯、透水等事故隐患要逐级挂牌督办，限人限期排除，不准违法违章，冒险蛮干。（3）作为驻矿安全监督员，肖某某没有按驻矿安监员管理办法要求，对煤矿违章作业，冒险作业，存在重大隐患不阻止预防，采取措施，不报请派驻主管单位县安监局，任其违法开采。（4）肖某某在事故发生前一天，未经分管局领导批准，擅自离开运达煤矿，未履行请销假制度，致使违章复工，是否排除隐患无人跟踪、监督，上级责令的盯死看牢。对此渎职犯罪，检察机关相应提出了检察建议。

第八章　反贪污贿赂检察

经济检察是人民检察机关依法对经济领域犯罪行为行使检察权，是法律赋予检察机关的一项重要职责职权，是法律监督重要的组成部分。

瓮安县人民检察院建院之初，由于人员极少，只设办案小组。

1978 年恢复检察院后，根据工作需要，设置经济检察组。1984 年，改组为经济检察科。1990 年 1 月，将经济检察科再次更名为反贪污贿赂检察科。

1997 年 3 月，撤销反贪污贿赂检察科改设反贪污贿赂局。

第一节　反贪污贿赂检察职责职权

根据 1979 年 12 月 15 日最高人民法院、最高人民检察院、公安部《关于执行刑事诉讼法规定的案件管辖范围的通知》和 1997 年 1 月 1 日起施行的《刑事诉讼法》规定，其主要职责职能是依法办理由检察机关直接受理的经济案件的侦查、起诉及法律监督职能的活动，以维护国家经济法律、法规、政令的统一实施和社会主义经济秩序。确保社会主义全民所有制，集体所有制财产，人民个人财产不受侵犯。保证国家机关的正常活动，保障经济体制改革和社会主义现代化建设的顺利进行。

随经济社会的发展，其受案范围：贪污案、贿赂案、偷税抗税案；假冒商标案；盗伐林木案；重大责任事故案（1984 年，交由经检科办理）；玩忽职守案（1984 年，交由法纪科办理）；检察机关认为需要受理的其他案件。

《中华人民共和国刑事诉讼法》《中华人民共和国检察院组织法》规定，对违反经济法律构成犯罪，需要追究刑事责任的案件，检察机关经济检察部门可直接受理、侦查。自行侦查经济案件的犯罪主体，主要是国家机关工作人员，或者受国家机关、企事业单位、人民团体委托从事公务的人员；犯罪客体主要是公共财产所有制有关系和社会主义的经济秩序。其犯罪手段一般与职务有关，既是国家工作人员的犯罪，又是侵犯公共利益的犯罪。

自 1978 年瓮安县人民检察院恢复以来，认真贯彻执行《中华人民共和国惩治贪污条例》的规定，贪污案均纳入自侦刑事案件管辖。

第二节　反贪污贿赂检察

1955年，瓮安县人民检察院建立，并行使检察权。1955年、1956年、1959年，3年共受理经济案件29件、29人。经审查，决定立案侦查17件、17人。侦查终结提起诉讼11件、11人。

1961年，受理贪污案11件、11人，1962年，按当时管辖范围，受理贪污案9件、9人，打击报复3件、3人，捆绑、乱搜共9件、9人。1963年，检察院进行整改，受理贪污案2件、2人。1964年开展“四清”运动和社会主义教育运动，1966年开始“文化大革命”，至革命委员会治安保卫领导小组和实行军事管制，检察院职能遭到冲击和破坏。其间，从1966年至1970年，全县共受理贪污案228件，起诉228件，人民法院审结227件。

1975年1月，第四次全国人民代表大会第一次会议通过的《宪法》规定，撤销检察机关，检察职能由公安机关行使。经济检察科检察监督职能职责随检察院撤销全部中断。

1978年，恢复县人民检察院，重新行使经济检察科职责职能。

1980年，受理经济案件12件、14人，立案侦查8件、10人，其中贪污案件2件、4人。1982年，贯彻中共中央、国务院《关于打击经济领域中严重犯罪活动的决定》，是年，自侦经济案件20件、23人，其中贪污案10件、13人，盗伐林木案17件、17人，投机倒把、诈骗公共财产案7件、7人，经审查决定批捕1人，决定起诉3件、3人，免予起诉1件、3人，挽回经济损失120088.47元。1983年，在严厉打击刑事犯罪的同时，积极开展经济检察工作。

1984年继续围绕“严打、斗争”，遵照全国人大常委会《关于严惩严重经济犯罪活动的决定》和最高人民检察院提出的“用一年时间，把严重经济犯罪分子的嚣张气焰压下云”的指示，同时狠抓经济大案要案的查处。是年，受理经济犯罪线索10件、12人，其中贪污5件、7人，诈骗案3件、5人，投机倒把1件、1人，索贿1件、1人，经审查立案6件、8人，其中万元以上大案2件、4人，审结6件、8人，起诉3件、3人，挽回经济损失38000元。

1985年，在绝不放松打击严重刑事犯罪的同时，把惩治经济犯罪作为主要任务。是年，受理经济犯罪案件20人，其中贪污12件、14人，诈骗罪1件、1人，投机倒把1件、1人，偷税抗税1件、1人，经审查，立案10件、14人，其中万元以上大案3件、6人，占33%。审结8件、12人，挽回经济损失381955元。

1986年，继续贯彻全国人大常委会打击严重犯罪的决定和最高人民检察院把经济犯罪分子嚣张气焰压下去的指示。1987年，受理经济犯罪线索190件，经审查立案88件、124人，追回赃款314000多元。1988年，受理贪污受贿案57件、80人，起诉57件、80人。犯罪金额达567000多元，犯罪分子中干部28人，中共党员17人。

1989年，认真贯彻中央廉政建设系列指示，围绕治理、整顿经济秩序，开展廉政建设，集中力量反贪污、反受贿，打击经济犯罪分子。是年，共受理经济案件47件、56人，经审查立案28件、31人，其中共立偷税案12件、14人。共查处30件、36人，案件较1988年增加9件，人数上升2.1倍。

其中贪污案 12 件、15 人，受贿案 2 件、3 人，挪用公款案 2 件、2 人。贪污、贿赂、挪用公款三类案件 16 件，占立案总数 57.1%，大案要 10 件、21 人，年底侦查终结 27 件、31 人，占总案的 96.4%，追回偷漏税款 23 万余元；立案金额 268364.87 元，追回赃款 255026.17 元，占 95.3%，挽回外流资金 31 万元。

1990 年，把反贪污贿赂犯罪作为重点，集中力量查处经济犯罪，肃贪保廉。是年，受理贪污贿赂经济犯罪案 54 件、66 人。经审查、立案 32 件、40 人。其中贪污案 19 件、25 人，受贿案 1 件、2 人，挪用公款案 7 件、7 人，经济诈骗案 1 件、2 人，偷税案 4 件、4 人。贪污、贿赂、挪用公款三类案 27 件、34 人，占受理经济案件 84.3%。经自侦和起诉结案 31 件、36 人，涉案金额 3633805.49 元，追赃 247872.42 元。

1991 年，贯彻邓小平、江泽民"关于打击经济犯罪是经常工作，贪污腐败要永远反下去"的指示，树立"三会"精神，即取于拼搏的"包公"精神，挖山不止的"愚公"精神，哪里不平哪有我的"济公"精神，更新观念，明确政策界限。做到有利于发展生产，虽有违法但符合现行政策，不轻易追究；难以判断的经济行为，又缺法律依据的，不轻易追究，有利有弊，利大于弊，不轻易追究；改革中的失误，不是中饱私囊，不轻易追究的"四个不轻易追究"，执行"打击、保护、服务、促进"一体化方针，通过办案服务于经济建设，保护改革开放的顺利进行。

是年，受理经济案件线索 67 件、74 人。立案 23 件、29 人，其中贪污 11 件、14 人，挪用公款 4 件、4 人，受贿 1 件、3 人，偷税 8 件、8 人。贪污、受贿、挪用公款三类案件 16 件、21 人。立案金额 183730.46 元，审查认定金额 159426.86 元，追回赃款 111819.51 元，追赃率达 76.1%，追回外流资金损失 244224.74 元。

1992 年，贯彻邓小平视察南方讲话要点，深入落实"一要坚决，二要慎重，务必搞准"，在"深入"二字上做文章，开展惩治贪污贿赂犯罪，为经济建设保驾护航。是年，受理经济犯罪线索 71 件 76 人。经审查立案 18 件、23 人。其中贪污 3 件、5 人，贿赂 2 件、3 人，挪用公款 7 件、8 人，偷税 2 件、1 人，抗税 2 件、2 人，假冒商标 2 件、3 人。贪污、贿赂、挪用公款三类犯罪 12 件、16 人，占立案总数的 66.7%，万元以上大案 9 件、13 人，占受案总数的 50%；其间，侦查终结占受案总数的 72.2%。立案涉及金额 864356.18 元，追回赃款 800013.86 元，占受案总数的 92.56%。挽回经济损失 547961 元，结案挽回 830368.34 元。

1993 年，贯彻中共十四大精神，坚持"一个中心，两个基本点"的基本路线，严格执法，狠抓办案，强化监督，服务经济的经济检察之路。是年，受理经济案件线索 72 件、85 人。经审查，决定立案 23 件、30 人，其中贪污 6 件、10 人，挪用公款 6 件、7 人，受贿 1 件、1 人，偷税 2 件、2 人，抗税 4 件、4 人，假冒商标 3 件、5 人，经济诈骗 1 件、1 人。三类案件 13 件、18 人，占立案总数的 56.5%，其中万元以上大案 16 件、21 人，占立案总数的 69.6%。立案金额 529689.07 元，追回 526589.07 元。是年年底，结案 24 件、32 人，结案率达 85.7%。挽回案件外损失 82327.73 元，上缴财政赃款 247836.47 元。粮食、烟草、商业，县供销社结合检察室办案，共挽回本单位案外损失 60 多万元。

1994 年，共受理经济犯罪线索 53 件，初查 40 件，决定立案 18 件、22 人。立案中贪污 10 件、12

人，贿赂 1 件、3 人，挪用公款 6 件、6 人，偷税 1 件、1 人。万元以上大案要案 8 件，追回赃款 211004.74 元。全年受理“一机关三部门”案件 14 件，初查 11 件，立案 3 件、5 人；受理党政机关 7 件，初查 5 件，立案 1 件、1 人，执法部门 1 件、1 人。

1995 年，贯彻全国检察长会议精神，落实最高人民检察院“以反腐败，办大案要案不能有禁区”的指示，查办“三机一部”贪污、贿赂大案要案。1994—1995 年，共受理“一机关三部门”，即党政机关、司法部门、行政执法部门、经济管理部门案件 14 件，各类经济线索 78 件。经调查立案自侦 25 件 37 人，追回赃款 37.67 万元，挽回经济损失 8 万元，追回案外款 13 余万元。在查办“三机一部”经济犯罪中，龙塘烟叶站付款员苏某某，两个月挪用公款 8 万元参与赌博，并将公款输光。处理企业内部案件 12 件、13 人，其中贪污案件 7 件、8 人，挪用公款案件 5 件、5 人，挽回经济损失 200208.31 元；县水泥厂蒋某某、林某某两案追赃 4 万多元；永和上场坪煤厂副厂长刘某某 5 万余元；平定营粮油店简某某 19000 余元，供销 2 件 1 万余元，烟草追回 6 万余元。

1996 年，贯彻中共十四届五中、六中全会精神，强化反贪职能。加大打击力度，集中力量打击影响大，震动大，群众反映“一机关三部门”要害部位、部门的贪污，贿赂大要案。是年，受理经济案件线索 268 件。经审查，决定立案侦查 116 件、131 人。其中贪污 39 件，占立案数的 33.65%；贿赂 10 件，占 8.6%；挪用公款 46 件，占 39.6%；偷税、抗税 17 件，占 14.6%；其他 4 件，占 3.4%。经济犯罪中，要案 1 件，万元以上大案 71 件，占立案数的 61.2%。侦查终结 88 件，占 75.8%，审查起诉 53 件、64 人，占立案数 56.89%；不予起诉 34 件，占立案数 38.6%；撤案 4 件，占立案数 17%。挽回国家、集体经济损失 285.39 万元，退赃率达 74.7%。反贪污贿赂科、法纪科被评为全州检察机关“先进集体”。是年，反贪污贿赂检察科内设技术科长王强撰写调研文章《拒绝说情的艺术》。

1997 年，贯彻中共十五大和全国第十次检察工作会议精神，实施修订后的《刑法》《刑事诉讼法》，继续查办“一机三部”重点部位的贪污贿赂大案、要案。是年，受理各种经济犯罪线索 33 件、37 人，初查 24 件、29 人。经审查立案 17 件、21 人，其中贪污 5 件、5 人，挪用公款 1 件、1 人，抗税 1 件、1 人，侵占公司财产 8 件、10 人。其间，查处万元以上大案 17 件、20 人，移送提请起诉 14 件、16 人，决定不予起诉 2 件、3 人，撤案 2 件、2 人。涉案总金额 55.63 万元。挽回直接经济损失 39.45 万元。

1998 年，贯彻中共十五大精神，围绕经济发展大局，坚持中央政法委的“四条禁令”，加强监督，公正执法。是年，受理经济犯罪 16 件、17 人，经审查，决定立案 6 件、7 人，其中贪污 3 件、3 人，挪用公款 1 件、1 人，职务侵占财产罪 1 件、1 人。总计查办犯罪金额 89.94 万元，追回 79.96 万元，占 88.9%；挽回案外流失资金 13 万余元，提请批捕、起诉各 3 人，移送州人民检察院提起诉讼 3 人，均为“三机一部”的干部犯罪。1 万 ~5 万元 3 件、3 人，5 万以上 2 件、2 人，10 万元以上 1 件、2 人。

1999 年，继续落实公正执法，加强监督，依法办案，从严治检，服务大局的政策，认真履行反贪职能。是年，受理经济犯罪线索 22 件、23 人，其中贪污受贿 19 件、20 人，初查 22 件、23 人。经审查，决定立案侦查 7 件、8 人，其中贪污 2 件、3 人，挪用公款 5 件、5 人，涉嫌犯罪金额 16.79 万元，个案均在万元以上，追回 84173.5 元，占 49.97%，挽回经济损失 101700 元，结案率达 100%。

2000年，以“三个代表”“三个教育”和高检院的“九条卡死，十项纪律，六个必须”指导和推动反贪污贿赂检察工作。是年，受理贪污等经济犯罪线索20件、20人，其中贪污贿赂线索15件、15人，渎职5件、5人。初查20件、20人，经审查决定立案10件、10人，其中贪污6件、6人，挪用公款2件、2人，玩忽职守1件、1人，违法发放林木许可证1件、1人，结案率达100%。提请批捕2人，立案贪污，贿赂涉罪金额26.5万元，其中5万以上2件、2人，追回14.53万元，追赃率达54.72%，挽回经济损失16.43万元。

2001年，落实、贯彻“三个代表”思想教育活动，坚持反贪污，贿赂检察不放松，全年受理贪、挪、贿线索34件、37人，其中贪污贿赂线索28件、31人，渎职6件、6人，初查32件、35人。决定立案侦查9件、12人，较上年同期减少1件、2人。

立案中贪污3件、5人，挪用公款4件、4人，贿赂1件、2人，因失职致在押罪犯脱逃1件、1人。立案涉及犯罪金额93.29万元，其中5万元以上大案5件、7人，追回21.46万元，为国家挽回经济损失24.99万元，追赃率达52.7%。提请逮捕7人，提起公诉4人，移送州人民检察院起诉2人。

2002年，为提高举报质量，出台《瓮安县人民检察院举报职务犯罪奖励办法》，瓮安县委作出《关于加强预防职务犯罪工作实施意见》。是年，受理各种职务犯罪线索17件，初查17件。经审查立案12件、13人，较上年同期增加2件、2人。立案中贪污2件、2人，挪用公款4件、5人，贿赂4件、4人，徇私舞弊减刑案1件、1人，私放在押人员1件、1人。贪污涉案金额128.94万元，较上年同期93.29万元增加35.65万元；结案金额117.31万元，追赃115.36万元，追赃成果达98.34%，挽回直接经济损失121.22万元。

借2002年机构改革的契机，调动全科干警积极性，2003年共受理反贪污贿赂线索16件、16人，初查16件。经审查立案16件、16人，其中贪污1件、1人，贿赂案15人，大案4件，侦查终结16件，移送16件，其犯罪金额468336.25元，挽回经济损失70余万元。

其间，受理职务犯罪线索5件、6人，立案5件、6人，移送起诉2件、2人。

2004年，受理经济犯罪线索9件，初查9件。经审查立案7件、7人，其中贪污1件、1人，挪用公款大案要案1件、1人，贿赂5件、5人，侦查终结6件、6人。对往年积案移送起诉15件、15人，公诉部门作出不予起诉7件、7人，起诉移送法院未审结3件、3人。

2005年，继续惩治贪污、贿赂经济犯罪不放松，把查办职务犯罪工作放在重要位置，集中查办一批在全国、全省、全县有较大影响的贪污贿赂大案。开展预防宣传教育10余次，介入政府采购活动2次。是年，受理贪污、贿赂经济犯罪案件线索21件、21人，初查21件、21人。经审查决定立案17件、17人，较上年同期7件、7人上升143%。其中，贪污2件、2人；挪用公款4件、4人，大案要案2件、2人；贿赂案8件、8人，单位受贿案1件、1人，大案要案1件、1人；玩忽职守犯罪3件、3人，其中1件为省、州检察院督办案件，法院作出有罪判决7件、7人，挽回国家经济损失11024.36元。

2007年，抓住经济案件中的商业贿赂不放松，并以商业贿赂为重点，惩治贪污、贿赂犯罪。按《建立健全教育制度，监督并重的惩治和预防腐败体系实施纲要》的精神，坚持贯彻十七大反腐败“坚持标本兼治综合治理，惩防并举，注重预防”的方针。全年共受理经济、职务犯罪线索15件、18

人，初查15件、18人，经审查，决定立案12件、14人，其中贿赂案6件、7人，贪污案5件、6人，滥用职权案1件、1人，涉案金额45万元，挽回经济损失110万元。其间，查办都匀公路管理局瓮安公路改造项目主任游某涉嫌受贿一案中，办案干警赶赴都匀、贵阳等地调查取证，仅用6天便突破这一商业贿赂案。是年，瓮安反贪污贿赂检察在全州检察机关目标考核中，名列全州第一，反贪污贿赂局局长郑光杰被评为“全省优秀反贪局局长”。

2008年，认真开展政治思想教育，开展“为人民执法，让人民满意”的教育活动。6月28日，瓮安发生“打、砸、抢、烧”群体性事件。为惩治犯罪，稳定社会安定发展，反贪污贿赂局秉公执法，维护社会公平正义，全年受理各类经济，职务犯罪线索19件，其中县委书记大接访转办线索10件。初查19件，立案19件，立即查处贪污、贿赂案10件、11人，较2007年同比增加11%；大案3件、3人，结案率为33.3%；其中科级干部犯罪案3件、3人；侦查终结10件、11人，提起公诉8件、9人，法院作出有罪判决5件、5人。受理侵权线索5件、6人，立案2件、2人，其中1件、1人作出有罪判决，其涉案资金47.4万元，为国家挽回损失58万元。

是年，破获珠藏镇原党政领导任职期间，利用职务之便，在商品房开发，建筑承包，矿山开采中的多次受贿案；破获原中坪镇原党政领导以矿山股份名义分别收受贿赂21万元和17万元的案件。其间，为预防职务犯罪，先后在财政、国土、卫生、交通、税务等部门5次召开法治宣传会和警示教育报告大会。

2009年，受理职务犯罪案线索14件、15人，经审查立案14件、15人。破获原安监局长在2005—2008年节日和事故处理中，收受部分矿山、烟花爆竹厂所送各种感谢费，好处费18万元的案件。配合县纪委开展全县科级领导干部警示教育会议2次。对政府采购及河西行政新区建设等工程招标活动进行跟踪监督预防13次。2010年，在全院开展“恪守检察职业道德，促进公正廉洁执法”主题活动中，坚持以质量为本，快侦快结，采取侦诉联动。在突出查办群众反映强烈的职务犯罪案件上，加大反腐倡廉力度，积极参与市场经济秩序的专项整顿。是年，共受理各类职务犯罪和经济犯罪线索14件、16人，初查14件、16人。以破获独山县某建筑公司总经理刘某为谋取不正当利益，多次向多名国家机关工作人员行贿77.2万元的行贿受贿案最为典型。经审查，决定立案11件、13人，较上年14件、15人减少3件、2人。其中贿赂案8件、8人，全部为商业贿赂；贪污案1件、2人；徇私枉法案1件、1人；虐待被监管人员案1件、2人。立案人员中，大案8件、9人，涉案资金148.34万元，挽回经济损失100余万元，侦查终结11件、13人，法院作出有罪判决8件、8人。

其间，反贪污贿赂局立足检察职能，把职务犯罪作为专项治理重点，强化预防，注重预防，拓展预防领域。对招投标监督中，开展行贿受贿档案查询8次；同时开展专项、系统和个案预防，在国土、林业、财政开展警示教育4次；参与监督政府采购和竞争性谈判会16次。对教育、卫生发出检察建议50次，多次对职务案例分析，数量达30余件。提出预防调查报告11份，咨询服务10余次。

2011年，保持惩治职务犯罪和经济犯罪态势，配合反腐倡廉工作，加大惩治力量，坚持专项治理不放松。坚持一岗双责，自觉接受监督，以实现公平、正义的法律保障。全年共受理职务犯罪、贿赂、贪污线索10件、12人。针对受案线索，检察院成立了“7·25”“11·09”两个专案组，查处部分中学校长在学生食堂承包过程中涉嫌商业贿赂大案4件、4人，涉案金额达4万余元。经审查，立案10

件、12 人，其中挪用公款 1 件、2 人，行贿 3 件、3 人，受贿 4 件、5 人，玩忽职守 2 件、2 人。经提起诉讼，法院有罪判决 7 件、9 人；移送州人民检察院提起诉讼 2 件、2 人。职务犯罪 12 人中，副处级干部 1 人，正科级干部 1 人，副科级干部 3 人，股级干部 2 人。按行业划分行政执法机关 2 人，教育 5 人，乡镇党政干部 2 人，个体企业 3 人。挽回经济损失 100 多万元。

针对职务犯罪，加快全县职务犯罪预防警示教育基地的建设，在工程建设招投标中开展行贿档案查询工作 100 余次，结合办案发现的漏洞，开展专项预防、系统预防、个案预防。

2012 年，在全院加强队伍建设，提高干警素质的基础上，把学习理论和办案实践结合起来。进一步突出侦查查办涉及民生民利、征地拆迁、涉农惠农工程建设、人民群众反映强烈的职务犯罪案件。全年共受理职务犯罪线索 10 件、14 人。经审查，决定立案 7 件、11 人，其中，贪污 1 件、4 人，贿赂 6 件、7 人。玩忽职守案 3 件、3 人，侦查终结 7 件、11 人，大案 6 件、10 人。提起公诉 7 件、11 人，法院作出有罪判决 6 件、7 人，挽回国家经济损失 60 万元，涉及科级干部 4 人。

2013 年，坚持专项治理不放松，2014 年，坚持既打“老虎”，也打“苍蝇”的反腐方针，集中力量查办大案、要案以及人民群众反映强烈的案件。全年共立案查办贪污贿赂和渎职侵权案 11 件、12 人，其中涉及民生领域，涉农领域以及生态环境领域职务犯罪 10 件、11 人。促进党风廉政建设的深入开展，使广大人民群众更加坚信党和政府的反腐败决心。是年 3 月，撤销反贪污贿赂局内设职务犯罪预防科，组建瓮安县人民检察院职务犯罪预防局。

2015 年，着眼于服务经济发展大局，积极查办和预防职务犯罪。把办案重点放在从严查处新农村建设等群众普遍关注，涉及群众切身利益领域中的职务犯罪案件。是年，共立案查处贪污、贿赂各类职务犯罪案件 7 件、10 人，均为大案重案。其中受贿犯罪案 3 件、3 人，贪污犯罪案 3 件、6 人，介绍贿赂 1 件、1 人，涉案金额 267.97 万元，通过侦查审结银盏镇红灯堡村原村支书、村主任 2 人涉嫌贪污西坡林场林地补偿案；鱼河乡民政办公室原主任喻某某涉嫌在农村危房改造中的受贿案；老坟嘴乡行政服务中心原工作员娄某、原村主任赵某勾结骗取老坟嘴乡新区征地补偿款等案的侦查查办，产生较好的法律效果和社会效果。通过案件查办，为国家追回赃款 78.37 万元。

2016 年，贯彻中共十八届三中、四中、五中、六中全会精神，按照全省、全州检察长会议的总体要求，抓住开展“两学一做”教育活动的契机，深入开展反腐反贪污，反贿赂和渎职犯罪的查处。是年，受理贪污、贿赂犯罪线索 7 件、10 人，初查 7 件、10 人。经审查，立案侦查 5 件、7 人，查办案件中贪污案 2 件、2 人，4 件、4 人皆为大案，追回赃款 79.3 万元。法院作出 2 件、2 人有罪判决，2 件、2 人已侦查终结并移送审查起诉，反渎职立案侦查 2 件、2 人。做到立案、侦查终结 100%。

第三节　典型案例

1952 年，建立瓮安县人民检察署，由县公安局局长兼任署长，合署办公，行使检察权。

刘某汉贪污案

刘某汉，男，汉族，于中坪区水耳乡工作。

经查，1952年工作期间总计贪污255.84万元（时用旧币，换算后即今255.84元。解放初，1万元即今1元人民币，下换算同）。是年1月，贪污伙食积余款5.64万元（即今5.64元），3—4月，以工杂费付陈某明、胡某章工资，贪污工杂费76.61万元（即今76.61元）购置面粉贪污伙食费10.6万元（即今10.6元），5月，贪污退回旅差费30.44万元（即今30.44元），扣发工资12.825万元（即今12.825元），妇女卫生费1.35万元（即今1.35元）；6—7月，贪污公杂费93.5万元（即今93.5元）；8月23日至9月10日，县检查组检查期间，贪污唐某发工资25.85万元（即今25.85元），草塘派出所医疗费8万元（即今8元）。审理时，不思悔改认错，依照《中华人民共和国惩治贪污条例》规定，人民法院于1953年12月25日依法判处刘某汉有期徒刑1年零6个月，追缴全部贪污款。

张某贤贪污加刑案

张某贤，男，汉族，地主成分，初中文化程度，四川省达县人。

1950年参加工作，因贪污公款和有意制造事端，1958年11月16日被桐梓县松坎人民法庭判处徒刑8年。1959年8月，由桐梓县新生煤厂调瓮安煤矿劳动改造。

1960年11月，张某贤在大洞口车间采购小菜多报萝卜5千克，从中贪污8元；1961年3月，盗窃粮食3千克、菜油1千克；1962年6—9月，张某贤在岚关买菜时多报5千克，贪污生活费5元。先后在洗马、鱼井仓库运粮时和就业人员陈某财混粮食220千克。

张希贤违反监规，贪污生活费，以贪污罪移请加刑诉讼。1963年8月28日，依法判处加刑5年。

杨某平投机倒把案

杨某平，男，53岁，汉族，瓮安县中坪区人。1952年因历史问题在镇反中处徒刑5年，刑满回乡。

1961年12月至1962年9月，伙同林某忠涂改中坪居民桂某望粮食供应数据，先后套购仓库大米300千克，贩运至县城黑市出售，牟利300元。1963年，套购国家烤烟40千克，自制香烟牟利280元，下乡给农民加工香烟投机活动获利150元。是年，又伙同投机商曹某刚收购木油、松香自制肥皂进行投机活动。

1963年11月，依法判处杨某平有期徒刑3年，追缴投机倒把犯罪所得暴利730元。

郤某某贪污案

郤某某，男，汉族，27 岁，高中文化，瓮安县人，某信用社出纳员。

1981 年，利用职务之便先后贪污现金 4205.57 元。4 次参加谢某某、毛某某、蒋某某、邓某某、方某某等流窜到都匀、扬州、桂林、贵阳贩卖天麻 94 千克，木材 9.5 立方米，银圆 18 块，桐油 45 千克，牟利 1515.20 元，郤分得人民币 90 元，6 月，郤伪造粮油收购凭证被公安机关查获。经教育，交代犯罪行为并检举同案人员谢、毛、邓、蒋、唐等人；积极退回赃款 1188.47 元，弥补了国家经济损失。根据《中华人民共和国刑法》，其行为已构成贪污罪和投机倒把罪，郤能检举他人，积极退赔，有悔改表现，根据第五届全国人大常委会《关于严惩严重破坏经济犯罪的决定》，对郤某某免予刑事处罚。

第九章　控告申诉和其他检察

自瓮安县人民检察院恢复后，1985 年 11 月，内设瓮安县人民检察院控告申诉检察科。2001 年 12 月，科内再设举报中心，刑事赔偿工作办公室，处理刑事案件来信来访，行使法律赋予的检察职能和职责。

第一节　控告申诉检察职能职责

控告申诉是人民检察院实施法律监督的一项综合性业务。它通过受理刑事问题的控告，申诉、检举和自首等，配合有关部门进行检察处理。从而达到惩治犯罪，纠正冤、假、错案，保护公民合法权益和维护法律的统一实施；以履行检察机关法律监督的职能，是对刑事案件实行法律监督的一项重要工作。其职能和职责是：坚持党的领导，坚持特色社会主义道路，坚持人民民主专政，坚持以事实为依据，法律为准绳；以全心全意为人民服务为宗旨；按照党的方针政策和国家的法律规定，实事求是地处理来信来访中提出的问题，以保障公民的合法权益。惩治犯罪，维护社会安定团结，和谐稳定的政治局面，为促进政治文明，精神文明，生态文明建设服务。

（一）代表检察机关统一受理，接待人民群众及有关单位的来访，受理涉及刑事问题的控告、检举、申诉和自首的来信来访。

（二）承办分管的控告、申诉案件：一是不服人民检察院不批准逮捕，不起诉，免予起诉决定的申诉案件；二是刑满释放人员不服人民法院判决、裁定，虽经法院复查，仍有错误可能申诉的案件；三是上级机关，检察长交办的控告申诉案件；四是认为需要自己办理的一些告诉无门，久诉不息的控告，申诉案件；五是群众或单位指控的重婚案件；六是国家赔偿案件。

（三）结合处理来信来访和办案工作，宣传法治，提供法律咨询，处理矛盾可能激化的控告申诉，参与社会治安综合治理，预防犯罪。

（四）初查举报线索，深入审查调研决定。开展刑事被害人救助和举报奖励工作。

（五）对于检察机关管辖范围的贪污贿赂犯罪，国家机关工作人员利用职权实施侵犯公民人身权利犯罪，属本院管辖的，分送有关业务部门，不属本院管辖的案年，转交有关单位。

（六）对于涉嫌犯罪人员的自首，属于检察机关管辖的，移交有关部门或有管辖权的检察院立案侦查，不属于检察机关管辖的，移送有管辖权的机关或部门处理。

（七）综合分析信访具体情况，及时反映信息，提供案件线索。

结合实际和历年的经验总结，县人民检察院于 2014 年 5 月正规编制了控告申诉科 7 条工作职责，科长 10 条职责，检察人员 7 条职责。

第二节 控告申诉检察

自 1955 年瓮安县人民检察院建立独立行使职权后，由于人员配置关系和法制制度的不完善，无专门内设机构受理控告申诉、接待人民群众来信来访，统一由检察院办公室一并受理。1955—1985 年，均称来信来访工作。

根据档案资料查核，1955—1965 年，共受理来访信件 732 件。

1978 年恢复瓮安县人民检察院，仍以群众来信来访实施受理接待。其间，共受理人民群众和各类来访计 3407 件。

自 1985 年设置申诉科后，1986 年共受理群众来信来访 526 件次，联系当时具体情况，对人民来信来访，多以做细致的思想疏导工作，思想教育工作，法制宣传为主以息诉或不访断访。做到信访件件有落实，其中，直接查处 4 件、6 人。

1988 年，以“突出举报，带动控申”为指导原则，控告申诉工作紧紧围绕反贪污，反贿赂斗争开展。深入各区，各乡镇和工矿街道开展宣传，并设置举报箱。仅两个月就收到举报信 16 件，4 次下乡接待人民群众来信来访。打开控申工作局面。

1989 年，仍坚持“突出举报、带动申控”这一原则，全面展开工作。是年，受理冤案申诉 7 件，举报信访 99 件，初查举报 5 件，其中经济检察科 2 件、3 人，转法院 1 件、2 人，受理来信来访 808 件次，接待紧急信访 1 次。

1990 年，控申检察科共受理群众来信来访 555 件，接待来访群众 314 人次。其中处理告急信访案 13 件。是年，配合严打，接待群访 182 人，收到控诉检举 51 件，接受法律咨询 286 人，通过各种渠道，宣传教育面达 7 万余人。经审查，立案查处控告申诉案 10 件、12 人。

1991 年，加大群众来信来访处理力度，坚持做到有冤必申、有错必纠；耐心教育，疏导息诉，及时处理。是年，受理群众来信来访 545 件，其中首次来访 396 件，占 72.6%，较上年下降 12%。其中复访 31 件，来访 219 人次，较上年下降 32%。受理申诉控告 7 件、9 人，其中不服起诉 2 件、3 人，重婚 3 件、4 人，上级人民检察院交办 1 件、1 人。其他案件 1 件、1 人。决定立案 5 件、7 人，其中重婚 2 件、3 人，不服免予起诉 2 件、3 人。

1992 年，受理群众举报案 11 件，其中贪污 5 件，办理控告申诉案件 6 件、8 人。经审查，决定立案 3 件、4 人。受理群众来信来访 343 件次。为宣传法治，分别到 6 个乡镇现场办公，接访 115 人次，接受法律咨询 168 人次。

1993 年，重点抓住群众举报和“文明接待室”工作，受理群众来信来访 173 件，其中首访 147 件，受理 84%，接访 59 人次，为反贪污贿赂部门提供线索 13 件，其中违反法纪案件 27 件、控告申诉案件4件。共收到犯罪线索29件、45人，初查15件、11人，决定转办处理24件、34人。1994年，集中打击贪污、贿赂，实施“严打”。是年，受理群众来信来访142人次，其中复杂案情，案件17件；处理告急信访11件，“两不一免”案受理申控2件，其中1件为贪污、1件为挪用。

1995年，受理群众举报案66件，接访142人次。

1996年，实行检察长接待日制度，受理举报线索70件，并做到对举报线索在3日内及时登记分流，完成初查6件，受理来访97件次。1997年，认真把开展法制教育，提高人民群众法律意识作为控申工作的重要工作通过广播、电视等新闻媒体宣传群众。是年，开展法律咨询，发放各种宣传资料2000余份。根据举报案件管辖围范，按程序对刘某经济犯罪线索7件、10人转交相关部门。其间，接待群众来访45人次，举报中心收到犯案线索33件、39人，收到各类控告信件42件。

1998年，处理群众来信62件，接待群众来访22次，举报中心受理案件线索55件。赔偿办公室受理刑事申诉案2件，刑事赔偿1件。继续坚持检察长接待制度。是年，接待群众来信来访60件次。其中来信50件、来访10件。检察长接待受理35件。受理刑事申诉案6件、9人，全部审结。受理赔偿案件6件、6人，审结5件、5人，移送州人民检察院1件、1人。

2000年，根据综合治理的要求，控告申诉科把接待群众来信来访的法律窗口摆在重要位置。是年，共受理群众来信来访75件次，其中来信38件，来访37人次，根据信访直访案件的不同管辖，及时进行分流处理。其间，共受理刑事申诉案3件、3人，均审结无余。同时改变部分决定，受理刑事赔偿案件2件、2人，审查决定赔偿1件、1人。

2001年，对举报线索实行专人管理，做到及时审查、登记、分流。是年，受理各类犯罪线索41件，初查4件，立案2件，挽回直接经济损失1.9万元。接待人民群众来信来访112件次，其中检察长处理35件。受理刑事申诉案2件、2人，刑事赔偿案1件、1人。2002年，受理各类犯罪线索61件，来信40件，来访21件；受理刑事赔偿案件1件、2人，审结办结1件、2人。

2003年，全面落实“首长办理责任制”。共受理刑事申诉复查案6件，立案6件，是年完全审结。受理“两访一户”案件3件。

2004年，继续坚持“首办责任制”，根据《人民检察院复查刑事申诉案件的规定》，对全县刑事案件复查、清理，共清理2003年作出不起诉案件5件、5人，公诉部门办理复查公安机关移送案件4件、4人，受理交办案件6件、9人，初查1件、1人，上级人民检察院交办3件，并将举报线索分流到反贪部门。是年，受理人民群众来信来访72件，其中58件来信，14人次来访。举报各类犯罪线索23件，均进行分流处理；受理刑事复查申诉案5件、5人，初查1件、1人，赔偿1件、1人；不服生效判决17件，债权2件，均实行管辖分流；检察长接访28次，其中受理群众直访24人次；检察长交办24次。经努力，全部审结。

2005年，控告申诉工作把重点放在首长办理环节，以避免重复上访和越级上访。是年，共办理各类申诉案件20件，受理群众来信来访64件，其中检察长接待来访20人次，阅读处理来信24件，受理上级交办案件9件、9人，刑事申诉案3件、3人，刑事赔偿案1件、1人，案件均严格按照办案期限完结。共清理排查出重点涉法上访案件7件、7人，并逐件进行列表造册登记，指定专人进行处理，做好息诉工作，防止越级上访。经努力，2006年，上访案件有所下降。

2007 年，认真开展以为人民执法、让人民满意、的政治思想教育活动，强化法律监督，维护公平正义，保持共产党员的先进性和社会主义法制理念。是年，受理人民群众来信来访 56 件，其中来信 16 次、来访 35 人次。检察长接待来访群众 20 余人。严格按照《最高人民检察院关于实行人民监督员制度的规定》开展工作，并于下半年任命 5 名人民监督员。2008 年 6 月 28 日瓮安发生群体性“打、砸、抢、烧”事件，县人民检察院坚持以维护人民群众切身利益为重点，设立和健全检察信访工作制度，检察长接待日制度和首长办理责任制度，加强涉及检察信访工作。是年接待群众来信来访 94 人次，特别是“6・28”事件后，结合“县委书记大接访”活动，开展检察机关领导大接访和公、检、法、司大联访活动。由检察长和党组成员轮流接待来访群众，共接待群众来访 64 人次，将涉及检察院问题有效化解在当地。是年，受理申诉案件 16 件，其中立案 5 件，决定不立案 9 件，息诉 2 件，向法院提出再审检察建议 3 件，抗诉 1 件，终止审结 1 件，初查职务犯罪 1 件。是年，人民检察院控告申诉部门被省检察院授予全省检察机关“文明接待室”称号。

2010 年，以落实院党组和检委会加强班子建设，提高整体素质，岗位技术练兵的工作安排。是年，依法处理群众信访案件 63 件、68 人，其中来信 29 件，来访 34 次、68 人。办理不服法院生效判决刑事申诉案件 4 件、5 人。在加大办案同时，注重发挥执法办案在化解社会矛盾中的基础性作用。有针对性地对刑事案件受害人进行回访调查。注重和发现因刑事案件可能引发影响社会和谐稳定的苗头性倾向性存在，采取措施对刑事案件贫困受害人进行司法救助。2011 年，共接待群众来信来访 80 件，92 人次。开展法制宣传 5 次，发放各类宣传资料 4000 余份，接受群众法律咨询 50 余次。开展检察机关大接访，公、检、法、司大联访和检察干部警察大巡访工作。排查涉检信访隐患，化解矛盾纠纷，维护社会稳定。

2012 年，发挥控申部门作为全省检察机关“文明接待室”窗口的作用，受理群众来信来访 84 件、91 人，其中来信 31 件、31 人，来访 53 件、60 人。其间，检察长接待日接待群众来访 24 次，办理刑事申诉案 2 件，处理刑事和解案 12 件、15 人；开展刑事被害人救助 2 件、2 人；对实名举报人进行奖励 1 件、3 人；信诉罢访国家信访局挂牌督办，州检察院负责化解的涉检信访 1 件、1 人。

2013 年控申科按院党组和检委会要求，始终坚持“三个至上”以加强高素质队伍建设为基础；以深入推进三项重点工作为着力点。认真贯彻落实首办责任制，对人民群众来信来访，上级有关部门转办的各项举报线索，坚持周到文明接待，及时办理和及时分流。是年，共受理群众来信来访 172 件次，其中控告 130 件次，申诉 21 件次，举报 21 件次。其间，正副检察长参与接访，共同接访群众 102 件次。尽职尽责做好涉检信访的排查工作，妥善处理涉检上访问题，处理率达 100%。

2014 年，继续努力畅通群众诉求，深入开展检察调研对接，依法办理轻微刑事案件和解 9 件、9 人，对刑事被害人或近亲属及时申报司法救助基金，最大限度给予支持帮助，以增强和谐因素。积极化解社会矛盾。2015 年，认真落实创建平安瓮安的工作部署。是年，受理群众来信来访 46 件次，其中控告 31 件，直接处理答复来信来访；其中申诉 15 件，依据申诉性质，转给检察院民行部门 13 件，另 2 件直接回复申诉人；受理举报线索 5 件，分流给反贪部门办理，所有来信来访案件均在 7 日内回复并办理完毕。其间，控申检察科群众工作中心涉法、涉诉窗口接待人民群众来访 30 件次，均按规定对来访人进行了回复。

2016年，坚持落实首办责任制和检察长接待制度，加强控告申诉检察工作。是年，受理群众来信来访38件次，来信12件次，来访18件次，凡来信来访均作直接答复。其信访中申诉案2件，按申诉内容和管辖范围转民行部门审查办理；举报线索8件，按举报内容，转反贪部门3件，控告申诉初步核查5件，经初审核实，转反贪部门办理4件；1件仍于审查核实之中。其间，检察长接待群众来访24次；开展宣传30次，初核举报线索5件，联合州人民检察院控告申诉处开展远程视频接待4件。

第三节 检察院派驻机构检察

派驻检察室是在县检察院领导下，根据各个时间突出且为重点的检察任务，负责开展延伸法律监督触角，促进检察力量下沉的工作。

其主要职责一是负责受理该辖区群众举报，控告和申诉，做好来访群众的法律解释和疏导工作。二是发现、受理职务犯罪线索，接受犯罪嫌疑人自首；受理、发现执法不严，司法不公问题，对诉讼中违法问题依法进行法律监督；再次是开展法治宣传，职务犯罪预防，社区矫正监督考察等工作。促进社会创新管理。三是积极配合相关政府部门抓好社会治安综合治理，平安创建和矛盾纠纷的排查化解。四是对辖区内的政府投资项目，支农惠农资金管理、拨放情况进行监督。五是对公安派出所应当立案而不予立案和不应当立案而立案进行监督；法庭调解、审判、执法活动进行监督；加强对其他行政机关不作为、乱作为的监督。六是完成检察长交办的其他工作。

瓮安县人民检察院派驻单位机构走过两个不同时期。

1978年检察院重建后，提出了经济检察的概念，其内设科室设经济检察组。1984年，撤经济检察组为经济检察科。

1985年，瓮安县人民检察院根据中央指示精神，继续贯彻“严打”方针，在绝不放松打击刑事犯罪的同时，把惩治经济犯罪作为主要任务，采取各种措施，实施综合治理。是年，瓮安实施打击刑事犯罪和打击经济犯罪“两打”统筹，共破获贪污、盗窃、偷税漏税等经济案件9件、11人，其中万元大案3件、6人，为国家挽回经济损失27万元。

1986年，继续坚持打击刑事犯罪和打击经济犯罪“两打”统筹。为延伸检察院监督触角，打击由经济检察新管辖逃税追缴欠税罪，虚开增值税发票罪，骗取出口退税罪三种新罪工作需要。1987年，县人民检察院设置瓮安县税务局税务检察室，成为第一个派驻单位检察机构。

其间，收集反映，并于1985年1月开始立案侦查，1987年侦查完结。被告向某某开办酒厂，1982—1987年累计生产白酒99.59吨，总产值138061元，查出偷税漏税41956.6元的大案。由于政策界限不够明确，分别移送州人民检察院、省人民检察院获最终裁定。

1989年，派驻县税务局检察室认真履职，抓住打击偷税漏税、抗税犯罪这一检察重点，加大法律自侦和打击力量，共立偷税、漏税犯罪案12件、14人，追回偷税款23万余元。1990年，坚持打击偷漏税犯罪不放松，立案偷税犯罪4件4人。是年1—12月，先后在县烟草局、县粮食局、县供销社设置烟草检察室、粮食检察室、供销社检察室。

1991 年，派驻检察室联系派驻单位实际，受理自侦并立案偷税，抗税 8 件、8 人，均侦查终结结案。是年 8 月，于县商业局设置商业检察室。1992 年，受理偷税、漏税 2 件、1 人，抗税 2 件、2 人，经审查，分别立案 2 件、1 人，2 件、2 人；贪污 3 件、5 人，经审查，决定立案 3 件、5 人。1993 年，经审查决定，立案偷税犯罪 2 件、2 人，抗税罪 4 件、4 人，贪污罪 6 件、10 人。是年，对贪污犯罪的惩罚，为县烟草、县粮食和县供销社挽回直接经济损失 60 余万元。

1994 年，经审查决定，均对偷税犯罪 1 件、1 人，贪污 10 件、12 人立案侦查，并侦查终结移送起诉。1995 年，对偷税罪 1 件、1 人，贪污罪 10 件、12 人立案侦查。1997 年，贯彻中共十五大、全国第十次检察长会议精神，实施修订后的《刑事诉讼法》计受理抗税 1 件、1 人，贪污罪 5 件、5 人，均进行立案审查，并侦查终结移送起诉。是年，第八次全国人民代表大会第四次会议修订的《刑法》规定，将涉税犯罪划归公安机关管辖。

1998 年 6 月，根据修改的《刑法》《刑事诉讼法》相关规定的犯罪管辖权，撤销县人民检察院派驻县烟草检察室、供销社检察室、粮食检察室、商业检察室、国家税务局检察室、地方税务局检察室。

2011 年 12 月，瓮安人民检察院党组把法律触角延伸纳入整个检察工作的大局，为进一步坚持和落实始终坚持党的事业至上、人民利益至上、宪法法律至上的“三个至上”，以达到法律、政治、社会“三个效果”，在瓮安县猴场镇挂牌成立了瓮安县人民检察院猴场检察室，成为贵州省首个县级检察院派驻乡镇的科级检察机构，被评为贵州省人民检察院社会管理创新示范检察室，针对派驻机构的特殊职责分别就工作职能职责作出 9 项规定；从 9 个方面界定受理信访事项范围 5 种情况规范申诉案件范围；2 条 18 款界定了民事检察受案范围的职能职责规定。

猴场检察室法律监督地域还包括邻近的银盏工业园区、天文镇、小河山乡。其职能职责主要是进一步畅通该地区 10 万名人民群众的诉求渠道，及时为人民群众在法律方面排忧解难。立足检察职能，监督依法行政、严格执法、规范执法、执法为民、保证执法公平、公正，切实服务基层经济发展和社会和谐稳定。

为使派驻检察室做到有效行使法律监督和检察职责和职能，2012 年 5 月，瓮安县人民检察院联合猴场检察室服务所辖“两镇一乡一社区”政法委、公安派出所、司法所等单位制定猴场检察室社区矫正工作联系制度、猴场检察室社会维稳工作联系制度，将检察相关法律触角延伸至基层，有力地推动了瓮安区社矫正和基层社会维稳健康有序发展。在创新社会管理中真正做到法律中心下移，为深化农村经济改革发展保驾服务。

猴场检察室自挂牌后，针对该地区经济发展较快，刑事犯罪发案率呈上升趋势，民事、商事案件和社会矛盾纠纷日渐增多的特点，认真履职，把化解矛盾，维护法律公平正义放在首位。仅一年时间，驻室干警走访街道、社区、农户 30 余次，成功化解矛盾纠纷 20 余件次。2012 年 3 月，历时 5 年，通过一审、二审久诉难解的民事纠纷在驻室干警努力下终得冰释。

为履行面向基层、服务群众、宣传法律的职能职责，派驻猴场检察室联合县检察院反贪污贿赂局，反渎职侵权局，民事行政检察科，控告申诉科等部门在辖区内开展普法宣传 6 次；组织检察官到中小学生中进行法律知识讲座，发放宣传资料 3000 余份；接受法律咨询 200 余次；搭建并成为排查、化解矛盾纠纷的法制平台。

图 9-1　2012 年 1 月 10 日，瓮安县检察院猴场检察室被评为全省“示范检察室”

为使派驻猴场检察室认真履责，提高驻室干警素质和规范执法能力，提高检察机关执法公信力，针对创新管理这一新的模式，人民检察院党组，检察委员会先后制定瓮安县人民检察院猴场检察室工作制度、瓮安县人民检察院猴场检察室学习制度，着力学习修改后的《刑事诉讼法》，贴近群众，体验民情，拓宽群众申诉渠道，化解矛盾纠纷，收集职务犯罪线索，服务保障民生，维护社会公平正义。

伴随瓮安经济社会的发展，依法惩治职务犯罪，2014 年 3 月，县人民检察院增设和派驻瓮安县经济开发区检察室。经济开发区检察室自组建后，先后制定以受理群众举报、控告、申诉、接待群众来信来访；发现、受理职务犯罪线索，受理犯罪嫌疑人自首；开展职务犯罪预防；受理、开展执法、司法、诉讼不公监督；配合社区开展矫正工作，参与社会创新管理；开展法治宣传，对辖区内政府投资项目，惠农资金实施监督；监督公安派出所、法庭的执法活动；完成院长、党组交办其他事项等工作职责职权。同时将手里事项范围；民事检察受案范围以 5 条 18 款进行界定。

2015 年，检察室主任汪开才率干警针对辖区内管委会所属 12 个局、8 个村、2 个社区、1 个公安分局、4 个派出所、1 个司法所、3 个中学、16 所小学、500 余名干部以及多个经济大财团的实际，主动接受开展开发区党工委和院党委领导，明确检察室的法律监督定位；围绕“强化法律监督，维护公平正义”的检察工作主题；“立足检察职能，关注社会民生，方言服务大局”的方针，是年建立辖区检察信息联络员制度，并于 7 月对信息联络员开展了计 58 名人员培训；是月 14 日，召开共 68 名人员参加的经济开发区检察室工作会议。其间，与司法所积极配合，对银盏镇现有 36 个矫正对象进行教育谈话，并以每月 15 日工作矫正对象教育帮教日，一年累计谈话 128 次。认真履行检察职责，提前介入职务犯罪前言，参与招投标、竞争性谈判、询价监督 6 次。树立了派驻检察室良好形象。

第四节　职务犯罪预防检察

预防犯罪，特别是预防职务犯罪是新时期检察机关一项重要任务。《人民检察院组织法》第4条规定："人民检察院通过检察活动，教育公民忠于社会主义祖国，自觉地遵守宪法和法律，积极同违法行为做斗争。"依法开展预防犯罪，积极参与社会治安综合治理，是检察机关稳定大局，服务经济，反对腐败的重要职能。

检察机关预防犯罪工作，总的方针是以"打"为首，以"教"为主，"打、改、防、教"一起抓，把预防各种犯罪贯穿与融合于各项检察工作之中。做到"办理一案，警示一线，教育一片"的目标。2001年起，把预防犯罪重点转为预防职务犯罪，并成为反腐倡廉，打击与预防经济生活，政治生活，行政执法法纪犯罪的重点。

2001年12月，瓮安县检察院在反贪污贿赂局中内设职务预防犯罪科，2014年3月，伴随经济社会发展，将反贪污贿赂局内设的职务犯罪预防科改为检察院职务犯罪预防局。

2002年，收到职务犯罪线索17件，初查17件，立案12件、13人。其中贪污2件、2人，挪用公款4件、5人，贿赂犯罪4件、5人，舞弊减刑案1件、1人，私放在押人员1件、1人。其中贪污金额达128.94万元。其间所立案件无不与职务相关。针对这一暴露的事实，瓮安县委出台《关于加强预防职务犯罪工作实施意见》，相继县委转发《瓮安县人民检察院举报职务犯罪奖励办法》的办法，借以提高职务犯罪举报质量。

2003年，为预防职务犯罪，定期、不定期到移民局检察督促移民资金发放使用。是年，搬迁安置1200余人，兑现安置资金2565万元，上拨移民累计资金4690万元。久铜公路工程资金3950万元，宣传《行政许可法》，开办培训班，发放资料1000余份。7月，组织瓮安、贵定两县地税80余名中层以上干部参观服刑人员生活、学习、劳动改造，以示警示教育。其间，收到贪污线索1件、1人，贿赂15件、15人，其职务犯罪金额达468336.25元。2005年，在获取举报线索中单位受贿案件1件、1人，贿赂案8件、8人，贪污案2件、2人。经审查起诉，判决7件、7人，挽回国家经济损失110万元之多。

2007年，为防治职务犯罪，以坚持标本兼治，综合治理，惩防并举，注重预防的方针，不但领导重视，并将预防职务犯罪作为重点，一是加强注重办案质量，二是加强预防职务犯罪工作力度，认真贯彻、落实上级《建立健全教育制度，监督并重的惩治和预防腐败体系实施纲要》，扼制职务犯罪，加强宣传教育，打击、预防相结合。是年，依法惩治职务犯罪中的贪污案，滥用职权案，贿赂案12件、14人，挽回经济损失达110万元之多，收到了打击、预防的一定效果。

加大惩治职务犯罪的同时，加大预防职务犯罪工作已成为县检察机关的新常态。2011年，立足检察职能，积极推进侦防一体化，惩防一体化和预防工作规范化建设，紧紧围绕《惩治和预防腐败体系建设（2012—2018）规划纲要》，结合办案深入开展预防职务犯罪宣传和警示教育。不断探索，完善预防职务犯罪工作新思路、新办法。2012年，结合检察机关县委反腐败工作部署，认真落实省委《关于支持检察机关依法查办和预防职务犯罪的意见》，认真落实中央《关于加大惩治和预防渎职侵权违法犯罪工作力度的若干意见》、贵州省《贵州省预防职务犯罪工作条例》等精神和举措，始终把预防职务犯罪摆在更加突出的位置，是年，共开展职务犯罪预防法治宣传10余次，开展行贿犯罪档案查询495次，提供预防职务犯罪咨询20余次。向县直部门、乡镇有关领导发送职务犯罪预防短信1700余条，乡镇有关领导发送职务犯罪预防警示教育45次。结合典型案例，有针对性地向有关部门提出检察建议12件，开展职务犯罪案例剖析10件，提交预防调查报告6份，完成预防职务犯罪年度工作报告1份。针对政府采购和工程建设竞争性谈判的过程，对程序违法行为依法提出纠正意见10余次。通过预防工作，有效地遏制了域内职务犯罪。

2014年3月，检察院设置职务犯罪预防局。联系全国性反腐倡廉，整顿党风，依法治国，大力惩治腐败，预防职务犯罪，推进廉政建设提高到全党、全军、全民及各条战线的高度的发展趋势，始终坚持“老虎”“苍蝇”一起打的反腐方针。认真贯彻“惩治腐败是成绩，有效预防腐败更是成绩”的要求，是年，开展预防调查6次，受理行贿犯罪档案清查424件次，向有关部门提出预防检察建议10份。到国税、供电、河滨社区等单位和部门开展职务犯罪预防讲座6次，接待有关单位到警示教育基地开展反腐倡廉警示教育60次，2100余人受教育。深入社区、乡镇、企业、学校开展职务预防宣传6次；与消防、供电、电信公司等单位召开预防职务犯罪联席会3次，并联合出台《预防职务犯罪与联席会议制度》；和县纪委联合制作职务犯罪警示电视专题片《沉痛的悔悟》，被县委作为县处级、乡科级领导干部警示教育宣传教材。2015年，在继续落实中共中央关于“四风”“八项规定”的基础上，深入落实中共十八届三中、四中、五中全会精神，坚持预防职务犯罪不放松，是年，针对性地撰写《2015年查办惩治和预防职务犯罪年度综合报告》。先后于扶贫局、民政局、财政局等12个部门召开预防职务犯罪联席会5次。联合制定《防御职务犯罪联席会议制度》。应有关单位和个人申请，完成行贿犯罪档案查询785件次。于县人社局、工商银行、国税局等部门开展预防职务犯罪讲座10次；两长座谈会2次。深入社区、乡镇、企业、学校开展预防宣传159次，发放宣传资料2000余份。

图9-2　2016年4月6日，县检察院干警到工行开展预防职务犯罪警示教育

2016年，着眼于服务经济发展大局，将职务犯罪预防重点置放于职务犯罪调查，结合执法办案对当前瓮安职务犯罪的主要特点，犯罪手段进行深入分析，针对性地撰写综合报告；深入大型工程项目，将杜仲河水库、中医院大楼建设作为重点，实施项目专项职务犯罪预防，同主管部门、建设施工单位联合制定预防方案，多方面开展职务犯罪预防。是年，至审计局、交通驾校等单位宣讲预防职务犯罪讲座8次；与供电局、公安消防大队召开联席会议2次，并制定《预防职务犯罪联席会议制度》。其间，到社区、乡镇、企业开展预防宣传6次，发放宣传资料1000余份；并开展以预防职务犯罪的“检企共建，正风强企”活动；组织17家企业召开检察长、董事长“两长座谈会”1次，并出台检察机关服务非公经济发展措施，制定预防职务犯罪联席制度。

第五节　未成年人刑事检察

根据1980年1月开始施行的《中华人民共和国刑法》规定，未成年人指已满14周岁，不满16周岁的人群。

未成年人刑事检察的主要职责职权：按《中华人民共和国刑法》规定，对已满14周岁不满16周岁的特殊责任年龄犯故意杀人罪、故意伤害或者死亡、强奸、抢劫、贩卖毒品、放火、爆炸、投毒等8种犯罪，应当负刑事责任的，按《中华人民共和国治安处罚法》第21条规定的14周岁为治安处罚年龄，满14周岁未满16周岁的，对自己的违法行为有一定认识能力的和《中华人民共和国未成年人保护法》第14条规定的10周岁以上，不满14周岁的各种不良行为，因打架斗殴、索取财物、偷窃、赌博等违法行为的，造成民事赔偿的都属于未成年人检察范围。未成年人检察，依照《刑法》规定：以教育为主，惩罚为辅的原则和教育、感化、挽救的方针。

瓮安县未成年人犯罪在2013年前未设置未成年人犯罪检察科前，仍属检察院按犯罪管辖范围进行检察。1986年，受理公安移送未成年人犯罪16件，经诉讼检察对投案自首，积极退赃交赃，按法律条款对有从轻情节，依法从轻减轻或免除处罚。

2005年，受理公安移送未成年人犯罪案件27件、28人，其中尤以教师联名上诉，永和镇王某某等人寻衅滋事，破坏学校教学秩序为最，经提起公诉，作有罪判处6年。

2008年6月28日，瓮安发生群体性“打、砸、抢、烧”事件。事件中，参与“打、砸、抢、烧”未成年人学生104人。104个学生涉及104个家庭及其血缘亲友，瞬间，社会矛盾凸显。为化解矛盾，落实教育为主，惩罚为辅，实施教育、感化、挽救方针的治理创新、管理创新，及时化解矛盾，最大地减少不和谐因素，让涉案未成年人回归学校、家庭、社会，瓮安县检察院按照《关于在检察工作中贯彻宽严相济政策的若干意见》及时草拟《“6·28”未成年人违法及轻罪犯罪记录消除制度实施办法》，明确瓮安“6·28”涉案未成年人违法犯罪记录被消除后，其升学、参军、就业不受影响的处置办法。《消除办法》在未成年人犯罪中点燃希望，自觉地回报社会，热爱祖国，在“6·28”封存的34名涉案学生中，有17人参加高考，全部考入大专院校，其中4人考入全国一流知名大学。1人被选为黔南州人大代表，4名成为私营企业主。

瓮安县检察院提出并加以实施的“未成年人犯罪记录消除办法”，震动全国，推动了我国《刑事诉讼法》的修改，即《刑法修正案（八）》第65条的关于免除未成年人前科义务和《刑事诉讼法》第275条的关于未成年人犯罪封存制度，将瓮安县检察院的“消除”改为“封存”。特具我国未成年人犯罪处罚的经典之作，并作为法律条款予以界定。

未成年人犯罪检察在瓮安人民检察院既坚持了以教育为主、惩罚为辅的原则，又坚决查处《中华人民共和国刑法》所规定的未成年人8种犯罪的刑事责任及其惩罚。2010年，受理公安移送未成年人犯罪案35件65人，其中14~16周岁4人，16~18周岁61人。经审查起诉未成年人案件中，犯抢劫罪3件、6人，盗窃罪10件、10人，聚众斗殴罪9件、21人，强奸罪4件、5人，猥亵妇女罪2件、2人，寻衅滋事罪2件、5人。

2012年，域内未成年人犯罪多集中在学校。是年，受理公安移送提请批捕未成年人犯罪20件52人。较2011年11件、21人分别上升185.7%和247%。犯罪嫌疑人中，未成年人32人，15周岁的共2人，16周岁的共12人，17周岁的共18人。犯罪嫌疑人中无一人有前科，县内在校学生涉嫌犯罪48人，乡镇中学仅4人。未成年人犯罪，其中造成1人死亡，2人轻伤，12人轻微伤；2名女性被强奸；290元现金被抢，4辆摩托车被盗，2台手机被抢的后果。经审查，附条件不起诉7人，退回公安机关补充侦查2件、11人，依法起诉5件、21人。

其间，检察长杨嗣春、检察员范秀金共同撰写了以犯罪预防为主旨的探讨性论文《当前在校学生刑事犯罪问题浅析》的法治论文。

2013年10月，瓮安县人民检察院设置未成年人刑事检察科。是年，最高人民检察院到瓮安县人民检察院进行抽样评估工作，对瓮安县人民检察院未成年人刑事检察科工作给予高度评价。

2014年，在创新未成年人刑事检察工作基础上，先后建立“合适未成年人到场，分案办理，社会调整，指定辩护，跟踪帮教”等制度，最大限度保障未成年人的刑事诉讼权利。并于瓮安三中建立未成年人“预、保、教”爱心工程办公室，对问题学生开展心理辅导，困难学生予以帮助扶持。在学生中开展法治教育，使爱心工程办公室成为有效预防和减少未成年人犯罪的爱心基地。是年4月，对全省、全州未成年人刑事检察工作提供经验借鉴，并在全省检察工作会议上作经验交流发言。

2015年，未成年人刑事检察科以倾力化解矛盾，促进社会和谐作为工作重点，坚持对未成年人犯罪宽严相济政策，坚持做到该严则严、该宽则宽，实现法律效果和社会效果相统一。如对未成年犯罪的杨某、罗某、彭某、李某等4名犯罪嫌疑人，以宽严相济的刑事政策，作出附条件不起诉决定，约见其父母就教育问题进行交流，收到了一定的法律和社会效果。

2016年，以“捕、诉、监、防”一体化为途径，认真探索未成年人违法，犯罪记录封存，合适成年人到场，委托社会调查，开展心理辅导、心理矫正等工作的方法措施。加强部门联动，全力构建瓮安县未成年人刑事诉讼权利保护大格局。形成独特的瓮安未成年人刑事检察工作的“瓮安模式”。是年，经贵州省人民检察院、共青团贵州省委等12家单位组成的贵州省省级创建“青少年维权岗”组委会评定，获贵州省“青少年维权岗”荣誉称号。

图 9-3　2009 年，县检察院检察官对学生讲授法制教育课

为进一步探索未成年人犯罪检察途径，检察员赵金领以坚持贯彻“教育、感化、挽救”方针和“教育为主，惩罚为辅”的原则；积极创建未成年人保护工作新格局，积极探索创新涉案未成年人犯罪记录封存模式；践行党的群众路线，强化犯罪预防、帮教工作等观点，撰写探讨性论文《多措并举，全力保障未成年人合法权益》。

第十章　综合管理

瓮安县人民检察院自建立来，为保障法律所赋予的职责职权，其综合性管理成为检察院正常运行的基本保证，成为检察院工作的重要组成部分。

第一节　办公室

办公室是检察机关内部综合性办事机构，是检察院领导、检察委员会的参谋和助手；又是全院后勤保障、衣食住行、装备设备调度使用的保证机关，集全院各科室的行政管理于一身。

一、主要职责和职权

1. 起草本院文件、文书、请示、报告、简报、总结及各类业务报表与检察业务有关的文字工作；了解掌握全院执行党的方针政策，国家法律以及贯彻执行上级机关和本院工作部署；对工作众具有普遍性、倾向性、特殊性问题进行综合分析研究，为领导决策提供依据。

2. 结合检察业务，立足本职为领导决策、为全院干警、为办案一线、为有关检察业务的正常开展服务；向院领导、检察院委员会提出可操作、有指导性建议，当好助手参谋。

3. 认真转办党政领导，上级检察机关领导批示、交办和催办事项，督促检查并及时上报；上传下达，内外联系，协助院领导做好行政管理工作。

4. 做好发文审核和文件收发，档案、机要、保密、印信管理工作；本院网上办公，办事系统信息化管理维护，推进无纸化办公、办案。

5. 负责各级人大代表、政协委员、人民监督员、特约检察员和专家咨询委员会的联络与接待；调查研究与检察工作相关的地方性法律、法规、政策。

6. 院领导交办的其他工作。

2014 年，对办公室主任、副主任及其所属各岗位分别制定办公室主任 6 条岗位责任、副主任 4 条岗位责任；办公室内勤 7 条岗位责任；文秘人员 7 条岗位责任；机要员 6 条岗位责任；档案员 5 条岗位责任；网络管理员、会议设备管理员 5 条岗位责任制；法律政策研究工作 5 条、人民监督员办公室 10 条岗位责任制；驾驶员 8 条、食堂管理人员 9 条岗位责任制。使各岗位的工作职能职责更加规范，更加系统化，具有可操作、可考核、可量化性。

二、文秘

1952年建检察署，与公安机关合署办公，无内设机构。1955年8月，瓮安县人民检察院正式建立后，设办公室负责文秘工作。

检察院新建之初，虽设办公室，仅秘书一人负责办公室日常性、常规性工作，即各类文书起草、档案管理，用印登记、收发登记，管理整个办公室事务。时因办公设施简陋、落后，办公室一切业务均以软笔或钢笔，复写、刻板制作；20世纪70年代，为油印制作。其时，办公室人员不到4人，各有分工，分而不分，合而不合，并兼理院党组、党支部日常事务、政治思想，人事调进调出管理。1978年恢复检察院后，始添打字机一台，由于工种特殊，时任办公室主任卢甫林率先教人打字，因有损视力，打字员先后轮换4茬。负责起草打印检察院内部工作总结、计划报告、请示、简报、简讯、情况反映、公文函件、监印各种法律文书，保证了检察院所有工作的正常开展。做到打印文字清晰，无错漏、无缺损，各类文书稿件数百万字。并做到无失密、无积压、准确无误。

随办公室人员编制的增加，文秘工作在原基础上把检察信息，调查研究、专题报告纳入文秘工作重要议事日程。1989年，编制检察简报28期，对上下级间信息交流，公、检、法之间信息相互沟通联络，工作经验借鉴搭建较好的交流平台。特别是调研报告，对检察院工作起到指导和可操作作用。

1997年，伴随法制的不断健全以及依法治国方针的贯彻落实，文秘工作随体制改革而扩大工作范围。除历史上形成并固化的工作外，还需要写好简讯，把重点投入政策法律的调研之中。是年，共著调研文章10篇，被上级检察院选用5篇，选中率达50%；编辑简报21期。2000年，编辑综合信息30期，完成调研文章14篇。对推动检察院工作发挥了积极作用。2005年，编发检察信息34期，综合信息5期；2008年，编发检察信息20期，调研文章7篇，黔南报采用2篇；2011年，随办公设施的改善提高，进一步建立和完善检察院网络信息的运用，是年，开展网络培训39期、637人次，岗位网络技能培训9期、32人次。

2012年，为适应工作需要，创立瓮安人民检察院集政策研究、重大信息、检察院主要工作、行政党务管理、职工队伍建设、检察文化打造、检察文学艺术于一体，内刊季刊《瓮安检察》。至2016年，共编辑出版15期，达30余万字。其中相关检察工作各种论文、调研文章达40余篇；各类文章、书画、摄影作品百余篇（幅），成为县史料集成、法治研讨、文化打造、交流借鉴、独具检察文化特色的内部刊物。2013年，贵州省人民检察院《黔检信息》分别刊载《瓮安县运用法律监督职能，严打民生领域刑事犯罪》《瓮安县院开展案件管理工作的做法》《瓮安县三项措施抓好案件管理工作》《瓮安县切实加强预防职务犯罪工作，全力推进“廉洁瓮安”建设取得新成效》《瓮安县检察院建议参与社会管理，促进林业管理科学化和执法规范》《瓮安县院以统计分析为抓手，案件管理职能取得积极有效发挥》《瓮安县未成年人犯罪记录封存工作得到高院抽样评估组好评》等9篇载入该信息。

2014年，发表反映黔南检察情况的刊文9篇，彰扬瓮安县检察院工作。相继编辑刊印“‘4+1’工程创建”资料集成。其中《队伍专业化、职业化》计上百个栏目，4册、520页，27.5万余字；《管理科学化、信息化》10个栏目，1册69页，3.6万余字；《检察文化》29个栏目，3册296页，5.68万余字。形成瓮安人民检察院一个时期全盘的工作史实史料载体，成为有据可考、资鉴的历史文存。

三、档案

检察档案，是检察机关执行法律监督与自行侦查历史的记载，是全院检察干警智慧、劳动成果真实记录。是对检察院整个工作的历史展现；对历史、资政、参考有着不可替代的作用，是党和国家宝贵财富。

瓮安县人民检察院自1955年成立至1966年，机关几经变迁，档案管理极不正常。特别是检察院自制永久性档案，从未认真按永久、长期、临时按档案管理的年限，分目装订和管理。“文化大革命”时期，在砸烂公检法的造反派捣乱下，有的档案甚至遗失或因各种原因而缺失，无规范可言。

1975年1月，按第四届全国人民代表大会制定的《宪法》规定，撤销检察院，致使档案极不齐全。

1978年恢复检察院后，办公室实行档案专人管理，抽调力量接收、整理“文化大革命”前工作文书档案。并按档案管理类目，共整理工作文书档案300卷，诉讼档案1800宗。1986—1996年，组织专门人员投入4.5万元资金，置档案室36平方米，档案柜5个，整理重建工作文书档案60卷，诉讼档案1800宗，财会档案36册。1990年，获贵州省档案工作合格证。1996年，经省档案局验收，获贵州省档案合格证。2003年，再次进行档案清理、归档、入库共计文书档案11卷，诉讼档案44盒、330卷。

2014年年初，在规定档案管理人员职责职权基础上，制定档案管理制度；以档案员必须保守、严守秘密、严防泄密、失密，建立借阅台账，借出归还登记手续，增强保密观念，保证设施安全；严格执行销毁档案登记制和领导签批，监销人签字手续等档案安全保密制度。

档案机要重地，非工作人员不准随便进出；保持整洁卫生，档案排放有序；切实做好防盗、防火、防潮、防尘、防高温、高强光“六防”工作，禁止存放易燃、易爆等物品；熟悉库藏、定期核对，账物相等；未经批准，不准摘抄的档案保管制度。

熟悉馆藏，完善档案检索工具；本部门凡借阅必经领导签批方可查阅；履行查阅须持单位介绍信并留介绍信以备查；严禁查阅对原始档案涂改、圈划、抽换、批点、污损、拆卷增删内容和严禁烟火；及时登记档案利用情况等档案利用制度。

凡是本机关从事各项工作所形成的，具有查考利用价值的各种内容，形式的文书材料，均属立卷归档范围，任何部门和个人均无权扣压和销毁必须归档的文件材料；各科室应按档案分类目录，归档范围，保管期限，对本科室形成应归档的文书、文件整理立卷，并交由档案室统一管理；凡应归档的文书档案必须在是年年底全部且完成收集，下年3月底前完成分类整理，立卷归案；会计档案按一年后移交档案室；声相档案随时归档；凡归档文书、文件及材料必保持其历史联系，区分保存价值分类整理；卷宗标题简明，目录编号准确；凡归案文书、文件及各类文字材料必为原件，并做到完整、系统、准确，由相关科室负责人核定；归档时履行移交手续等立卷归档制度。

“两房”建设至2016年，检察院档案馆占地30平方米，置存档柜18个，有各类文书档案1337卷，诉讼档案1031宗，财会档案41卷，音像档案光碟298卷（盘），做到档案管理规范化、科学化。

四、网络管理

随着科技的进步，办公条件的日益改善，进入21世纪，文书撰写、材料写作、法律文书制作、信息传递逐步向电脑、光纤、网络化转化，并逐步实现无纸办公、办案。

伴随电脑的普及运用，2010 年 10 月 1 日，瓮安县人民检察院内部电脑运用网络正式开通，结束了过去文书、文件、各种材料，信息传递，打字复印均由人工书写、印刷、邮递的历史。

2011 年 6 月 2 日，根据瓮安县人民政府电子政务办公自动化的通知精神。按照政府政务办公自动化联网，组网技术参数完成网络建设。于 2011 年 10 月 10 日，作出瓮安县人民检察院建立阳光网络的请示，经努力，用极短时间完成互联网网站信息安全等级评估申请；完成检察院院机关办公区，办案区，安全防卫监控区，外来人员来访区等网络程控建设；分别建成瓮安县人民检察院自动举报电话建设。分别建成瓮安县人民检察院自动举报电话系统，办公区门禁系统，智能电话联系报警系统，内部专用电话系统；办案区房间独立监控系统及电话报警系统，检察院院务办公区安全防卫监控系统，外业人员来访登记及员工考勤辅助系统；机要文件收发系统，电子政务系统，案件管理综合系统，基本实现了无纸化办公、办案。2012 年 10 月，又建成瓮安看守所检察院分支系统。

2012 年 8 月 17 日，根据省州检察院开展视频接访的要求，联系瓮安实际，从初步接访基础环境完成时间；初步接待系统整体建设；环境要求的 10 个方面；背影墙设置，线缆铺设 10 个要求；任务分配 17 个方面出台瓮安县人民检察院贯彻《关于抓紧完成省检察机关远程视频接访系统二期建设基础环境准备工作的通知》的《瓮安县人民检察院视频接访系统方案》。经努力，2013 年 9 月 6 日，完成远程接访视频建设并投入使用，真正做到“三方会谈”，提高工作效率。

2012 年 9 月 24 日，贵州省人民检察院发出《关于切实加强全省检察机关讯问犯罪嫌疑人同步录音录像工作意见的通知》，并明确指出为确保 2013 年 1 月 1 日起严格执行修改后的《中华人民共和国刑法》《中华人民共和国刑事诉讼法》实行“全面、全部、全程”同步录音录像的规定，根据“通知”严格执行“全面、全部、全程”的规定，严格执行审录分离；严格按照规定配置好同步录音录像设备；严格落实部门工作责任制；严格实行检察责任制的要求。2012 年 11 月 8 日，瓮安县人民检察院出台《瓮安县人民检察院关于调整同步录音录像工作领导小组的通知》，重新调整班子，以专职职责职权命令吴洪富为专职人员，并按省检院如期完成设施、设备构建，保证 2013 年 1 月 1 日投入运行的任务。

保障网络安全是网络信息的组成部分，针对这一重大严肃的工作，2014 年瓮安县人民检察院组建了以检察长、党组书记为组长，分管副检察长、党组副书记为副组长，各科室科长、办公室主任、副主任为成员的保障网络安全领导小组。并制定可操作的 9 条措施保障网站安全运行；5 条规定以形成保障信息安全和保密的管理制度；8 条规定以保证信息安全的审核制度的施行；7 条措施以保障互联网安全应急处理；5 项规定保证 24 小时交互式栏目信息的巡查，以 5 条原则使用互联网账号，确保检察院网络运行的绝对安全和保密运行。

2014 年 8 月，贵州省涉密系统测评中心专家州领导对瓮安县检察院涉密系统网络安全性、电磁泄漏发射安全性，安全保密设备，应用系统和管理系统进行评估验收，成为黔南州首家建成并通过测评的基层检察院，提高和促进了检察保密工作规范化、科学化水平。

经近 10 年的努力，至 2016 年，全院拥有电脑 191 台，远程视频 5 台，自动打印机、复印机 58 台，自动监控摄像头 28 只，自动照相、摄像设备 22 台，同步录音、录像系统 9 台，扫描仪 13 台，使整个办公、办案进入网络和程控时代，并向大数据时代迈进。

相伴网络信息的发展平台，形成各种不同社交、政治、文化、法律、经济的舆论大潮。其舆论之真伪，正能量、负能量往往在舆论中上演一场场维护正义与攻击正义的斗争；维护法律尊严与毁损法治的较量。面对网络世界，检察机关互联网必置身其中，为把控和引导舆论导向，瓮安县人民检察院采取了一系列举措。

2013 年 3 月 25 日，经监测，发现实名举报瓮安县检察院某干部违反计划生育，巨额财产不明，品德败坏于新浪微博、网易微博、天涯论坛、大事件吧、手机传媒吧等舆情，按干部管理权限移送县纪委，给予网络回应，及时地处置涉检网络舆情。

2013 年 6 月 25 日，瓮安县人民检察院根据最高人民检察院、省政法委员会、省检察院和州检察院关于进一步加强网络舆情应对与处置工作的相关精神，组建以检察长、党组书记谭必刚为组长，副检察长、党组副书记邓太华为副组长，郑光杰、李明、陈军、陶孟昌、商涛章、孙绍琪、邓琴、汪超、杨晓凤、汪开才、张富强、王强为成员的瓮安县人民检察院涉检舆情工作领导小组。以李孝春为总监测员；陈德元、向梅、胡天、范金秀、王意、王先进、吴洪富、王强、马佳、李昆为监测员；陈军、陶孟昌、商涛章、孙绍琪、邓琴、汪超、杨晓凤、张富强、王强为评论员的瓮安县人民检察院涉检舆情监测员，评论领导小组。并明确陈德元负责网络舆情日常监督，各科室所办案件涉及网络舆情的，由各科室内勤负责跟踪监督。

其间，制定 12 条《瓮安县人民检察院涉检网络舆情引导及应急处置办法（试行）》。《办法》明文指出，必须高度重视涉检舆情引导与应急处置工作的重要性。坚持正确导向，以预防为主，及时应对，公开透明，分级处置，有效管理的原则。对涉检舆论进行监测、研判、回应、引导并适时提出化解措施，做到涉检舆情平时日常监测，特殊时期重点监测。突发事件全天候监测，并第一时间向上级舆情办公室报告。《办法》还建立了涉检网络舆情评估机制。即根据可能给检察机关带来的负面影响、危害程度、紧急程度、发展态势，分别分为事（案）件即将或已被全国性媒体报道，门户网站首页采录，被主要网络持续关注，国外媒体重点炒作，中央领导作出指示，超出要求的为特别严重 I 级；被省内媒体、上级领导作出批示，超出要求的为严重 II 级；被市级媒体和市级领导提出要求的为较重的 III 级；一般的 IV 级。同时，《办法》还明确了舆情平息、化解后相关注意事项和处理措施并原则。

2014 年 2 月 14 日，监测到周某新律师 BLOG 网站发出有关刘文军案"马年 1 号英雄帖"。以"瓮安官方怕当事人申诉的原因有三……十问贵州省高级法院……"为内容在网上公布，一时访问人数达 432 人，其中回复 8 人。并以刘某军案网传《致瓮安县司法人员的公开信》，面对这一舆情，检察院舆情监测为 II 级，并及时按制度进行了处置。针对刘某军案所带来的涉检负面舆论影响，为达到及时、有效、预防，瓮安县人民检察院于 2014 年 2 月 21 日，一是从组织保障入手，成立以党组书记、代检察长谭必刚为组长，党组副书记、副检察长邓太华为副组长，党组成员、副检察长郑光杰，党组成员、副检察长李明，党组成员、反贪局长陈军，党组成员、纪检组长陶孟昌，党组成员、政工科科长孙绍琪为成员的刘某军行贿案网络舆情应急工作领导小组；二是明确领导小组工作职责；三是加强网络舆情监测；四是制定《瓮安县人民检察院关于应对刘文军行贿案涉检网络舆情的工作预案》的处置措施并以落实责任、工作措施、应急处置三个方面作出《瓮安县人民检察院关于对刘文军及其家属成员的稳控预案》。

网络建设推动检察院工作研究、经验做法、工作进度等方方面面信息交流，搭建了工作创新、管理创新、理念创新平台。2013 年第一、第二季度，肖立宪、汪开才、袁仁瑜、范金秀等 20 余人与贵州检察网、贵州检察网——法制在线、法制在线——全黔在线、法制在线、贵州检察网——省院内网、政府网——法制在线州院、贵阳日报、瓮安政府网、黔南日报、法制在线——贵阳晚报、法制中国等省、州、报刊、网站发表信息类、理论研究类、工作经验探讨类、管理创新类文章 36 篇。2013 年，省级报刊发文 4 篇、州级 3 篇、县级 8 篇。

第二节　行政管理

行政管理是检察机关的后勤和供给保障部六，它关系到检察干警的日常衣、食、住、行等生活必需，对各项检察业务的正常运转有着十分重要的作用。“文化大革命”前，一直由办公室分人专管。重建人民检察院后，仍由办公室分人主管、专管。随着编制增加，管理项目相继增多，2013 年 1 月，瓮安县人民检察院行政管理工作从办公室划出，增设计划财务装备科专管全院行政事务。

一、财政经费

瓮安县人民检察院自建立以来，业务经费曾几经变化。1955 年检察院成立之初，根据财政部（财预字第 67 号）、中国人民银行总行（银会字第 185 号）联合通知，“公安、司法、检察业务费自 1955 年改由中央预算，垂直管理”。同年 4 月 20 日，最高人民检察院办颁发的《关于检察业务费管理制度和报销手续的暂行规定》《检察业务费开支范围试行办法》指出全国检察系统的业务经费，经中华人民共和国财政部同意，自 1955 年 1 月 1 日起，由最高人民检察院垂直管理，负责对全国检察业务费预、计、决算的分配，审核、汇总、报销，及时对各地预算执行情况的监督检查工作。全国检察业务费管理的基本原则，由最高人民检察院统一掌握；各级人民检察院按级负责，即最高人民检察院负责对各省（市、自治区）检察院和专门检察院业务费预、计、决算的分配、审核及汇总报销，以下各级人民检察院业务费预、计、决算的分配、审核及汇总报销等由各省（市、自治区）人民检察院负责。

1956 年，根据贵州省人民检察院相关规定，检察院业务费报领向省检察院直接报领改为由省院统一掌握。各级人民检察院按级负责，即最高人民检察院负责对各市、州检察业务费预、计、决算的分配、审核及汇总报销，县（市、地、州）人民检察院业务费预、计、决算的分配、审核及汇总报销等由各省（市、地、州）院负责。

瓮安县人民检察院建立至 1957 年年底，按上述规定，所有经费在县政府内开支报销，由县政府按规定报至省履办一应手续。

1958 年起，瓮安县人民检察院业务费由县财政分配、核算、汇总，检察院设专职财务人员负责到县财政报领经费。

1978 年 8 月，重建瓮安县人民检察院后，一切经费由县财政分配、审核，并下达指标。在指标范围内使用经费，向财政报销、核算。1982 年，转发《全国政法工作会议纪要》（以下简称《纪要》），

《纪要》中规定，政法各部门的事业费、基本建设投资，要给予保障。从1983年起，列入国家计划和国家、地方财政核算，单独到户。而这一规定在瓮安尚未得到很好执行。

1983年，经不断努力，获县财政资金30余万元新修干警宿舍30套，解决干警后顾之忧。

1986年，最高人民检察院、财政部《关于修订检察业务费开支范围的规定》指出为全国开展检察业务，充分发挥检察机关法律监督职能，检察机关必需的业务费，各地财政部门应根据本地区的实际情况和检察机关的工作特点给予保证。从1986年起，各级财政部门对检察业务费，实行单独列户、单独列支。人民检察院对财政部门核准的预算，要合理安排，节约使用，各项开支要严格执行财务制度和有关规定，不准擅自扩大开支范围和提高开支标准，并严格接受财政部门的监督检查。

遵照上述精神，瓮安县人民检察院的财务管理除一名副检察长分管外，并有一名办公室主任或副主任主管，严格经费开支，实行一支笔审批原则。严禁私人挪用，禁止公款私存，厉行节约，严格财经纪律，会计年初有预算，季度有检查报表，做到单据齐全、账目清楚、账物相符。

自检察院经费列入县级财政预、决算后，虽有上级文件的明文规定，但在20世纪90年代，也曾一度大幅压缩，出现办案经费不足，开展业务艰难，经费极度紧张，无法保障，难以保障，以香烟酬计工资的窘迫阶段。为保证财务制度正常运行，2000年，实施财务管理核销联签制。

进入21世纪，伴随依法治国的深入，检察院经费大有好转，并由中央和省级财政实施转移支付，并逐年增加。2008年前，瓮安县检察院除人员工资外，仅每人8000元的共用经费及部分案件返还款。难能维持工作的正常运转。2009年，得到县委、县政府的高度重视，不定期地听取检察院有关的经费开支使用的汇报，并做到预算经费按时拨付使用。加之中央和省级政法转移支付资金如期到位，使整个检察后勤保障能力得到加强。并根据检察工作的特点，其新增公诉与审判监督，大要案办案，追赃成本，人民监督员三项重点工作，派驻检察室，教育培训等9项检察经费，也及时拨付，并增拨打黑除恶费用，保证工作的正常开展。2010年和2011年，分别招录2名会计专业人才，实现财务管理由县财政代理转变为自主管理，并实行县财政、国库集中支付管理模式。

2012年7月13日，贵州省财政厅、贵州省人民检察院、贵州省高级人民法院、贵州省司法厅联合下达《关于调整和制定贵州省县级人民检察院、人民法院、司法行政机关公用经费保障标准的通知》。《通知》明文规定“根据政法机关的特点，县级政法机关公用经费划分：为日常运行公用经费和办案（业务）经费两类。县级政法机关日常运行公用经费，由县级财政按照本通知规定的日常运行公用经费标准予以全额保障；县级政法机关办案（业务）经费由中央、省级和县级财政共同保障；其中县级财政按不低于本通知规定的最低办案（业务）经费保障标准予以保障”。

按省财政厅、省检、高院、司法厅联合通知规定，自2012年起，除中央、省级财政下拨办案（业务）经费外，县检察院按瓮安属于三类地区，人均日常运行公用经费标准每年每人11000元，县级财政应承担的办案（业务）经费最低保障标准5000元，合计县级财政支付16000元标准对县级财政实施预、决算，保障了检察院正常工作的运行。是年，县财政共预算经费888.29万元，其中人员经费400.72万元，公用经费69万元，专项项目经费75万元。实际拨付654.29万元，中央及省级政法转移支付234万元。经费共计支付839.58万元，其中人员经费支出507.44万元，公用经费支出69万元，项目经费支出59.84万元。中央及省级政法转移支付资金203.3万元。

在经费使用中根据在职人员及离退休人员工资补贴、住房增量补贴、医疗保险、聘用人员工资等费用的客观实际，为保障工作正常运转，检察院财务人员以提高计财装备的综合素质和加强财务制度的内控机制为抓手，严格按照《中华人民共和国预算法》《中华人民共和国会计法》《行政单位财务规则》等法律、法规建立规章制度，以规范财务工作；健全财务管理制度，强化制度落实，先后修订完善了检察院制定的《财务管理制度》《中央和省级政法转移支付资金使用管理制度》《车辆管理制度》《国有资产管理制度》等十项制度和财会、出纳人员岗位责任，做到有章可循、遵章办事。同时，坚持所有经费全部纳入财务统一管理，统一核算；重大支付项目集体研究；大宗巨额物品采购和大额资金支付党组研究；政府采购、车辆定点维修等监管措施，严格实行“收支两条线”的财务规定。

2013 年，根据工作需要，检察院将财务管理与装备管理从原办公室分出，新设计划财务装备科，以利于经费和装备后勤保障管理。是年，县财政共预算各种经费 1399.28 万元，其中人员经费 587.55 万元，公用经费 113 万元，专项项目经费 36 万元，追加检察院警示教育基地经费 35 万元。其间，因“两房”迁建征地拆迁，获县人民政府“两房”政府拆迁补偿经费 400 万元。年终决算，检察院计支出 1227.8 万元，其中人员经费 613.48 万元，公用经费支出 141.09 万元（含警示教育计费费用）；专项项目支出 289.1 万元（含征地和拆迁补偿支出 247.1 万元）；中央及省级政法转移支付资金 184.13 万元。

2014 年，县财政共预算经费 1031.67 万元，其中人员经费 554.06 万元，公用经费 129.81 万元，项目经费 24.8 万元，较上年同期减少 20%；中央和省级政法转移支付资金 225 万元。其间，鉴于检察院“4+1”工程建设和“两房”建设需要，获瓮安县委、县人民政府再拨资金 98 万元。是年年初至 6 月底，经费支出 639.23 万元，其中人员经费 376.47 万元，公用经费支出 95.48 万元，项目经费支出 14.13 万元，中央及省级政法转移支付资金支出 153.15 万元。

由于财务制度的健全和中央、省相关文件的硬性规定，2015—2016 年，随编制的扩大，其经费也按规定相对增加，并按规定拨付，保证了检察院一切工作的正常运行和开展。

自检察院成立以来，财务出纳一直认真履职，虽人员不断更迭，而现金保管制度，有据凭证付款制度，严禁白条入账，干警公差凭领导签批借款制度，工作结束账务结清制度，水、电、气收缴纳入制度做到 60 余年不废弃和动摇，保证账据相符、账物相符，从未出差错。

二、检察装备

1952 年 8 月，设立瓮安人民检察署，仅一个木房与公安合署办公；1954 年 9 月后，改检察署为检察院，仍以成立之初的木房办公，因陋就简，谈不上设施设备。经“文化大革命”冲击，实施军管，其后撤销，其遗存办公桌椅荡然无存。1978 年 11 月，恢复瓮安人民检察院，院址设于县城中街原政府大院一座仓库楼，设一室两组，其时干警 5 人。

随形势发展，1985 年设一室五科，院址由仓库搬入西街政法大楼，在中间逐步添置检察院办公、办案设备设施，配备五一式手枪 1 支，老式 20 响手枪 2 支。其检察院装备、财务、车辆、武器装备管理工作由办公室全权负责。其间，办公、办案基本设施基本达到办公、办案要求，并配备北京吉普、刑事勘测用车各一辆，以解决交通窘境。

20 世纪 90 年代，拥有桑塔纳轿车、北京吉普车、皮卡车各 1 辆，复印机、打字机、对讲机等办公、办案设施得到添置和加强，满足了办公、办案要求。其间，配有五一式手枪 1 支、五四式手枪 4 支、六四式手枪 7 支、七七式手枪 4 支。1991 年 10 月 10 日，最高人民检察院颁布《关于实行枪支集中管理使用的通知》，实行枪支集中统一管理使用。是年 10 月，组织学习最高人民检察院制定的《人民检察院枪支管理办法》，并认真加以落实。1992 年，对检察院枪支管理作出更为明确的规定：检察院配备枪支，是检察业务用枪，用于保障检察业务的开展。配枪人员是正、副检察长，直接办案的检察员、助检员、司法警察和枪弹管理人员。其他人员因执行公务需要，可借用公用枪。省、州级以检察院配枪不超过 60%。

检察专用枪支和公用枪支实行集中统一保管制度，专人保管枪弹，实行枪、弹分存。并达到铁门、铁柜、铁窗、报警器“三铁一器”。

1998 年 10 月，根据上级指示，对原有枪支进行清理，按新配备枪支的原则和标准，五一式和五四式手枪全部报废，只配备六四式、七七式手枪和微型冲锋枪。手枪司法警察 1 人 1 支，微型冲锋枪 10 人 1 支。

2000—2003 年，再次明确配枪人员是正副检察长，直接办案的检察员、助理检察员，司法警察和枪库专管人员，其他人员因执行公务需要，可借用公用枪。

2003 年，按上级规定，枪支弹药上交州检察院统一管理。如要使用，按规定制度办理手续领取使用。

20 世纪末至 21 世纪初，由于经费极度紧张，检察院仍保持办公、办案设施、设备的基本要求，并在改善办公、办案、干警福利上精打细算，以保证工作正常运行。

进入 21 世纪，随着瓮安经济发展的提速，检察院办公、办案条件获得根本转变。2003 年向县财政争取装备拨款 5.9 万元，中央补助 12.9 万元，计 18 万元，争取返还案件款 30 余万元，以添置装备工作。2009 年 5 月，检察院从西街法、检、司综合政法大楼迁至文峰大道南路，7000 余平方米的独立检察院大楼。各科室、办，做到人手一台电脑，做到办公无纸化。2010 年 10 月，检察院内部网随设施投入运行，网络正式开通；2011 年 10 月，完成互联网设施，并建成安全、保密、办公、办案网络 10 余个系统。2012 年 9 月，建成讯问罪犯同步录音、录像设施、设备；2013 年，添置安装了远程接访视频，并投入使用。

经多年努力，瓮安县检察院设备、设施装备实现跨越式发展。至 2013 年，全院总资产达 1417.68 万元。办公、办案用房 3895 平方米，价值 400.64 万元；喷制检徽轿车（警车）10 台，价值 199.09 万元；价值 352.43 万元的其他固定资产。随“两房”建设的推进，新建办公、办案用房基本竣工。

三、检察服饰

自检察院建立直至“文化大革命”前，检察干部没有统一服饰和着装。人民检察院重建后，1983 年，为配合“严打”斗争，检察干警以公安警服着装。是年 12 月 29 日，国务院以国函字第 273 号文件批复《关于人民法院、人民检察院干部穿着统一制服的报告》。《报告》规定，从 1984 年开始，各级人民检察院担任现职的检察员、助理检察员、书记员穿着统一的检察制服。着装经费列支，按规定财政体制分别负担。其标准为，温区每人按 350 元计算，除着装人员自负 10%外，省、州、县财政分别在司法、检察业务费项目中列支。着装人员 17 级以上者负担 20%。根据国务院批复规定，是年，检察院检察长、检察员、书记员 31 人除自交着装经费外，均统一穿着检察服。

1984 年，瓮安县人民检察院按规定夏服着装为米黄色良府绸西装式；法警着人民警察服。其他春秋、冬服、大衣邑按规定陆续发给。瓮安划为温区，其服装使用年限分别按春秋装、夏服三年，冬服 4 年，大衣 10 年发放或换装。

1988 年，最高人民检察院、财政部 4 号文件《关于人民检察院整顿着装和换装工作的通知》规定 1984—1985 年着装人员换发短袖上衣两件，单裤一条（女同志单裤或裙子任选一种）、单服一套、网纱帽一顶、肩章三副、冬装一套，所换服装均从 1988 年起，穿满规定年限，按规定换装。该次换装制服式样、颜色、用料及标志一律采用豆绿色化纤面料。夏服短袖上衣，单服为小翻领猎式制服，冬服为军干服，大衣为军干棉大衣。女式短袖上衣为西式服，单服为小翻领猎式制服；冬服为军干式制服；大衣为军干式棉大衣。帽子男女均为网纱帽，单服大檐帽，化纤布面裁绒棉帽。纽扣、短袖上衣、单服、冬装、大衣为金黄色铜纽扣标志；帽徽为铝合金质国徽图案；肩章为红地钉黄边呢质长方形硬质，肩徽为铝合金麦穗齿轮五星红旗圆形徽章。

检察服装管理始终坚持统一计划、统一标准、统一组织、统一按时发放的原则，做到制度化、规范化、定型化。

自 1987 年首次着装以来，实行三年一换制度。后经上级决定，进一步统一检察服装颜色、型号、款式、面料、服种的标准，使检察服装更趋合体、美观、舒适。

2000 年，检察制服全部换装没取消原来衣料，大檐帽和肩章，改为藏青色衣料佩戴胸徽。

进入 21 世纪后，检察服装按上级规定，统一组织，统一计划，统一标准，统一制作，统一按时发放，形成制度化、规范化、定型化。

检察干警穿着统一制服，是加强检察队伍建设的一项措施和正规化的一项内容，也是有效行使检察权的需要，而非福利待遇。凡着装人员必须严格遵纪守法，树立良好风纪，做到着戴整齐清洁、举止庄重、文明大方；领导干部在其中以身作则，检查风纪，不容许损害检察机关声誉。着装人员仅限本人，不许借赠他人，不准变卖，着装人员调离，应交回肩章、肩徽和帽徽。

第三节　“两房”建设

瓮安县人民检察院成立之初由小木房于 1978 年迁至仓库房，1985 年再迁法院、检察院、司法局政法大楼。其办公房、办案房合二为一，难能分开。办公、办案无区域之分，隔音隔墙之别。

为解决瓮安县检察院办公、办案窘迫困境，2005 年经检察院一班人的努力，开始筹建“两房”建设事宜。是年，于瓮安县城文峰南路完成“两房”建设征地 5000 平方米。2006 年实现路通、水通、电通、基地平整“三通一平”工程。

2008 年 10 月，经县委常委会决定，统一拨付 243 万元建房缺口资金，以补足“两房”欠款 49.2 万元；二次装修、专线网、局域网 15.8 万元；办公用具 41 万元，附属工程 123 万元，其他 14 万元。同时对检察院再次追加的 75 万元，同时拨付。经三年建设，瓮安县人民检察院从县城西街政法大楼于

2009 年 5 月再次迁至文峰南路检察院大楼。其房屋建筑面积达 3895 平方米，改变了过去狭窄、拥挤的局面，基本满足了办公、办案需要。

随检察工作的不断推进和编制的增加，2009 年，瓮安县检察院已定编 80 人。搬迁检察大楼已不能满足和适应检察技术用房、办案用房需要。面对客观实际，相与新形势下“两房”建设要求相比，差距较大。不但受格局、空间的限制，同时形成技术用房、办公、办案用房因性质不同形成诸多管理不便。时不我待成为瓮安县检察院连续三届检察长和党组的共识，未雨绸缪，抓住上级“两房”建设的机遇和政策性必建的指示，按照住房和城乡建设部、国家发展和改革委员会《关于批准发布〈人民检察院办案用房和专业技术用房建设标准〉的通知》文件精神，于 2001 年 10 月向县委、县人民政府作出解决办案用房和专业技术用房用地 1 公顷，最后选址北部新城七星安置房旁的“两房”建设方案。决心将“两房”建设作为瓮安县检察院硬件设施加以打造，追求硬件、软件相匹配，追求大作为，实现快速发展。

2012 年 5 月，检察院新建“两房”选址由河西新区开发区改址于县城北部新城七星安置房侧。将原定“两房”建设用地 6500 平方米增至 1 公顷。并拨款 400 万元作征地拆迁补偿款。是年 7 月，以《瓮安县人民检察院关于解决迁建“两房”项目申请前期工作经费的请示》向县人民政府作出请示。其间，为减轻县级财政对“两房”建设投入的资金负担，积极主动与省、州检察院，省、州、县发改部门联系沟通。同时指派专人负责，并完成“两房”建设可行性研究报告，报请省发改委相关资料。后经专家对“两房”设计评审，获省发改委批建。经努力，获县政府批准检察院两房前期建设项目申报费用 49 万元，并及时拨付。

瓮安县检察院“两房”建设至 2014 年，计拨款 800 万元。其主体工程全部竣工，由于经费不足，搁置近一年半之久，可望于 2017 年下半年完竣投入使用。是黔南州少见的检察院大楼和“两房”建设的示范。

第四节 技术、案件与法警队管理

一、检察技术

检查技术是检察工作的重要组成部分，是履行法律监督职能，全面开展检察业务工作重要的科学技术手段和保障。

检察技术的职能和职责：运用先进的科学技术手段，进行现场勘查；检验、鉴定与案件有关的证据、物品、痕迹，审查与案件有关的证据；对侦查机关的鉴定结论进行文证审查或重新鉴定；推进现代科学技术在检察工作中的应用和发展。

工作内容范围：现场勘检；物证检验、鉴定；法医检验和鉴定；司法会计检验和鉴定；文件检验和鉴定。

1955 年 11 月 22 日，最高人民法院、最高人民检察院、公安部、司法部联合下发《关于非正常死亡事件的检验、勘验、掌管》的通知规定，非正常死亡事件如需侦查者，由公安部门负责，必要时检察院可派员协助检察、勘验工作。关于非正常死亡的情况如统计、总结、报告主要由检察院掌管，同时应转知司法行政及公安机关。法院和公安机关处理的非正常死亡时间也应转知检察院以便掌管。因此，检察院成立之初的检察技术工作主要是非正常死亡情况的统计、总结、报告，协助公安机关检验和勘验工作。

1955年，瓮安县人民检察院建立，内设办公室和办案小组，干警仅5人，由办案组按规定履行其应尽职责。其间直至1964年“四清”运动，检察院干警仍未超过10人，其检察技术检察仅按上级规定仍履行其统计、总结、报表的职责。

1966年下半年“文化大革命”开始，检察院遭到冲击，并于1975年撤销，技术检察工作一度完全中断。

1978年恢复检察院后，改室为科，内设机构设置检察技术鉴定职责、职能，并由专人负责，无专职专责技术检察科室。1990年，正式组建刑事检察技术科。是年，根据技术检验需要，相应配置了检验箱、录音机、照相机等设施和器材。在检察工作中履行非正常死亡现场勘验、检验、司法会计鉴定、文证审查等技术检察工作。科内设科长、副科长和检验员、内勤人员等专岗专职。按原设置的专人技术检察职责，曾于1980年4月27日对瓮安县冷水沟煤厂瓦斯爆炸死亡4人；6月10日新华上场坪煤厂瓦斯爆炸死亡10人；1987年4月1日，瓮安雍阳镇打铁槽煤厂瓦斯爆炸死亡13人；1991年5月22日新华大寨坪仓边煤厂瓦斯爆炸死亡10人；1993年12月23日，草塘石家寨煤厂瓦斯爆炸死亡10人；2000年7月7日，雍阳港安瓦斯爆炸死亡4人等事故，履行非正常死亡现场勘验、检验瓦斯爆炸等安全事故重大案件死亡现场6次、51人非正常死亡勘验、检验、技术鉴定工作。

随着检察业务反贪污渎职，反行贿受贿的开展，1992年，文证司法会计鉴定1次，出现场勘验4次，提供相关图2张，证照8件计照22幅，嫌疑人录音材料2盒；贪污贿赂案文证1件3幅，法律文证7件19幅。

1998年，实施检验、鉴定案件10件，办结10件；出具司法会计鉴定9份。2000年，除现场勘验、检验瓮安港安公司煤厂瓦斯爆炸非正常死亡4人外，出具司法会计鉴定书8件；其他案件8件，出具检验、鉴定书8件。2008年，制作犯罪嫌犯全程录音、录像7件；出具司法会计鉴定书6份。

随办案高科技手段使用的提高，办案全程录音、录像、勘验、检验高科技运用，2014年，检察院联系工作实际，分别以科长8条岗位职责、副科长4条岗位职责、内勤6条岗位职责，以开展检察技术工作。根据上级检察工作条例、细则、规定、研究检察技术在办案中的运用和提高。

二、案件管理

案件管理是健全人民检察院执法办案活动的管理工作，也是强化内部监督制约，提高办案质量和效益，促进公正廉洁执法不可缺失的内部监督管理事务。

自1956年检察院正式建立后，案件管理由检察院内部分人进行受理登记，由办公室统一管理。“文化大革命”期间，公、检、法遭受严重冲击，其案件管理无进展，1975年撤销检察院后，工作随检察院撤销而终止。

1978年8月恢复检察院后，案件管理由办公室实施登记管理。

1980年后，根据《人民检察院刑事诉讼法规则（试行）》《人民检察院民事诉讼规则（试行）》、最高人民检察院关于《案件管理办法》和《全国检察机关统一业务应用系统管理办法（试行）》的相关规定，在实施中逐步完善，并逐步建立相关制度。

案件管理工作进入21世纪后，瓮安县检察院根据刑事诉讼法、民事诉讼法中央对“两法”的规则规定制定《瓮安县案件管理规定》，以案件管理流程图→“案件流程管理→案件受理→立案登记→审核材料、信息录入、分流案件→法律文书管理，涉案财务管理，办案期限管理，办案流程监控，接待辩护人、诉讼代表人，组织、协调执法办案风险评估→结案审查→交有关部门送案”，以规范管理流程。同时，以《案件管理暂行办法》总则；案件统一受理、登记；案件流程监控；案件文书监管；涉案款物监管；办案质量评查；案件统计管理；案件合议；其他规定；附则等39条管理办法。并按管理《办法》再行制定8条97款的案件管理流程细则；案件管理流程监控制度；12条23款查封、扣押、冻结、处理涉案财务监管规定；5条7款案件催办制度；8条7款案件合议制度；7条41款执行办法风险评估预警实施办法；31条35款接待辩护人，诉讼代理人暂行办法；27条98款案件质量评查办法；11条18款错案、重大质量问题责任认定；12条17款案件统计；5条19款案件定期通报等制度。

经几年努力，瓮安县人民检察院终于在2014年建成瓮安县人民检察院“案件管理综合业务系统”。该系统是瓮安县检察院案件管理中心，根据《中华人民共和国刑事诉讼法》《人民检察院刑事诉讼法规则》，人民检察院职责、业务流程，结合实际工作中操作需要，自行开发的一套管理系统。在高检院的案件管理软件下发前，对瓮安县检察院实施案件受理、分流、监督、审结、法律文书开具、备案等进入录入管理，实现对案件的监控、统计、查询工作的顺利开展，羁押到期提醒功能发挥积极作用。

瓮安县检察院系统采用SQL数据架构，实现软件网络连接。既可实施对案件流程的顺利管理监督，又可实现公诉、批捕、综合业务相关人员同时录入、分别管理。具备提高录入效率，又可实现查询的高效性。

“案件管理综合业务系统”对录入工作，一是可减少重复操作，以软件一次性录入后，可受理案件编号、分流编号、审结编号来区别各个案件环节；以姓名为核心字段可实施多次调用，实现受理、分流、延期、退补、重报、审结及法律文书的快速录入。二是做到到期提醒。即根据实效性要求，对办案时间进行自动计算，并在相应区域提供提醒业务，有效表面办理案件超期现象。三是可调用预用设计的各种报表模板，动态调出数据库相应记录实现动态打印，根据工作需要自主选择打印相关报表，并以默认打印两件以报送和备案存档。四是刻采用A4纸分别打印对应的法律文书，并可做到文书联续后加盖骑缝章形式打印。五是可即时按动态需求查询已存数据，实现当前受理案件总件数、总人数、公诉分流件数、人数、批捕分流件数、人数、延期数、退补数、重报数、审结数，各种法律文书开具的数量显示。

经“4+1”工程的推进，瓮安县检察院作为智慧检察院努力实现保障现代化、信息化，结束新中国建立后原始落后的案件管理模式。

三、法警队

人民检察机关的司法警察属武装性国家司法行政力量，是人民检察院行使职权的法定成员。人民检察院司法警察必须忠于党、忠于人民、终于法律、拥护党的路线、方针，政策的政治素质；必备一定的武装制敌训练和较强的身体素质。

瓮安县人民检察院建立后，便设置了武装司法警察岗位。鉴于当时检察院人员较少，检察院司法警察最多时不超过 3 名，一直延续到 1966 年“文化大革命”开始。“文化大革命”中，检察院遭到严重冲击，并实施军管。1975 年检察院撤销，法警另行安排或脱离司法警察队伍。

1978 年，检察院恢复后，虽设检察院司法警察岗位，仍只 2~3 人而已。按法警职责履行对罪犯的提解押送、移送、提讯，传唤当事人、依法执行搜查和其他强制措施；送达法律文书，保护机关安全以及领导交办的其他工作。

1997 年，瓮安县人民检察院组建法警队。建队后，以《人民检察院司法警察暂行条例》规定为工作指南，认真学习、努力实践。1998 年，提押犯罪嫌疑人 121 人次，送达法律文书 41 件次。随着创建“五好检察院”活动，法警队更加强化自身队伍建设，保障人民检察院押送、移送、提讯、传唤、搜查等工作。坚决执行《人民检察院司法警察暂行条例》，2000 年，提解押送犯罪嫌疑人 157 人；送达文件 31 次；传唤 1 人次；执行依法搜查 2 次；执行死刑监督 1 次；协助办案 200 次。2003 年，传唤案件相关当事人 2 次；提解押送犯罪嫌疑人 20 次；送达法律文书 180 件次；实施强制措施 5 次。2007 年，协同办案出警 100 次，参与案件办理并对犯罪嫌疑人提押率达 100%。由于遵章守规履行法警职责，2011 年 8 月，荣获“贵州全省检察机关法警编队管理示范单位”称号；是年 11 月，再获“全国检察机关法警编队管理示范单位”称号。

2012 年，法警队始终坚持“四警”建设不放松；坚持以保证办案安全，机关安全为目标、全方位履行并依法完成检察院提押犯罪嫌疑人、看管犯罪嫌疑人，依法传唤案件当事人，依法实施搜查，保护案件现场，完成法律文书等任务。是年 9 月，出席全国检察机关第三次司法警察编队管理工作经验交流会，其经验在全国检察机关推广运用。

2013 年，随检察机关编制扩大配员，瓮安县检察院组建法警大队。根据《人民检察院司法警察暂行条例》规定，结合瓮安检察工作实际，制定 7 条职能职责的司法警察大队工作职责；4 条规定的法警大队长岗位职责，6 条规定的法警大队教导员岗位职责，4 条规定的法警大队副大队长岗位职责，10 条规定的法警大队司法警察岗位职责，使执法规范化、标准化。

第十一章　队伍建设

检察队伍建设是做好法律赋予检察机关各项工作的基本保证。建设与时俱进高素质的检察队伍一直是瓮安县人民检察院常抓不懈，不断追求的工作目标。特别是瓮安县人民检察院自 1978 年恢复以来，一直以忠于祖国，忠于党，忠于法律，忠于人民为原则；坚持强化法律监督，促进公平正义；以提高法律监督能力为主线；以践行《中华人民共和国宪法》《中华人民共和国刑法》《中华人民共和国刑事诉讼法》赋予的天职，纠冤惩罪为宗旨。加强思想政治教育，职业道德教育，队伍专业化、职业化、规范化等业务素质培养教育。不断完善队伍管理机制，将队伍锻铸成政治坚定，业务精通，作风优良，执法公正的中国特色社会主义建设者和捍卫者。

第一节　思想政治建设

检察机关的思想政治工作是检察工作的生命线。它服务于国家的社会主义建设和法治建设，服务于检察机关建设。从思想上、政治上、组织上保证检察机关党的领导，保证检察机关的社会主义性质，社会主义道路正确的政治方向；保证检察队伍的高度稳定和统一；保证法律赋予的各项检察任务的完成。

思想政治工作的基本任务是，以马克思列宁主义、毛泽东思想、邓小平理论、“三个代表”重要思想、科学发展观、习近平新时代中国特色社会主义思想为指导，继承和发扬党的政治工作优良传统，搞好党的建设和思想政治工作。开展具有检察机关特点的思想教育，激励干警的社会主义积极性、创造性和献身精神。建设一支政治上合格，精通检察业务，严格遵守纪律，作风过硬的检察队伍。

思想政治工作的范围是抓好政治教育，搞好机关党的思想、政治、组织、作风建设；指导工、青、妇工作；抓好干部队伍建设；做好干部的培养、考核、任免、调配和奖惩工作，做好离退休干部服务工作；开展“争先创优”活动，表彰先进；“从严治检”，严格查处违纪案件；抓好干部培训；抓好精神文明建设与职工工资福利，开展文体活动；抓好计划生育；抓好统计报表，总结经验等工作。

瓮安县人民检察院历来将思想政治工作摆在工作的主要位置。自 1955 年 6 月瓮安县检察院建立以来，认真贯彻党的路线、方针和政策，教育干部坚信马克思列宁主义、毛泽东思想，坚决服从党的领导。按各个时期上级党组织对检察院工作的要求，法律赋予的责任不折不扣地落实和完成。并发扬艰苦奋斗，勤俭节约的作风，在艰苦的环境中仍保持旺盛精力，积极努力完成上级交给的各项任务。

伴随思想政治工作的需要，1965 年起，认真组织干警学习毛泽东著作，改造思想，斗私批修，开展学习解放军、学习雷锋、学习焦裕禄等英雄模范活动。通过教育，不断提高干警觉悟，保证检察业务的顺利完成。1966 年“文化大革命”开始后，检察长田致远被打成走资本主义道路当权派，遭到批斗，从此检察工作瘫痪，直到 1975 年被撤销。

1978 年 8 月，瓮安县人民检察院恢复重建，其间，把认真贯彻中共十一届三中全会以来的路线、方针、政策作为振兴检察院的行动指南，在政治上高度和中共中央保持一致，坚持四项基本原则，坚持党的基本路线不动摇；认真履行法律赋予的检察职能，自觉地服务于经济建设这个中心和改革开放两个基本点；大胆改革，勇于探索，不断开拓瓮安县检察院新局面。1978—1979 年，认真组织全院干警开展真理标准讨论，拨乱反正，解放思想。实事求是，大胆纠正冤假错案，与瓮安县委、县政府落实政策办公室紧密配合，给过去错误逮捕劳改的江某某、陈某某等 10 余名同志平反并恢复工作。随工作需要，为加强思想工作，由办公室主任负责思想政治工作的开展，有人抓，有人管，发挥了参谋、助手作用。

1983 年，把思想政治工作的开展落脚于《中共中央关于严厉打击刑事犯罪活动的决定》（中发〔1983〕31 号）文件精神的贯彻执行。统一思想，集中力量，依法惩治犯罪，保持社会稳定。全院干警对全县惩治犯罪做出极大贡献，深受各界好评。

1984 年，检察院推行岗位责任制，各科室领导与检察院领导签订责任状。把检察工作和贯彻中央物质文明、精神文明，“两手都要抓，两手都要硬”的指示结合起来，开展业务培训，狠抓精神文明建设。

1985 年，开展整党教育，院党组率全院干警系统地学习中共十一届三中全会以来的重要文件。开展“信仰危机或是信任危机”社会舆论争论中的大是大非问题大讨论。使全院党员、干警进一步端正了业务指导思想，自觉地服务和服从于党的总目标、总任务、总政策。根据中共中央指示狠抓“两打”斗争，开拓检察工作新局面。

1986 年，试行聘用制，实施干警“双向选择”，触动机关“铁饭碗”旧观念。认真总结“严打”三个战役中的经验教训，提高认识，调动全院干警积极性，推动检察工作顺利开展，受到州院和县委、县政府的好评。

1987 年和 1988 年，检察院党组按上级指示，狠抓《坚持四项基本原则，反对资产阶级自由化》《建设有中国特色的社会主义》两本书和中共十三大报告的学习。认真组织全院干警把学习和巩固中央指示，开展“严打”斗争的成果结合起来，深刻理解党在社会主义初级阶段的基本路线。全方位开展“四有”教育，狠抓精神文明建设、廉政建设、干部文化建设和法律培训，取得了良好效果。

1989 年，院党组多次召开会议，提高干警觉悟，牢固树立敌我意识、忧患意识。更加立场坚定，旗帜鲜明地坚持四项基本原则，坚持党的基本路线，反对资产阶级自由化。由于思想政治的扎实推进，其间，检察部门在县委领导下，保证了瓮安经济社会的高度稳定，特别是学校的正常教育秩序。全院干警坚守岗位，不信谣，不传谣，自觉遵守党的纪律，始终和中共中央、县保持高度一致。是年，由于思想政治工作入脑入心，坚定了干警的原则立场，检察长陈建东拒贿 7 次，检察院饶太平拒贿 4 次，政工科长王松德拒贿 1 次，金额为 1000 元。

1990 年，整个检察院思想政治工作紧紧围绕中央指示，在开展“专项”斗争中联系瓮安实际开展思想政治工作。党组把思想政治工作的落脚点置放在全院的工作中，保证了全院工作的顺利开展，并获上级好评。1991 年，思想政治工作主要以学习马克思哲学基本观点和方法，江泽民讲话，中共十三届七中全会精神，《中国共产党七十周年》《党史党建理论学习纲要》《检察干部政治理论读本》等。全院把思想政治工作与从重、从快、快审、快捕、快结、快诉的专项斗争，积极开展社会治安综合治理结合起来，坚持以思想政治工作保证和促进办案；把办案速度、精度作为检察院思想政治工作是否到位到家的衡量尺度。如监所检察，就把思想政治工作的落脚点放在第二次全国监所检察会议的两个《细则》和一个《规程》上，看案件处理是否文明执法，是否规范执法，是否是全面实施检察，把思想政治工作落到监所检察工作的实处。

1992 年，瓮安县检察院党组把思想政治工作重心置放在学习邓小平视察南方讲话、中共十三届八中全会、中共十四大文件学习上，开展学习焦裕禄，学习先进典型的活动。对党员开展党的纪律处分七个规定的教育。全院开展签订责任状活动，调动干警积极性。1993 年，院党组组织全体干警把学习中共十四大文件和全国人大八次代表会议文件，社会主义市场经济理论作为学习重点、要点。按县委要求，开展思想、作风、纪律教育，以坚定政治立场，原则立场。

1994 年，检察院党组把学习《邓小平文选》，特别是第三卷，继续把学习中共十四届三中全会精神作为重点开展学习教育，以加强党的建设；学习《爱国主义实施纲要》，以提高全院干警爱国敬业，爱岗职守的勤政精神。对《邓小平文选》坚持做到人手一册，采取集中学，平时个人学的方法。全年共集中组织学习《邓小平文选》、中共十四大三中全会精神 42 次。并开展工作作风整顿，彻底解决懒散问题。通过学习，2 名检察干部参加电大学习，8 名干警合格完成适应性考试，11 名干警获得法律检察专业证书。

1995 年，认真贯彻江泽民“以科学的理论武装人，以正确的舆论引导人，以高尚的情操塑造人，以优秀的作品鼓舞人”的宣传工作方针，组织干警学习《邓小平文选》二、三卷，中共十四届四中、五中全会精神和《检察官法》；开展向孔繁森学习活动，进行公仆教育。以纠正个人主义、自由主义、主观主义、本位主义、官僚主义等“六种思潮”整顿机关作风。狠抓吃喝风、玩乐风、赌博风、浮夸风、说情风等“五股歪风”。把狠抓班子建设作为思想政治工作落脚点。开展“依法建院，从严治检”方针的落实，加强队伍建设，开展争创一流的活动。

1997 年，党组率领全院干警把学习中共十四届六中全会精神，加强精神文明建设，学习修订后《刑事诉讼法》，以适应新的形势，适应工作需要。保持检察队伍的新形象，自觉反腐倡廉，保持队伍纯洁性。

1997 年，思想政治工作的重心是学习邓小平建设有中国特色社会主义的理论纲要，深刻领会中国特色社会主义道路的指导性和不可动摇的遵循性。其间，组织全院干警收听收看香港回归，三峡大坝大江截流等报道。是年，县人民检察院接受县人大考评。9 月后，学习中共十五大报告，和江泽民关于《努力建设高素质的干部队伍的讲话》；学习《廉政准则》《关于严禁政法干部参与经营娱乐场所及非法经营活动提供保护的暂行规定》等。实施自检自纠，并制定相应规定和制度。

1998 年，按高检院要求部署，把思想政治工作和整顿队伍结合起来，深入学习邓小平理论，学习江泽民在中共十五大的工作报告、党章，党员领导干部廉洁从政若干准则，《中国共产党纪律处分条例》；江泽民在全国抗洪抢险总结表彰大会上的讲话，全国组织工作会上的讲话。深入开展教育整顿，使全院干警转变了执法观念，端正了执法思想，坚持做到在办案中“六个并重”“九条卡死”的办案纪律；自觉遵守中纪委的“四条禁令”，高检院的“六个严禁”。确定“依法为本，以人为本，依法建院，从严治院”的方针，为建设一支政治坚定，业务精通、作风过硬、清正廉洁、秉公执法的高素质专业化的检察队伍而努力。

1999 年，认真贯彻全国政法工作会议和全国检察长会议精神，坚持“公正执法，加强监督，依法办案，从严治检，服务大局”的方针，按照中央政法委和高检院制定的《检察工作五年规划》，积极开展讲学习，讲政治，讲正气“三讲”教育，争创“五好”检察院和优秀检察官；争创人民满意检察院和人民检察官活动。并开展首次评定检察官教育，传达中央政法委、高检院会议精神。是年，开展《刑法》《刑事诉讼法》两次考试，并取得了平均 78 分的好成绩。6 月底，思想政治工作主要以学习中央政法委和高检院加强基层检察院的精神，学习江泽民欢迎驻南斯拉夫使馆人员会上的讲话。坚定不移地执行党的基本路线，坚持改革开放，坚决保稳定，以法为本，公正执法；以人为本，从严治检，迎接新中国成立 50 周年和澳门回归。

2000 年，思想政治工作以“三讲”教育为重点，围绕“讲学习、讲政治、讲正气”三个主题，坚持理论联系实际，把学习贯穿于“三讲”教育的各个阶段。按中央政法委“四条禁令”和高检院“九条卡死”，十项纪律，六个必须，认真剖析党性、党风存在的问题，整顿检察队伍。挖根源，找对策，征求意见，接受民主测评。班子成员之间开展推心置腹的谈心活动，召开民主生活会，开展批评与自我批评。讲党性不讲关系，讲原则不讲面子，制定整改措施，巩固教育成果。

是年，瓮安县检察院紧紧抓住“三讲”契机，组建“五好”创建领导小组，开展力争创建“五好检察院”的创建活动。坚持周五学习制度，每月一次中共党员集中学习制度，把思想政治教育、职业操守教育、奉献精神教育与完善健全党风严政制度，检察院提升任职资格考试制度，岗位目标责任制度作为争创“五好检察院”的重要内容。至 12 月，经省检察院验收测评，瓮安县检察院总分达 98 分，荣获贵州省检察院授予的“五好检察院”称号。

2001 年，扎实深入开展“三个代表”重要思想教育，加强班子建设，坚持检察院中心学习组学习制度。坚持党规，民主生活和批评与自我批评制度，不断提高班子素质。是年上半年，集中时间，集中精力，深入学习“三个代表”重要思想，并进行对照检查，整改提高。开展“察民意，暖人心，解民忧，办实事”的活动。6 月后，将“三个代表”重要思想教育和开展“理想信念，纪律作风，公正执法，职业道德”四项教育结合起来。开展反特权思想、反霸道作风、端正执法思想活动，从思想上解决“为谁执法，为谁服务”的存在问题。联系干警工作实际，实施对照检查，并写出个人对照剖析材料，大大提高了干警的政治业务两个素质。

2002 年，以“三个代表”重要思想为指导，以江泽民“五·三一”讲话为重点，扎实开展纪律作风教育整顿，加强执法责任和爱岗敬业教育。从年初开始，开展纪律教育作风整顿，针对存在问题进行整改，以提高和增强全院干警服务意识，法制意识；加强法制观念，改变全院干警精神面貌。

是年，把学习贯彻《人民检察院基层建设纲要》作为开展思想政治工作的又一重点，查找基层检察建设中薄弱环节，制定实施方案明确近期目标和长远规划。以开展“四好”活动为载体，以建立学习型检察院为目标，以创建“五好检察院”为标准，争创先进检察院，争创检察工作一流队伍，大大地提高了干警的思想政治素质和业务素养。

2003 年，思想政治工作主要是学习中共十六大精神。其间，瓮安县检察院开展集中整顿和党员先进性教育活动。继续贯彻落实《人民检察院基层建设纲要》，开展创“四好班子”和“学习型检察院”活动，以加强政治学习和理论培训，岗位培训，不断提高政治素养，业务素质。是年，在《中国法制日报》发表理论性论文 1 篇，《黔南日报》发文 2 篇，贵州检察院法制宣传专栏发文 2 篇。

2004 年，以深入学习中共十六届三中全会、四中全会为思想政治工作的主要内容。深化“法制监督，维护公平正义”教育。为充分发挥党员模范先锋作用，开展“争先创优”，党员“示范岗”“示范科室”“示范窗口”活动。坚持学习制度，严格学习计划，深入学习“两个条例”，使全院干警思想政治素质提高。是年，获“全省检察机关文明接待室”称号。

2005 年，瓮安县检察院将思想政治工作落脚在“保持共产党员先进性教育活动”之中，开展“规范执法行为，促进执法公正”专项教育整顿。以增强“强化法律监督，维护公平正义”意识。

是年，深化党员模范先锋活动，充分发挥党员先锋模范作用和堡垒作用，以建立“学习型，健康型检察院”为目标，继续开展贯彻落实人民检察院基层建设纲要。其间，全院 30 名干警通过全国电子计算机考试，9 名干警参加全国司法考试离岗培训班。

2006 年，检察院将思想政治工作落脚点摆在职工思想建设和业务素质上。为提高干警素质，吐故纳新，以公平、公正、公开的方式，招考 7 名本科生进院工作。2007 年，以班子建设为统领，全面提升干警素质和管理水平。按照政治坚定，团结协作，勤政廉政，开拓创新的要求，切实抓好领导班子建设。坚持党组中心学习制度，健全机关党建生活，强化班子内部监督，提高班子成员解决自身存在问题的能力。把党风廉政建设责任制，完善重大事项和述廉述职制，廉洁从检作为思想政治工作的重点。开展“为民执法，让人民满意”教育活动，强化监督，维护公平公正。进一步发扬求真务实的工作作风，推进学习力、执行力，保持党员先进性。使班子身先士卒，率先垂范，吃苦在前等表率得到发挥和带领带动一般。是年，获全州检察系统知识竞赛二等奖。

2008 年 6 月 28 日，瓮安县城发生“打、砸、抢、烧”群体性事件。在平息事件中，面对瓮安“玉山帮”“叶八二帮”等数个数百人、上千人的黑社会罪恶团伙，检察院干警无一人成其保护伞，无一人亲属、近亲属于帮派有染，成为瓮安县检察院思想政治工作的大检验、大考核和大考查。其间，检察院党组制定《瓮安县人民检察院大学习大讨论活动方案》，坚持做到内容精心安排，时间充足保证。做到有专用笔记，阶段性学习有心得并阶段性总结。全院把思想政治工作融入全力做好“6・28”事件的专项斗争，专案组工作；融入确保奥运会期间的社会稳定。对“6・28”事件专案做到一案一领导、一案一小组；一班子稳控人员，一套防范预案，处理突发事件应急分队。是年，荣获“全省检察系统信访先进单位”称号，获省、州好评。

2009 年，以深入开展学习实践科学发展观为指导。按上级要求，全方位，全身心投入“6・28”事件检察工作，在打黑除恶检察中进一步落实执法为民，公正执法，忠于法律，严格办事，文明办案的工作作风；进一步树立“忠诚、为民、公正、廉洁”的核心价值观；牢固树立群众利益无小事的执法理念。把“打黑除恶”和职业道德结合起来，牢固树立“坚守良知，执着信念，润物无声，励志笃行”的职业道德理念。其间，开展检察长大接访，专设接访窗口接访来访群众。积极配合省、州检察院处置“6·28”事件中的一应工作，受到省、州专案组和瓮安人民好评。是年12月，郑光杰继2008年被授予“全省检察机关优秀反贪局长”称号后，再次荣立个人二等功。

图11-1 2011年1月，县检察院干部到草塘贫困山村慰问

2010年，瓮安县检察院把思想政治工作分解成可操作性、可见性、可考核性的“恪守检察职业道德，促进公正廉洁执法”为主题的实践活动。开展“忠诚践行宗旨，勤政廉政为民”宗旨教育和“反特权，反霸道作风”的专项活动，“争先创优”活动。将检察院思想政治工作和一岗双责，党风廉政教育结合起来，使检察院干警政治思想素质得到空前提高。是年12月，“3·17”专案组荣获省级集体二等功；杨仪军获“全省打黑工作先进个人”称号。

2010年，在院党组率领下，检察院干警把全院思想政治工作置放于“素质兴检工程”。坚持把思想政治工作作为“素质兴检工程”队伍建设的永恒主题。是年5月，县检察院监所检察科荣立全省检察系统集体二等功；瓮安县检察院荣获“全省五好检察院”称号；8月，县检察院法警队荣获“全省检察机关司法警察编队管理示范单位”称号；10月，荣获“全国检察机关司法警察编队管理示范单位”称号。

2012年，检察院以履行检察职能、服务大局和社会和谐稳定为主题，深入开展“忠诚、为民、公正、廉洁”为主题的政法干警核心价值观教育；开展基层组织建设年活动；政法干警“认门入户连亲”“解放思想，推动跨越”和争先创优等相关主题教育实践活动，以加强思想政治教育。联系检察院工作实际，把服务工作大局，把规范执法行为，公正执法水平，依法监督能力融于提高干警行动能力和理论素质之中，解决检察工作存在问题贯穿于活动始终。将中共十八大召开期间社会稳定作为全院思想政治工作的落脚点，以维护社会政治稳定作为重中之重，坚持二十四小时值班制。做到瓮安政治稳定，社会和谐，锻铸全院干警的忠诚责任担当。是年，瓮安县人民检察院被贵州省人民检察院授予“全省先进基层检察院”荣誉称号。人民群众满意度达98.82%，在全省88个基层检察院中名列第一。9月，瓮安县检察院法警大队出席全国司法警察编队管理工作全国经验交流大会，其经验在全国推广。

图 11-2　2012 年 11 月 8 日，全院观看胡锦涛作十八大工作报告

2013 年，检察院党组率全院干警以学习中共十八大报告、《中国共产党章程》为思想政治工作主题。紧紧围绕强化法律监督，强化自身监督，强化队伍建设为主线。始终突出“发展，民生，稳定”三大主题；把思想政治工作融入更加有效地保障经济持续健康发展；更加有效地维护社会稳定和社会管理。分三个阶段，开展深入推进解放思想大讨论活动，更加有效地推进自身建设；更加有效地将维护司法公正融入日常工作之中；落实在建设平安瓮安、法治瓮安、公平正义瓮安的建设之中。

2014 年，检察院坚持以科学发展观为统领，深入贯彻落实中共十八大、十八届三中、四中全会和中央政法工作会议精神。以深化检察改革为动力，以执法规范化标准化建设为核心，以检察文化建设为抓手，以“让党满意，让人民满意”为目标，围绕瓮安“工业强县，城镇富县，文化兴县，生态立县”，齐奔小康开展思想政治工作。做到依法履行职责，不辱使命，依法治县，坚持“老虎”“苍蝇”一起打的反腐方针；不断强化法律监督，扎实推进法治瓮安建设。以创先争优激活力，内强素质，外树形象。

是年，检察院党组遵照习近平总书记“照镜子，正衣冠，洗洗澡，治治病”的总要求，扎实推进和开展群众教育实践活动。紧扣“四风”方面存在问题，深挖思想根源，认真剖析强化整改。并针对 2013 年最高人民检察院到县人民检察院开展基层检察院抽样评估，提出的不足加以补齐。按照“全省一流，全州一流”的目标发力，在涉密网络分级保护系统验收、测评中成为黔南首家通过验收的检察院。

2015 年，全院把践行“三严三实”，加强“四风”整顿作为全院思想政治工作的重点，紧紧围绕“谋事要实，创业要实，做事要实”，开创检察工作新业绩活动。检察长、党组书记谭必刚，党组副书记邓泰华上讲堂、上党课。把坚定思想信念，坚持中国特色社会主义道路自信、理论自信、制度自信、文化自信贯穿于整个思想政治工作之中，在推动检察事业中实现人生价值。并让正风肃纪教育在“铁八条”中落地生根。整改落实 2015 年全国检察机关规范司法专项治理中补齐短板。根据 2014 年 12 月 26 日召开的全国电视电话会议精神，成立以检察长为组长、其他党组成员为副组长的规范司法行为专项整顿工作领导小组。以集中学，个人学，交心谈心，不断提高干警规范司法行为的思想水平。制定

《规范司法行为专项整治工作内容提纲》，责任到部门，明确各阶段主要工作，完成时间突出重点，集中查找不规范存在；梳理问题，剖析原因，制定整改措施，达到规范执法，让党满意，让人民满意。

2016 年，检察院党组始终把践行社会主义核心价值观，“两学一做”“立检为公，执法为民”的检察宗旨作主题；以“尚法、厚德、惟民、笃行”的瓮安县检察院院训作思想政治建设的落脚点，强化“素质强检，业务强检，文化立检”的思想政治意识。以思想政治工作推动“宗旨”“院训”的落实和开拓创新，使之上下一心，团结协作，努力拼搏。以党建带科建，党建促队建；以规范司法为主线，履行检察职能；以创新机制，促进司法公正。2016 年 5 月 16 日，在全国检察机关队伍建设工作会议暨第六届先进基层检察院表彰大会上，瓮安县人民检察院被最高人民检察院授予“全国先进基层检察院”荣誉称号。

第二节　干部教育管理建设

干部教育管理是实现培养合格人才的重要途径，干部是实现各项工作的决定性因素。自瓮安县人民检察院建立以来，对干部的管理、任免、教育，根据不同的历史时期，曾有几次不同的管理方法和模式。

自 1952 年 8 月建立瓮安县人民检察署后，一直与县公安局合署办公，直至 1955 年 6 月瓮安县人民检察院建立行使检察权。该时期，正处解放之初，鉴于瓮安解放之初起义部队反叛和匪患的影响，其根本任务是剿匪、清匪、反霸、土地改革、对私改造。其间，检察院所配干部从检察署长到工作员，均为解放瓮安留任的各个级别的干部。检察长、副检察长的任职，由县委直接任命，一般干部的调配由县委组织部主管。

1956 年，对检察干部的职别，最高人民检察院 1956 年《关于人民检察院办公机构设置和人员配备的意见》规定，县人民检察院的检察长由县级干部担任；检察员由区级干部担任；其余为一般干部。

1956—1975 年，干部管理仍保持建院之初，检察长、副检察长仍由县委任命，一般干部由县委组织部管理调进、调出。干部的政治、业务教育培训，跟着运动转，跟着形势转。这一时期的干部教育主要以忠于马克思列宁主义，毛泽东思想为主题，以“阶级斗争为纲”为主线；反对资本主义，反对资产阶级思想，为干部教育的落脚点。干部教育只能学习上级规定的文件，上级的指示，《人民日报》《红旗杂志》有名的社论和文章，着重于政治。

1967 年“文化大革命”至 1975 年检察院撤销，检察院领导相继被打成“走资派”被夺权，其间，干部管理隶属于瓮安县革命委员会政法保卫领导小组，打破了过去检察干部教育管理模式。检察院撤销后，其原检察干部由革命委员会安排调派。

1978 年 8 月，瓮安县人民检察院恢复重建，定编 18 人，而实际配置检察长 1 人，计干警 5 人。随工作需要逐年增加，但多从企事业单位调入。这一时期，干部教育仍以学文件、读报纸、学讲话为主，相伴运动的开展而变化。干部管理按职级仍由县委和组织部管理。

1979 年，《中共中央关于坚决保证刑法、刑事诉讼法切实实施指示》（中发〔1979〕64 号）文件对地方各级检察院的检察长应由县级干部担任，检察员由区（科）级干部担任。实际上，检察长仍享受区（科）级待遇，检察院以下干部为一般干部，均由县委组织部管理。

1980 年 4 月，县人大常委会设立。检察长必通过人民代表大会选举后由人大常委会任命。副检察长、检察委员会委员、检察员均由人大常委会任命。实行县委、人大双重管理。1981 年，检察干警增至 28 人。

1985 年，《中共中央办公厅关于加强地方各级法院、检察院干部配备的通知》（中办发〔1985〕47 号）文件对地方各级人民检察院的检察长、检察员配备规格明确规定之后，1986 年，瓮安县人民检察院检察长明确为副县级，按县级干部管理。1988 年，根据中央组织部和最高人民检察院《地方各级人民检察院副检察长、助理检察员、书记员和各级检察业务处科领导干部的职级配备意见》，一并落实《中共中央办公厅关于加强地方各级法院、检察院干部配备的通知》（中办发〔1985〕47 号）文件规定。其干部教育仍由县委组织部根据上级组织部安排，对口派员参加短期学习和培训。而干部管理除检察长为双重管理外，其他干警由组织部调整配备。

相随机构改革，干部教育管理朝知识化、专业化、年轻化、革命化转变。2001 年，组建政工科，成为干部教育的专门内设机构。2005 年，除副检察长明确为正科级干部外，反渎职侵权局局长仍配置正科级干部；2009 年 2 月，县委决定内设科室主要 10 名负责人按正科级或副科级干部进行任免管理，其编制干警增加到 55 名。2010 年，检察院 50 名干警中研究生学历 6 人、大学本科 29 人，一般干警均为大专学历。

自 1978 年检察恢复后至 1988 年，县人民检察院以改革开放，解放思想，拨乱反正，实践是检验真理标准，反对资产阶级自由化，坚持四项基本原则的教育为主，开创各条战线新局面。

1991—2003 年，干部教育以学习邓小平同志视察南方讲话，“一个中心，两个基本点”，邓小平“三个有利于”、《邓小平文选》；江泽民“讲政治，讲正气，讲学习”和“三个代表”思想为中心，为主线，为指导思想，提高干警的思想觉悟。

2003—2013 年，以学习中共十六大、十七大报告，继续学习邓小平理论，江泽民“三个代表”思想，胡锦涛科学发展观，整顿党风，反腐倡廉，深入改革开放作为干部教育的主题主线。2005 年，联系学习邓小平理论，江泽民“三个代表”思想，把落实《检察官法》《干部选拔任用条例》贯穿于干部教育管理全过程。向县委和组织部门推荐正科级后备干部 2 名、副科级后备干部 3 名、副检察长 1 名、反贪局局长 1 名，并对 4 名干部提出交流交换建议。为全院干部管理教育，选拔任用做了较好的基础工作。2010 年，检察院党组经对 10 名内设科室主要负责人的推荐、考察、公示，均被任命任职。使干部思想政治素质，理论素质得以加固，按规定为干部后备力量提供人员保障。

2012 年，为加强干部教育管理，结合创建“五好检察院”活动，院党组制定院党组中心学习小组的学习制度和学习计划，集中学习达 24 次。并制定干部管理教育的 8 个规章，两种制度。特别是对财务方面干部的教育管理，并相应实行财务报销联签制。

2013 年后，主要以中共十八大，十八届三中、四中、五中、六中全会精神，整顿党风、政风。反腐倡廉、反对“四风”、落实“八项规定”，坚持“四个自信”为干部教育的基石，使干部真正成为人民的公仆，立党为公，执政为民，践行党的路线宗旨。

第三节 队伍业务素质建设

检察院成立之初，业务跟着运动转。因文化程度普遍偏低，业务生疏，经验缺乏。但面对当时形势，偏重于政治挂帅的政治学习，没有系统的业务培训。即使短期的业务学习，也相对少之又少。直至20世纪60年代，只能组织干警在上级指示，文件精神的前提下，结合工作实际，边干边学，提高业务能力。

20世纪60年代，即“文化大革命”前，也曾一度坚持政治学习，业务学习对等时间的学习制度。该制度虽坚持时间不长，使干警在业务学习中认识到自己不足，认知政治与业务间的关系，业务能力有所提高，工作上也收到一定的效果。

一、业务学历提升建设

1978年检察机关重建后，全院干警5人中仅2名领导从事过政法工作。1980年，随人员陆续调入，干警增至23人，1981年增至28人。整个检察院干警平均文化水平只达初中，高中学历凤毛麟角，无法学专业毕业的专科生、本科生。针对调入干警多为事业、企业单位人员，队伍成分新，业务生疏，文化程度普遍不高的具体情况，该时期，业务学习重点围绕全国第五次人大第二次会议通过的7个法律。其中把学习《刑法》《刑事诉讼法》作为重中之重。其间，联系实际，以干促学，以学促干作为提高人员业务素质的主要途径。综合办案，施行人人阅卷，个个交流，提审报告，实地复核，集体讨论，通过办案提高全院干警业务水平和实际执法操作能力。

1981—1988年，为提高干警业务素质，瓮安县人民检察院立足本质，把业务建设置放在依靠平时自己学、单位集中组织学、上级集训、轮训专门学等方法作为提高业务能力和业务水平的主要途径。

伴随中共中央提出干部“四化”要求，检察院把“四化”中的“专业化”作为队伍建设的大事抓紧抓好。针对检察院干警学历普遍偏低的实际，把组织干警提升学历当作首当其冲的大事，把不离岗，又提升学历，学习不离法学专业作为打造过硬检察队伍能力提升的主要措施。仅1988—1989年，先后就有8名干警就读于西南政法大学、中央广播电视大学、贵州广播电视大学的函授学习和自考学习。实现了工作、学习两不误，取得了法学专业本科学历。

进入20世纪90年代，直至21世纪初，伴随改革开放的不断深入，检察院机构改革中专业化学历要求，依法治国的不断推进，给检察干警提出了新的挑战，同时也为干警提高业务能力提供了机遇。为适应工作需要，检察院不少干警朝专科、本科双文凭迈进。在不耽误工作的情况下做到有效学习，全院有22名干警函授就读于西南政法大学，中央广播电视大学，中央检察官学院，贵州广播电视大学，贵州省委党校，经九年学习，先后均获法学本科文凭。短短几年，其提升学历人数占时有编制50人的44%；加上1988年、1989年提升学历干警，占全院干警总人数的60%，全院干警基本实现人人学历本科化，实现了检察队伍学历专业化。

二、专业化、职业化队伍建设

进入21世纪，伴随法治中国建设、依法治国的深入开展，法治文明的推进，根据最高人民检察院、贵州省人民检察院的指示，瓮安县检察院把队伍专业化、标准化、规范化、信息化队伍建设作为锻造让党放心，让人民满意的队伍进行打造。

为实现队伍专业化、职业化、标准化、执法规范化、工作办案信息化，瓮安县检察院加大资金投入，坚持理论联系实际，把队伍业务建设摆在极为重要的位置，做到培训有计划，业务考核有指标，对外学习轮训有安排。2005 年，结合创建《干部选拔任用条例》，为培养大批合格的检察官，在资金紧缺条件下，全院挤出资金 6 万元，帮助 9 名干警参加全国司法考试教育培训，30 名干警通过全国电子计算机考试；其间，通过公开招考，吸收 7 名法律专业本科生入院工作。2007 年，全院又有 8 名干警参加全国统一司法考试。2008 年，为使参加全国司法统一考试常态化、制度化，院党组又制定了《瓮安县人民检察院大学习，大讨论活动方案》，做到学习内容精要、学习时间充足、学习有专用笔记，学习有学习心得和阶段总结。把大学习、大讨论和业务培训相结合，圆满地完成瓮安“6・28”事件的处置，确保百年奥运会在中国举行的政治、社会稳定。

2010 年，全院把队伍专业化、职业化、规范化业务素质教育提高融于“恪守检察职业道德，促进公正廉洁执法”的主题活动和“忠诚践行宗旨，勤政为民”“反特权思想，反霸道作风”的“专项治理”之中。开展岗位练兵，参加培训、集训。共争取到 13 万元资金，组织干警 70 人次赴最高人民检察院、西南政法大学、省检察官培训中心参加检察工作各岗位技能和专业培训。为适应一岗双责工作需要，再利用 1 万余元，根据内设各部门需要，相继又派出 30 余名干警赴其他检察院参观、考察和学习。相互进行交流，补齐自身短板。是年，6 名干警参加全国司法考试，均获好成绩。其间，为提高破获新形势下商业贿赂犯罪的能力，自侦部门干警通过视频会议，直赴西南政法大学短期培训，以更新知识，提高业务水平。

继 2011 年荣获全省先进检察院称号后，2012 年，实现检察队伍专业化、职业化、执法规范化，又拿出 15 万元，再组织 13 名干警参加全国司法考试，相继组织全院干警参加人事部门、组织部门、上级各级检察院各类培训 22 次，445 人次；参加修改后的《刑事诉讼法》《人民检察院刑事诉讼法规则（试行）》培训 50 余次，达 1400 人次。经不断努力，至 2012 年年底，罗松、马佳、秦启安、王意、吴洪富、向梅、杨仪军、赵金领、赵英宪、范金秀等均获国家司法考试 C 证，孙绍琪获 A 证，为瓮安县人民检察院队伍专业化、职业化、办案网络化，执法规范化奠定了扎实的基础。

2013 年，为锻造检察队伍内强素质，外树形象，提高工作效率，把瓮安县检察院打造成学习型检察院，开展“晚八点”读书活动。学习活动紧紧围绕中共十八大精神，法律知识为主要内容，针对检察院干警感兴趣的课题，组织干警在学习中交流互动。为有效推动“晚八点”读书活动，相应制作一期学习中共十八大精神、全国两会报告；二期学习《十八大报告辅导读本》；三期学习《中国新政》；四期学习《法的时代精神》；五期学习《行政法律适用全书》；六期学习《高效能人士的七个习惯》的内容和书目。其间，邀请专家、学者组织学习讲座，以培养干警健康的生活情趣与热爱学习的良好风尚。利用读书达到内强素质，外树形象的目的。

图 11-3　2013 年 2 月 5 日瓮安县反腐倡廉警示教育基地开馆仪式

2014 年，在继续开展“创建学习型检察院，争当学习型检察官”活动中，认真制定培训计划，开展岗位练兵，以提升干警综合业务能力。是年，共选派干警赴复旦大学、浙江大学、清华大学、国家检察官学院、省检察官培训中心等地参加各类教育培训 40 余人次。招录青年干警 7 人，调入青年优秀干警 1 人。抓班子，带队伍，为干警素质提高提供强有力的组织保障。2015 年，检察院把提高干警素质专业化、职业化，规范化和党风廉政建设突出问题的专项治理与“三严三实”专题教育活动结合起来。结合岗位练兵要求，以规范司法行为为讲堂，检察长、副检察长、科长上讲堂活动为载体，先后请专家、学者授课 3 次，举办检察业务培训 3 次，检察长上党课 3 次。其间，还邀请人大代表、政协委员、律师代表、人民监督员、专家咨询委员会参加检察开放日活动，律师代表座谈会，政法工作座谈会等，进一步使队伍向专业化、职业化、执法规范化目标前进。

2016 年，为提高全员干警素质建设，关键抓住以加强党建带队建，以党建促队建。充分利用瓮安红色文化资源，重温党的誓词，重走红军长征路，参观长征时期政治局猴场会议遗址，1933 年牺牲的革命先驱冷少农故居，道德讲坛等活动提高思想道德修养、文化素养，提升凝聚力和向心力。

第四节　法治建设理论探讨

瓮安县检察院干警随业务素养的提高，“4+1”队伍建设的锻炼，将实践的收获上升为法治社会治理，规范执法过程中理论研究和探讨，蔚然成风，并成为瓮安县检察院各部门工作的集群理论果实。

为建设检察廉洁队伍，吴洪富、向梅、陈军、陈绍斌等结合廉政建设实际，把工作实践与理论研讨，写出了《加强廉政文化建设，助推检察事业发展》《检察机关廉政文化与中国梦》《检察文化助推检察队伍建设》等论文。李丹、周天京结合古今反贪肃纪写作了《〈唐律〉肃贪的启示》，以古鉴贪，阐述廉政、勤政在治理国家中的作用与警示启示。

通过办案实践，反渎职工作的具体实际，蔡帅燃、商涛章、陈绍斌、蔡卓君等撰写《认定名

“借”实贿形态受贿罪之浅见》《渎职侵权案件侦查中如何建设和运用检察文化》《浅谈渎职犯罪线索发现难的思考与对策》《反渎职工作适应新刑事诉讼法的对策研究》，陈绍斌。易延庆撰写《浅析贪污罪》，孙绍琪又撰文论述《浅析行贿犯罪的危害及预防建议》等具有探索和前瞻性论文。并联系检察院信访来访的新常态，面对涉检老上访户成为信访焦点的难题，结合实践和遇到的问题，胡民以“知己知彼”“多套方案”“真诚沟通”“善于倾听”“分清角色”“抓住本质”等观点撰写《巧用谈判技巧，处理涉检信访案件》的论文；对全国全省所布置的信访调研课题，杨嗣春、邓琴、陈军分别撰写《涉检信访听证制度研究》和《检察机关涉检上访信访工作首问责任制研究》。文章从实际上升为理论，且具有政策性、法律法规性、可操作性和指导性。

对侦查机关的监督是检察职责的一项重要任务，也是执法规范化，队伍建设专业化、职业化的重要环节。经实践，谭必刚、范金秀、黄立望 3 人以侦查机关听取检察机关意见难、建议难；分析侦查机关听取检察机关意见建议难的原因；构建侦查机关听取检察机关意见建议制度的作用；构建侦查机关听取检察机关意见建议制度的对策等方面撰写《构建重大、疑难案件侦查机关听取检察机关意见建议制度问题及对策》的论文。

特别是 2013 年后，随检察干警学历和文化素质的提高，“4+1”工程给瓮安检察队伍搭建了发挥研究探讨平台，面对检察院涉及工作，陈发军、范金秀共同撰写《审查逮捕环节引入被害人过错情节的根据和功用》；赵英宪撰写《浅析我国非法证据排除规则不足及完善》；针对检察院公诉，罗松以“追诉权，法律监督，诉讼部门”为关键词条撰写《检察机关诉讼职能与诉讼监督适当分离探析》的论文和胡民《试论检察机关诉讼职能和诉讼监督职能的配合与制约》辨析文章。牟涛、杨晓凤以“量刑建议的概念、特征；量刑建议的法律依据；实行量刑建议的意义，实施量刑建议发现和存在问题；如何完善量刑建议制度”为论点，撰写《量刑制度探讨》；针对监所监督，马佳立足监管人权的保护，撰写《看守所被监管人员的人权保障与检察监督》；商涛章撰写《瓮安监狱在监管活动中存在问题的预防调查》报告。吴洪富以“新刑诉法，尊重和保障人权”为论文关键词条，撰写《浅谈检察机关实施新刑法中尊重和保障人权》。

在打造检察队伍专业化、职业化、规范化建设中，罗松、陈绍斌、陈发军、赵金领、安西等撰写《基层院检察委员会制度分析探讨》《基层检察院构建侦防一体化机制的几点思考》《浅谈基层检察院司法警察工作规划建设》《浅谈基层检察院机关十二五时期发展建议及对策》等文章。范金秀、肖立宪以双潭区“六个延伸”工作为例，撰写《基层检察院“解决群众最后一公里”的路径探讨》。面对后勤保障，从理论上探索检察院保障之路，孙绍琪、岑小慧、冉孟婕分别撰写《浅谈如何做好基层检察院车辆管理工作》《如何做好检察机关后勤保障工作》《新刑诉下检察经费保障机制浅析》。

伴随经济发展，民事案件与日俱增，为适应这一新的监督工作，检察院干警不断将经验与教训上升为理论。赵英宪撰写《检察机关对民事执行开展检察监督的构想》，面对管理创新，社会治安综合治理，针对影响瓮安社会治安最大隐患赌博，检察院干警肖立宪、罗松、杨仪军分别撰写《浅析检察机关如何参与社会管理创新》《浅议检察机关参与社会管理创新的途径与实现方式》等文章；陈发军、范金秀以检察工作的视点，撰写《瓮安县农村赌博问题调查报告》。

2008 年 6 月 28 日，瓮安发生群体性“打、砸、抢、烧”事件，面对 104 个未成年人的处置，经对保护未成年人相关法律，《刑法》《刑事诉讼法》有关条款规定，反复学习和探讨，瓮安县人民检察院作出未成年人轻罪犯罪消除（2012年修改后的《刑事诉讼法》改为“封存”制度），面对未成年人的犯罪，本着“教育、感化、挽救”的方针，“教育为主，惩罚为辅”的原则，瓮安县检察院进行积极探索，通过实践，将如何处置未成年人犯罪联系瓮安“6·28”事件，在处理、审理案件中加深法律理解，在实践中总结和找出带普遍性的规律，并上升为具有指导性、可操作性理论。谭必刚、赵金领撰写《多措并举，全方位维护未成年人合法权益》；赵金领、陈绍斌、杨仪军撰写《瓮安县院加强我县未成年人帮教工作成就及措施》，蔡帅燃撰写《我县未成年人刑事检察工作情况分析》，杨嗣春、范金秀撰写《当前在校学生刑事犯罪浅析》，赵金领撰写《关于实施未成年人轻罪犯罪记录消除的主要做法》等具有指导性的文章。

相随检察院软硬件实力的提高，实现全院各项工作网络管理。检察院干警面对一键知天下、通天下，邪说、正理、正能量、负能量，甚至是造谣生事无中生有等各种舆情齐奔而至的网络平台，为保障检察舆论在依法治国，法治社会中的引领作用，舆情监督成为先进科技在运用中的新课题。伴随“4+1”工程的推进，李孝春撰写《涉检网络舆情的应对及引导机制分析》，陈德元撰写《如何加强和完善检察机关涉密计算机和涉密网络管理》，赵英宪《检察环节对电子数据审查探析》等文章，多层面、多角度探索这一全新工作领域的做法研讨，以保障平台的正常运行。

第五节 发挥群团组织作用

自1978年恢复建院后，瓮安县人民检察院相继在党组领导下组建院工会、团支部、院文联。

2011年前，检察院下辖党支部和各种群团组织除党支部坚持党组织“三会一课”制度，发展新党员的正常活动外，其他群体组织开展活动极少。

自2010年起，检察院在创建“五好检察院”和相继开展的“4+1”工程队伍打造活动中，充分发挥各种群团组织工能，并作为队伍专业化、职业化、标准化，干警身心健康的锻造平台。

2011年7月，检察院进行第六届工会选举，重新组织有63名干警参加的检察院工会。2012年春节，工会组织登山活动；龙年春节联谊联欢歌舞比赛。是年，结合检察工作的开展，为活跃干警生活又分别举办“职工之家”“百名职工大练兵”的公诉法律文书评选、侦查逮捕意见文书评选、法警业务技能训练等活动。2013年，以立足家乡红军四过瓮安、千年古邑、秀美河山为主题，开展“爱家乡，爱自然，爱工作”，设奖70个，人人有节目，个个上舞台的春节联欢文艺晚会；相继于2月又开展才艺展示、征联评选、卡拉OK比赛；8月，举行“中国情，黔南情，检察情”演唱比赛；9月，举行“中国情，黔南情，检察情”演讲比赛；是年，工会以学习红军长征精神为主线，又开展“重走长征路，探索古邑韵”等愉悦干警身心的活动。2014年，检察院工会开展“践行群众路线，弘扬劳模精神”的主题活动。为活跃干警生活，陶冶情操，于4月，在国家级森林公园朱家山开展登山活动。

2012年8月，检察院选举产生新的妇联，面对检察院“4+1”工程打造检察队伍的大趋势和大环境，检察院妇联组织发挥了自己应发挥的作用。2013年，全院16名女干警分别到昆明、省内检察官培训中心、县内会展中心、培训中心、新刑法培训班等地方进行业务学习和培训。2013 年，组织全院妇女元旦登山活动、“三八”妇女维权活动，参加昆明、苍山、大理的“观光度‘三八’”活动，并开展了每个家庭有 3 名成员参加的“我爱我家，共建和谐”的家庭共乐、全院齐欢活动。是年 6 月，检察院妇联至平定营小学开展“六一”儿童节慰问活动；相继到草塘希望中学、天文中学、小河山中学开展送法制进校园；其间，还举行“放飞梦想、抒检察情怀、朝气蓬勃、兴文化育检”演讲比赛。2014 年，再度举行登山活动、“三八”上街开展普法宣传。

随着贯彻中共十八大精神的深入，2013 年，检察院团支部重新组建班子，联系实际，制定 11 条 34 款管理制度和优秀团员、团干部评选标准。继 2011 年、2012 年学习雷锋活动的基础上，认真学习党章、团章，在全院组织文体活动，法制进校园活动不脱节。2013 年，在推进“4+1”工程建设中，3 月举办“为青山增绿色，给党旗添光辉”植树造林活动，共植桃树、梨树 5000 余株；4 月，再次举办“追寻火红岁月，缅怀革命先烈”活动，组织参观猴场会议纪念馆、冷少农烈士故居，树立为革命献身精神；相继又开展“让青春在赛场上飞扬，让友谊在竞技中深化”的篮球、足球比赛；继续开展法制进校园活动；进行“预防和减少青少年违法犯罪”知识讲座。2015 年、2016 年，开展书画迎新、赠送春联下农村、下基层，贺新春等活动。

第十二章　检察文化

进入21世纪，瓮安县检察院高度重视检察文化建设，把检察文化作为精神文明和法治文化创建的重要内容加以打造。不断加强检察文化的软实力和硬实力，即坚持中共十八大提出的文化自信，把握先进文化的政治方向；坚持实施《人民检察院基层建设纲要》，把提高业务素质和能力作为永久性战略，适应检察工作在新形势下的工作需要；加强现代科技设备设施的硬实力建设；始终把握、坚持人民群众满意的根本宗旨；忠于宪法，恪尽职守，崇德尚法，造就一支忠诚可靠、执法为民、务实进取、公正廉洁的检察队伍。

第一节　检察文化的目标及构想

检察文化的目标：努力建设一个善于领导检察事业，坚持理论自信、道路自信、制度自信、文化自信的领导班子；造就一支政治可靠、业务精湛、律己廉洁的检察队伍；造就一个和谐欢愉、健康快乐、育人励志、情操陶冶、催人奋进的良好氛围，为检察事业的科学发展提供智力支撑。

一、具体目标

瓮安县人民检察院为实现检察文化的目标及架构，将目标细化，逐一落实，即约束检察队伍的举止行动。从检察效能入手，建立全岗位目标机制、选人用人机制、检察人员分类管理机制，业务工作运行和案件管理流程机构，并在实践过程中建立健全，加以完善，形成相配套的实施细则。用制度约束人，规章管理人，调动干警积极性、能动性，推动检察工作的科学、规范、有序管理。

加强政治文化建设，提高检察队伍的凝聚力、向心力、战斗力。立足“立检为公，执法为民”的执法理念，与时俱进，坚持严管重教相结合原则。通过严密的思想政治工作，严格的办案程序引导干警公正执法，文明办案。尊重干警的主人翁地位。同时，加强和延伸八小时以外的管理，树立拼搏、积极、恪守的瓮安检察精神，把检察院文化建设的基本理念融入干警的思想行动中。

加强文化建设，提高干警个体学习能力，提高检察团队竞争力，推动检察院工作创新发展。并通过铸造“学习型检察院”的系列活动，营造学习氛围，搭建利于干警学习的平台，使学习成为干警成长的自觉行为。读好一本书，看好一部电影，听好一次讲座，写好一篇心得，著作一篇论文。定期或不定期走出去，请进来，更新知识，岗位练兵，组织经验交流，培养专业人才和复合型人才。

加强科技文化建设，走科技强检之路，向科技要效率。以高科技手段协助办案，全程音像犯罪实物记录，以说服犯罪嫌疑人，说服干警执法，使之办案过程科学化、规范化。并根据工作要求，增强硬件设施、设备打造。依靠多媒体示证系统，办公自动化资源，网上知识查询，交流互动资源，提高办案、学习等工作科技含量。

加强党建文化建设，发挥党组织基层堡垒作用，党员先锋模范作用。把党建文化理念融入对党员的教育管理之中。充分利用瓮安的红色文化资源，长征精神，两个全国爱国主义教育基地；厚重的人文资源，架构党员心中的理论自信，文化自信宗旨意识，艰苦奋斗，“三个超越”的长征精神。忠于人民，廉洁勤政，以党建文化促院建文化的新格局。

二、保障措施

瓮安县检察院开展“4+1”工程以来，为保证检察文化的顺利开展，收获成效，制定保障措施：塔尖是院党组、检委会。把检察文化建设纳入党组和检委会重要工作目标，院党组、检委会分别有人分管、主管，岗位责任到人。塔身是检察院各部门中层领导，是形成落实检查文化的关键。塔基是全体干警，是检察文化建设的基础和根本保证，基固则塔稳。手段是博学、穷理、愉悦、健康、中外典籍、诗书影画，以文化人，陶冶情操。

院党组和检委会为推动检察文化建设，首先找准了在组织上实施综合管理，能使广大干警积极参与，实现检察文化建设的互动机制，取长补短机制。院党组、检委会统一制定文化建设方向；其次，机关党委、政工科、办公室、各群团组织分工负责，相互协调，各有侧重，形成合力，把检察文化建设落到实处，有长期、阶段的保障措施和计划。

第二节　瓮安检察文化宣言

瓮安县检察院把树立瓮安检察官崇高理想，高尚品德情操，人格魅力，职业形象，作为奋斗目标。通过检察文化建设，凝聚检察团队合力，提升检察软实力，激励检察官践行法律赋予职责，促进检察工作科学发展、革命化、专业化、职业化的理想而努力，架构瓮安检察文化宣言。

一、院训

尚法　厚德　惟民　笃行

二、职务使命

恪尽职守，以规范的检察行为创造公平、公正、和谐的法制社会局面。

崇法厚德，用良好的职业操守赢得国家、社会真诚的拥戴和信任。

三、检察官核心价值观

崇尚法律监督　维护公平正义

四、职业道德

尚法　勤政　清廉　公正　文明

五、理念体系

（一）检察基本理念

崇德尚法　以人为本　为国是忠　保障人权　惩罪肃贪

公平公正　增进和谐

（二）规范化建设理念

文化育检　素质兴检　科技强检　管理促检

（三）生活工作理念

风清气正　健康生活　昂扬奋进　愉快生活

（四）职业道德建设理念

发扬长征精神　见贤思齐　磨砺自坚　良知良心

执着信念　知行合一　笃行务实

六、建设模式

实践先行　理念引领　内修外塑　氛围气象　诗书影画

歌舞球争　龙腾虎跃

七、建设机制

党组主导　检察长主责　检委会辅佐　政工科主抓

部门主角　干警主体

第三节　检察文化的建设与实践

瓮安县检察院文化建设起步于高检院提出文化育检之后。当初虽有检察文化建设的初步思考、探索与实践，而对真正的内涵、意义理解不深，推进力度不大。

2008 年“6·28”事件使瓮安县检察院党组、全院干警受到极大触动。针对有的党政官员、公安干警充当黑社会保护伞，党规党纪、法治系统的形象遭受挑战和不良影响的残酷现实，院党组达成了在开展传统思想政治工作优势的同时，立足工作实际，适应时代要求，以打造检察文化作为提高检察干警业务素质、心智状态、个人品德操守为工作重心的共识。

一是抓紧文化硬实力这一载体，在“两房”建设中实现现代办公、办案电子网络化，办公无纸化，政治法律咨询电脑化；开辟文艺体育活动场地，健身活动场所。并申请资金新建城北七星桥占地 15 亩的新检察院。

二是利用瓮安红色资源，发扬红军长征精神，凡清明祭扫、“七一”建党节、猴场会议纪念日都分别组织职工到猴场会议会址、红军强渡乌江战斗遗址、东集团铁壁合围剿匪指挥部、瓮安烈士陵园、冷少农烈士故居扫墓、瞻仰、座谈。重走长征路，踏勘红军在瓮安战斗遗址，继红励志。

图 12-1　2011 年 7 月 19 日，举行“强化法律监督唱响红色瓮安”红歌会

三是办好一个刊物，形成检察文化的思想、工作、理论研讨、文学艺术的有形文化积淀。自 2012 年创刊来，计出版刊印 12 期，刊载理论研讨、工作研究、重大信息、读书心得、文艺作品各种文章近 800 余篇，书画摄影作品 200 余幅。以文化育人、以文育检。

四是继承传统，办好一次讲座；读懂、破卷一本好书；形势逼学，工作促学。自 2012 年来，检察院党组始终把中国历史长河中平冤断狱，不畏权贵，义薄云天的“三公”、提刑宋慈精神铸造全院干警的操守名节。学关公义薄云天，做有情有义之人；学包公执法如山，不畏权贵，作为民做主的良相好官；学济公，智慧斗奸，心系善良，做泾渭分明的人；学宋慈，深研业务，科学检察，做有办案经验智慧的人，弘扬法治传统，见贤思齐。

办好学术讲座以提高全院干警专一、专业知识认知水平。进入某个领域深层次研究，补齐短板，开启研究闸门。开展道德讲堂、法律讲座、党建讲座 10 余次，外请专家学者、内由领导上课，做到讲座有专题，讲堂有讲义，提高专业素养，文化修养，人格修为。

读好一本书，做到破卷读懂。自 2014 年后，瓮安县检察院把读好一本书作为检察文化打造的常态进行。并以文件形式分阶段，保时间，有专门笔记，上交读书心得，实行同读一本，读书心得征文竞赛，2014 年分别评选出读书心得文章一、二、三等奖 9 名。培养学习兴趣，提高写作能力，文学化育功能。

按队伍职业化、责任化、标准化需要，形成倒逼机制，促进学习。要求：电脑人手一台，必须会使用，会操作，考试必须过关；检察官司法考试必须过关，非过关者必考，过关者按司法考试等级升级。以倒逼促学，至 2016 年，全院干警人人电脑操作过关，11 人获司法考试 C 证，1 人获 A 证。

五是发挥群团组织在检察文化建设中的各自优势，推动、促进检察院干警身心健康，形成龙腾虎跃、蓬勃向上的新局面。

图 12-2　2012 年 5 月 22 日，检察长杨嗣春参与女职工“读一本好书”活动

2014 年，根据《中共中央关于繁荣发展社会主义文艺的意见》和省检察院相关精神，组建瓮安县人民检察院文学艺术联合会，下辖书画、音乐舞蹈、摄影、文学创作者 4 个协会。自创建以来，始终履行“团结引导，联络协调，服务管理，自律维权”的责任；坚持“二为”方向和“双百”方针；积极践行“爱国、为民、崇德、尚义”的核心价值观，将文艺工作爱好价值观融入瓮安检察干警“崇尚法律监督，维护公平正义”的价值观之中，发挥文学艺术在铸造检察文化中的独特作用和功能。通过源于生活，高于生活的再创作，再创造，弘扬“真、善、美”的美学价值，人类灵魂工程师价值，取得了较好成绩。

检察院文联建立后，计创作诗、词、联计 100 余首（幅）；散文 30 余篇；演讲比赛文章 20 余篇；自办软硬笔、钢笔画、国画书法展 2 次；书法作品 50 幅，画类 30 余幅，摄影作品 200 余幅。参加省、州、县书法展 50 人次；全国、省、州、县摄影展 30 余人次。省书法协会会员邓泰华软笔书法获贵州省检察官文学艺术联合会、贵州省人民检察院工会委员会 2015 年举办文艺作品展三等奖，汪开才《红色家园》摄影作品获一等奖；商涛章硬笔行书获优秀奖，《风景》水墨画获优秀奖，张富强《劳动光荣》摄影作品获优秀奖，《风景》钢笔画获优秀奖，王强软笔书法获优秀奖。瓮安摄影家协会副主席兼秘书长、黔南州摄影家协会会员、省摄影协会会员汪开才更是成绩斐然。

2013 年 6 月，《灵蛇贺岁》《别有洞天》获中国摄影家协会“和美瓮安，生态家园”全国摄影大展优秀作品奖。2015 年 8 月，《建设中的桥》《洞天山水》《运动旋律》获中摄协第二届“和美瓮安，生态家园”全国摄影大展优秀作品奖。2014 年 8 月，《祥龙吐瑞》获《中摄协报》“走进瓮安”影友擂台赛三等奖。2013 年 12 月、2014 年 1 月，分别在《中国摄影报》发表《瓮安草塘，千年古邑》文章及 3 幅作品；《瓮安好戏过大年》文章及摄影图片 3 幅。

瓮安检察文联的成立，造就了一批书法家、画家、摄影家检察官，又是检察官书法家、画家、摄影家。

建立检察文化教育基地，集中展示廉政文化的重要思想，光辉历程。以正面反面典型，禁令、政令要求，以生动、鲜活直观的事例，发挥引导和警示作用。建立检察文化景观，形成浓厚的文化氛围。于进门大厅，设置可移动座式红底金字雕刻的《瓮安县检察院赋》，瓮安县检察院“尚法、厚德、惟民、笃行”的检训，采用木质大屏，给人以肃穆、庄严、典雅之威。利用有效空间，精心设计打造文化走廊。把警示箴言，检察格言，执法名句，家乡美丽风光，传统节庆，有意义活动，利用书法、摄影作品成镜框，各种颇具艺术美感装饰，形成充满文化艺术的风景线。发挥环节育人，潜移默化，发挥以文化人、以文育检的作用。

图 12-3　2014 年 2 月 28 日，检察院工会举办迎春晚会现场

办好检察院陈列馆，以时间固定瓮安县检察院建立来所走过的艰难历程。把一代代检察人办公办案、徽章、服饰、奖牌、勋功、领导人物、获最高检察荣誉人物，功勋人物一一以实物，遗留影像展现出来，读自己发展史而知中华人民共和国成立之初，受命之维艰；读发展史中检察断代无痕，“文化大革命”遭受冲击，撤销之沧桑；检察院重建后如今可观的历史积淀，以厚重的文化展示励人励志，不忘初心。

瓮安县检察院在创建检察文化中，为使检察文化落地生根，把开展丰富多彩的文体活动；推进家庭文明建设和检察文化的相向互动结合起来。以“三八节”妇女爬山比赛，歌咏比赛，春节一家三口“全家福”春节联欢；青年节歌舞比赛，征文比赛，演讲比赛，篮球、乒乓球比赛，建党节组织多形式活动，诸如《我的检察梦》《读好一本书》，2013—2016 年，逢节必赛，点燃干警健康生活，快乐工作的激情；建设、打造更多的文明家庭，增强干警家属对检察工作艰辛艰苦的认同感，涌现一批贤内助。以文化建设推动全院干警对事业的进取精神，成才精神；以文化建设增强全院干警的向心力、凝聚力、荣誉感，以及敢为天下先的奋斗勇气。

第四节　检察文化建设的探索

瓮安县人民检察院把检察文化融入整个检察工作，经十余年的实践、探索，推进检察文化各个层面的科学发展。

把检察文化与队伍建设有机结合，发挥检察文化的向心力、凝聚力、渗透力。坚持把检察文化赋于检察的思想政治工作，学习型、创新型教育培训之中，以文化鼓舞人、激励人、凝聚人的重要作用；坚持把社会主义法治理念、社会主义核心价值观、检察院价值体系融入检察文化全过程。促检察思想政治工作更富活力，教育培训、干警素质提高，使学习型建设更具成效。自检察院重建以来，全院干警无违纪、犯罪发生。近年来，全院60多名干警全员通过计算机国际考试，11人参加通过全国司法考试，3人分别被评为省、州业务专家、能手和尖子。13人晋升为副检察长或党内纪检领导；25名检察干警分别升任科长、主任，走上正科级领导岗位。

把检察文化建设和科学管理有机结合，发挥检察文化思想陶冶的作用，"知行合一"规范力；完善管理体系，创新管理模式；并作为检察文化重要内容。1984年，经多年实践，制定瓮安县检察院上至检察官，下至工作员；上至检委会，下到各科室、部门的岗位责任制；党务工作，队伍管理，检务管理，检务保障制度。从检察工作执法规范化，标准化的高度，制定检察委员会工作规范；案件管理规范；反贪污贿赂工作规范；职务犯罪预防工作规范；反渎职侵权工作规范；侦查监督工作规范；公诉工作规范；未成年人刑事检察工作规范；控告申诉检察工作规范；民事检察工作规范；监所检察工作规范。并成书刊印，做到既有统一意志，又有个人心情舒畅。

图12-4　2014年11月20日，省、州检察院领导到瓮安调研检察文化建设

把检察文化建设和检察业务有机结合起来，发挥检察文化推动力。围绕检察工作的中心任务开展检察文化建设，成为瓮安检察文化建设新常态，以此而提高干警司法境界。焕发工作热情，增进进取意识，创新思维理念，走出过去重打击、轻保护，重惩罚、轻教育的误区；有罪推定，疑罪从有，疑罪从挂的误区；重配合轻监督的误区；重刑事、轻民事的误区。使业务工作更加扎实深入。申控检察接待室，监所检察，反贪污贿赂，未成年人犯罪检察等科局分别被省检察院评为"先进集体"，并予以奖励表彰。

把检察文化和检察工作政策理论的研究探讨有机结合起来，是瓮安县检察院检察文化建设的又一成功实践。特别是在2010—2016年中，随着检察文化建设的深入推进，各部门干警在读书破卷中锤炼文字功力，开启严密的逻辑思维和文学艺术扇面思维模式，成功运用系统，比较优选的研究方法，对涉足工作的法律、法规由感性到理性飞跃中不断升华，形成理论。

最为典型的是针对“6·28”事件青少年犯罪的事实，在实践中学习、研究，实践《刑法》《刑事诉讼法》对青少年犯罪的法律红线、政策、政令，坚持“教育、感化、挽救”的方针，谭必刚、赵金领、杨嗣春、范秀金、蔡帅燃等撰写《关于实施未成年人轻罪犯罪记录消除的主要做法》《当前在校学生刑事犯罪问题浅析》《多措并举，全方位维护未成年人合法权益》《我县未成年人刑事检察工作情况分析》等工作研讨，调查总结等文章。

图 12-5 2013 年 12 月 21 日，瓮安县人民检察院召开“阅微”读书写作兴趣小组座谈会

面对反腐倡廉，惩治商业贿赂犯罪，预防职务犯罪的社会现实，商涛章、蔡帅燃、吴洪富、陈军、孙绍琪等撰写《反渎工作适应新刑事诉讼法的对策研究》《加强廉政文化建设，助推检察事业发展》《检察机关廉政文化与中国梦》《渎职侵权案件侦查中如何建设运用检察文化》等论文。既保证公安机关、检察院在执法中的配合，又突出监督检察中解决难点，谭必刚、范秀金、黄立望撰写《构建重大、疑难案件侦查机关听取检察机关意见建议制度问题的对策》等工作研究文章，并刊载于《人民检察》。

联系工作实际，马佳撰写《看守所被监管人员的人权保障与检察监督》、商涛章撰写《瓮安监狱在监管活动中存在问题的预防调查》、罗松撰写《基层院检察委员会制度分析探讨》、冉孟婕撰写《新刑诉法下检察经费保障机制浅析》等探讨文章。陈发军、范金秀撰写《审查逮捕环节引入被害人过错情节的根据和功用》，赵英宪撰写《浅析我国非法证据排除规则的不足及完善》等研讨论文。陶孟昌撰写《发挥检察职能，有效遏制违纪违法》，陈发军、范金秀撰写《瓮安县农村赌博问题调查报告》等具有可操性的文章。

在检察文化建设中，针对时下网络世界的传播力，为使瓮安检察文化发挥正能量，把握正确舆论导向，把检察文化建设和检察网络舆情结合起来，李孝春撰写颇有实用价值的《浅析涉检网络舆情的应对及引导机制》《涉检网络舆情的应对及引导机制分析》，陈德元撰写《如何加强和完善检察机关涉密计算机和涉密网络管理》，赵英宪撰写《检察环节对电子数据审查探析》等理论文章。

在建设检察文化中，瓮安县检察院进行了颇有成效的探索，取得了较好成果。

第十三章　文　苑

瓮安人民检察院赋

黔中故郡，牂牁古邑。秦司牧廷尉而掌法度，汉牂舸御史始以牧治，明置瓮安，提刑按察以督权，效司法之察检，越千载而蜚声。

嗟夫！聚雍江之智水，秉花竹之仁德，小春虫开启地球生命之肇始，猴场会议绽长征转折之曙色。史痕悠悠，邑中按察，堪为人杰商良弼按察甘陕，肃奸惩贪，功盖社稷；钱邦芑退而传道，纠枭抗腐，育廉功垂；清宋伟通政巴蜀，高悬明镜，懿德永存。

承先启后，瓮检屹斯，焚膏继晷，护法维稳，朝乾夕惕，保驾护航。禀红梅节操，无畏暴雨阴霾；承花竹浩气，欣迎旭日霞光。长征精神铸检魂，厚德、尚法、惟民、笃行；院训熠熠，獬豸节操理铁案，清廉、忠诚、务实、奉献；院风洋洋，遵宪履职，杜权之滥用，绝狱之冤枉，纠判之偏斜，铨裁之失当。惩贪腐，清官仓之蛀蠹；肃渎职，祛肌体之痈毒。匡扶正义，燃犀鉴宄，捍卫公平，除暴安良，廉洁立身。院风为民风塑范，和风煦煦；循法亮剑，检徽为国徽添彩，乾坤安宁。

居安思危，敬业爱岗，前贤当继，正气永彰，国家旌表，功勒既往，时新奋进，续铸辉煌。

和吴超群避讼于黔思归原韵

张谓桥

雀角鼠牙讼未平，鸿飞鸟道恨孤征；
离巢燕雀焉糊口，毁室鸱鸮不顺恨。
落魄英雄居草里，萦怀骨肉眷蓉城；
青天扫尽浮云蔽，月缺重圆必复明。

和吴超群避讼于黔怀归原韵三首

张谓桥

一

时将九月肃秋霜，纳稼农夫各筑场；
我仰名高齐北斗，人怀美德比西方。
心惭柳眼睛加白，发恨松毛色变苍；
预待鸿钧天气转，春开泰运履三阳。

二

孤眠寒枕冷清霜，午夜还家梦一场；
醒寤暌离悲万里，惊思解困恨无方。
冤情莫达投谁白，赴诉何以叩彼苍；
我劝君将愁遗去，黄花酿酒至重阳。

三

久阅官情两鬓白，常观傀儡戏登场；
图功不学原无术，计划何为竟有方。
蠹园存心惭坦白，蝗民仰面愧苍穹；
贪污德背君恩重，那复葵倾向太阳。

注：张谓桥，湖北人，清末迁居草塘，著有《张谓桥诗集》

寒梅咏

邓太华

北坡南岭数枝妍，俏立悬崖耐岁寒。
玉骨伴雪翩翩舞，冰肌傲霜脉脉含。
抖落朱颜邀做伴，手捧丹心意缠绵。
常与松竹共三友，笑我情痴着衣单。
乍看初妆胭脂淡，枝头衔红点关山。
休言香染知春早，尤笑东风催信还。

自　题

黄立望

一身正气贪为耻，两袖清风廉是荣。

赠瓮安检察官联

童德莹

进身思张汤，案牍可授罚鬼魅；
读律娴萧相，文章堪助秉公平。

丹心捧出，尽忠恪守摧邪恶，喜看乌江永笑；
大志襟怀，除暴克承辅正义，乐听花竹长歌。

决冤断狱，伐恶除暴，自有几分阎王气象；
天秤量心，崇善亲民，依然一片菩萨心肠。

大山的儿子

王　强

我生在大山的怀抱里，长在大山的怀抱里，我是大山的儿子。

自从懂事起，我接触的是山，认识的是山。

春天，野果花、野樱花、桃子花开满了山山岭岭，粉红的热烈，雪白的圣洁。春风吹过，穿着节日盛装的大山象打扮得花枝招展的苗家姑娘翩翩起舞，婀娜多姿。我则在山的怀抱里砍一棵五棓树，刮下皮，卷成一支唢呐；呜……呜，同春姑娘嬉戏，为大山伴奏。

夏天，山外的世界被太阳烤得流汗喘气，而山里则充满凉意。放学后，我便和小伙伴坐在山里的小溪边，将脚放在小溪里，看那，小溪欢快流淌，或是脱光衣服，光着屁股跳进山塘里滚个痛快，心里已把酷暑忘到了九霄云外，直到傍晚才依依不舍赶牛回家。

秋天，是收获的季节，也是我们最自由的时候。满坡的庄稼都已收割，我们将牛放在山上，让它尽情地吃，自由地跑，我们则一头扎进山里，采摘那使人看见就想起酸味而禁不止淌口水的野果子。采足了野果子，我们便在空旷的地里玩耍，石子、扑克……都是玩具。

冬天，山里格外冷，不时还有冰雪，但却正是我们劳动的季节。因为是寒假，每天都要上山砍柴，一挑、两挑，来回几趟，热得满头大汗，冰雪并无寒意。

大山，春、夏、秋、冬我都深爱着你，使我养成了像你一样正直、宽厚纯朴的性格，养成了劳动的习惯。

长大后，我走出了大山，但我始终忘不了她。曾记得刚离开家到县城读书的时候，我总是思念大山猜想山间的路，山上的树，山里的土有些什么变化。参加检察工作后，思念大山之情更加浓郁，总想到山里走走，今年春节县里多放了几日假期，我有空到了山里，恍然间，我又回到了童年时光。眼看假期将终，我却很难迈开回城上班的脚步，母亲见我恋恋不舍的样子，有意留我多玩了几天。

我对母亲说，这哪能呢？我爱大山，也爱我心爱的检察工作。

梦

范秀金

从小，我怀揣着许多的梦想，其间，有过转折、有过迷茫，有过甘甜、也有过酸涩。正是这些梦伴随我、引领我成长。

5 岁时，幼儿园老师问我：“小范范，你的梦想是什么？”我没有多想，随口答道：“我想当一名开车的司机。”话音刚落，引发全班小朋友大笑。因为当时电视机里、公路上、照片里，只要出现汽车，甚至拖拉机，我就很兴奋，好奇心十足，甚至呆呆地望着。

14 岁时，初中班主任老师辛勤地耕耘，感动了我。那时我立志要做一名光荣的人民教师，要像我的老师一样。从此，我认真学习课本知识，也学着帮助老师带领同学学习和生活。

17 岁时，行政机关工作的干爹问我：“范秀金，你想过你考大学是为什么？”我当时没有回答他，我思考着这个问题。在第一次高考的时候，考上一所师范院校，我毅然放弃。后经复读一年高三后成绩仍不理想，但我想到自己来自农村家庭，父母心愿是把我送上大学，走出农村。我打消了再次复读的念头，选择进入了一所三流财经学校，开始了我大学生活。我在大学寻思着、寻找我的梦。

22 岁时，恰逢四川“5·12”大地震，我在经历地震后，身边的同学离去，感触生命脆弱。灾区很多伤员需要救助，我和老师们、同学们毅然选择加入救援队伍，去到重灾区北川、安县等地开展救助工作。忙了一周后，我拖着疲惫不堪的身体，重新审视我的人生。我眼前闪现着那些需要救助的灾民，那些忙碌着进行救助的志愿者们，我想做一名帮助他人为业的工作者，虽然不知道这个职业是什么，但是我知道这个职业的核心，浓缩为两个字就是“为民”。

24 岁时，我顶住很多的压力，从成都一家号称世界一流的外企辞职，源于自己被远在千里之外的瓮安县人民检察院录取为检察工作人员。后经两年刻苦钻研，深入学习法律知识，初步理解了法律“平正义”的真正要义。我知道，我的梦在贵州，就在瓮安。

26 岁，踏进检察院大门那天起，老检察官们的悉心指导下，我开始了我的检察工作；接受检察文化的深入熏陶，让我深深地感受到单位关爱，同事关心。虽然检察工作艰辛，但我明白，检察事业是我一生的追求。她不仅“为民”，也是实现“公平正义”的有效途径。正是这六个字，值得我追求，乃至一生。

27 岁，伴随习总书记提出的“中国梦”，我明白，小家的梦能铸成大家的梦，实现检察梦才能实现伟大的中国梦。我结合检察工作实际，结合我的家庭实际，朝着我的梦想，向前进，向前进。

当我托着党旗

邓 琴

“七一”前夕，听说县里面要举办“追忆革命足迹、唱响红色瓮安”大型演唱会，隆重庆祝建党 90 周年，晚会还邀请一些有名气的歌手前来，喜欢观看晚会的我心情十分激动，后来单位上要派人去作为政法方队观看，我有幸也在里面，我盼望晚会那天快点到来。

到了 6 月 26 日晚会演出的那天晚上，我与同事们早早地就来到新区广场上，等到晚上 8 点，晚会在歌曲《唱支山歌给党听》中拉开了序幕，一首首激情荡漾的革命歌曲，一支支气势磅礴的经典旋律，一时间，台上台下党旗飘飘，歌声一片，激情飞扬，整个会场完全沉浸在一片让人热血沸腾的气氛中。途中，一面特大的党旗从大家头上铺过，似红云，似霞光，遮盖了整个会场，我们每一个人都怀着十分崇敬的。情用手托着它，用手牵着它，抚摸着它，这是一面我所见过的最大的党旗，足有几百平方米，每一个人的脸都被它映红了，我也用我的手牵着看它，生怕它有一丝毫的皱折。是啊，这一面党旗，付出了几代中国共产党人的心血，它是多少仁人志士的鲜血染红的云霞，她就好比一个母亲，带领着她的儿女，从 1921 年的 7 月开始，历经无数灾难深重、血雨腥风的漫漫长夜，似晨曦般拨开华夏大地重重迷雾，铸就了中华民族坚挺的脊梁，建立了伟大的新中国。又是她用她的伟大英明，带领几代中国共产党人付出了艰苦卓绝的努力，成就了今天国富民强的喜人场面，如今的中国在世界上的地位节节攀升，挤身世界强国之列，在国际关系上有着举足轻重的作用。

我为我作为这面党旗下的一员而骄傲，我为生在这样英雄的国度而自豪。小时候，我听到一些老同志总把党一直挂在嘴边，他们在最困难、最艰苦的时候总是说：“我是党员，我先上”。我的父亲也是一名老党员，他经常教育我们要听党的话，要做一个好人，对社会有用的人。渐渐地，我也了解到党的概念，了解了党波澜壮阔的丰功伟绩，我逐渐地感觉到党就像东方的启明星，在照耀我，在召唤我，让我与她越走越近，最终，我站在了这面庄严党旗下，成为一名中国共产党党员。我在瓮安县人民检察院工作多年来，党用她那博大的胸怀，一直不断的引导我，关心培养我，激励帮助着我，使我从一个知之甚少的少年逐渐成长为一个为党工作、为人民服务的人。

这些年，我相继在办公室、侦监、公诉等部门工作，现在又调到控申岗位工作，不管岗位如何变化，我总把这些变化看成是一次回报对党的恩情的机会。控申工作每天的主要内容就是和信访的群众打交道，这个工作枯燥无味，做不出惊天动地的业绩，但我总是尽心尽力把本职工作做好，每当有人民群众来的时候，我总是给他们先倒杯热水，不管信访人怎样有情绪，我都轻言细语和他们交谈，耐心地做他们工作，竭尽全力地帮助他们，尽量使他们能够满意而归，从来不因为自己是一名检察官而高高在上，我总是在心里说："我的权力是党给的，我的权力是人民群众给的，我们党之所以伟大，就是因为有人民群众的全力支持和拥护，一定要对人民群众好些，再好些。"面对我们伟大、光荣、正确的党，我们不仅应该义不容辞地把她保卫好、巩固好，而且还要把它建设、创新得更好。这是我们的神圣职责，更是我们一生的追求。

如今，中国共产党 90 岁了，我们为党的历史之久而高兴，更为党在九十岁之际，依然干劲十足，依然蓬勃向上，依然前途无量而自豪。作为一名党和国家的法律监督者，我愿意奉献出自己的一切。

正当我思绪万千的时候，音乐声戛然而止，党旗从我头上缓缓流过，我方才回过神来一原来，这面党旗已经永远刻在了我的心上。

晚会结束的时候，我心中依然久久不能平静。

沉甸甸的思考

邓太华

"6·28"事件过去六年多了，那惊心动魄的场面仍历历在目，违法犯罪分子的举动震惊每一个现场观众，震惊全国，震惊世界，代表国家暴力机关的公安大楼被冲击，被焚烧，代表国家基层政权的政府大楼被火光包围，办公设施被掠夺，党委大楼顷刻间化为灰烬，事件中的每声爆响、每片火光、每一缕浓烟都震撼着、燃烧着、煎熏着党员领导干部的心，在此期间甘肃陇南、湖南吉首、云南孟连等地相继发生各具规模的群体性事件，事隔三年，西秀"7·26"、黔西"8·11"群体性事件再次重演，这些事件的发生看属偶然，实属必然，给我们党的执政地位、政权的巩固敲响了警钟，也给我们每个党员领导干部提出种种思考：一是控制复杂局面，驾驭全局的执政能力的思考；二是在党和政府利益遭受重大侵害的关键时刻，勇于直面、勇于担当的思考；三是如何强化党的基层组织的战斗堡垒作用和发挥党员先锋模范作用上的思考；四是党群干群关系方面的思考；五是社会管理、社会服务、民生建设方面的思考；六是执法的法律效果与政治效果、社会效果有机统一的思考；七是吏制腐败和司法腐败方面的思考；八是惠民政策与感恩教育方面的思考；九是青少年法制教育、爱国教育与学科教育有机统一的思考。每一个问题都犹如沉重的铅块压在我们每位党员干部的心上；每一个问题都需要我尽快列出一元一次到一元 N 次方程并寻求最佳的解决方案；每一个问题都需要我脚踏实地加以落实，最后获得最正确的答案。要解决这些问题，我们就必须借古喻今，吸取历史的经验和教训，用历史事件来启迪思维，在代表华夏文明的儒家、道家、法家对历史的总结中寻找答案。

翻开尘封的史历，久违的思考扑面而来，如果将思维定格在历史长河中政权更迭的每一个节点上，一个个悲壮、惨烈的故事跃入眼帘，触动心灵的深处，从秦末农民起义到明末农民起义，每一次起义都推翻了一个政权，将历史向前推进了一步，但每一次起义都是官"逼"民反的必然结果，深究其原因，归结起来共六点：①政治腐败、②利益失衡、③劳民伤民、④苛政徭役、⑤刑法严酷、⑥频繁征战。六种原因相互交织，混合发酵，必然形成一个由量变到质变的飞跃，每一个原因都可以单独成为激化社会矛盾的导火索。近四年来全国各地频繁发生各类群体性事件，虽然都得到了及时有效的处置，很快平息了事态，恢复了往日的平静，达到了由乱到治的目的，但仅在“治”上下功夫是远远不够的，更重要的是“理”，只有正确把握“治”和“理”的关系才能实现社会的长治久安，才能呈现社会大融合、民族大融合的繁荣景象，“6・28”事件，西秀“7・26”、黔西“8・11”事件发生深层次原因，虽然不能等同于上述之六个方面，但不可否认有与之苟同之处。怎样处理好治与理的关系，历史给我们提供了很好借鉴，光武中兴、文景之治、贞观之治等先人们做出了很好的典范，增广言道：观今宜见古、无古不成今。古代先贤们都知道爱民、亲民、为民，况今人乎？尤其是唐太宗李世民为我们总结了“君舟也、民水也，水能载舟、亦能覆舟”这句千古不废的遗训，我们每一位执政者必须铭刻在心。

泱泱中华大国，洋洋洒洒五千年文明史，在史历演绎中出现了很多先贤、哲人，用他们的睿智与史历碰撞，闪现出很多耀眼的火花，给我们指出了为政之道，如：“百姓足、君孰与不足？百姓不足、君孰与足？又如：知及之、仁不能守之、虽得之、必失之；仁能守之、不庄以莅之、则民不敬；仁虽能守之、庄以莅之、动之不以礼，未善也。”再如“举直错诸枉、则民服、举枉错诸直则民不服。”还如：“其身正不令而行；其身不正、虽令不从”等等，不胜枚举，这些都是我们每位执政者应该遵循的准则，应该权为民所用、利为民所谋、情为民所系。常怀为民之心，把人民群众的冷暖装在心窝里，多做利民、惠民的好事，实事就一定能够得到群众的拥护和爱戴，党的大业也才能千秋永存。

记得高中时学过《曹刿论战》，“衣食所安、弗敢专也、必以分人”“牺牲玉帛、弗敢加也、必以信”“大小之狱、虽不能察、必以情’，鲁庄公的这几句话至今还记得。近几年党中央一系列出台了为民、护民、亲民、爱民的举措，这些措施能否落实到位，真正使党恩惠泽百姓，让老百姓享受到福祉，关键在于我们每一位领导干部对老百姓是否用真心、注真情，最后用河南内乡县衙的一副对联来结束这篇文章吧：“嗽人如欺天自欺也。负民即负国何忍负之”。

胡诌几句，与同仁们共勉。

家乡的春天

童方艳

我的家乡在贵州瓮安，我爱家乡的春天，爱看周围生物欣欣向荣的景象，爱听溪水潺潺的流水声和小鸟叽叽喳喳的歌唱声，爱闻各种植物夹杂着泥土的清香，最关键是那满眼望去的绿色。

送走了白雪皑皑的冬天，春天的脚步在我浓烈的盼望中终于到来了，春风吹绿了柳树，吹红了桃花，给我们吹来了怡人的气息。为了不错过这美好时光，我们在单位工会的组织下到美丽的朱家山原始森林公园举行了一次有意义的活动，与其说是活动，不如说是与春天约会，它使我尽情地享受了春天大自然提供给我们的饕餮盛宴。

我们是周日一早从县城出发，经历1个多小时的车程到了这个美丽的朱家山原始森林。朱家山原始森林是还没有开发成熟的自然保护区。游客不多，但是这里山清水秀、空气新鲜，绝对是个值得一去的好地方。刚到公园门口，就有一阵夹杂着植物和泥土的清香扑面而来，让人陶醉，忍不住要张大嘴巴狠狠地深吸几口。有同事还戏谑说："瓮安还开发什么？什么都不要开发了，就把朱家山原始森林保护好，然后就靠卖这里的空气就够了。"虽是玩笑，但想想北京的雾霾，想想可怕的PM2.5，能在这样空气清新怡人的地方生活简直就是一种享受。再往里走大约5分钟车程，"舞水河源"的石碑映入我们眼帘，不远处是潺潺流水的小河，隐隐望去，水清澈见底，晶莹剔透。因为是集体活动，我们需要先到指定地点集合，还没来得及细赏这里的风景。2分钟后，我们到达指定地点，集合，唱歌、登山寻宝、猜谜、演讲比赛等活动紧锣密鼓地依次展开。整个上午，我们完成了集体活动，吃过午饭，大家开始自由活动。我们几个同事坐着像"老爷车"的观光车开始尽情地拥抱大自然。层峦叠翠的山林郁郁葱葱，在轻风的吹拂下，树叶发出沙沙的声响，小鸟在林间欢快地歌唱着，柔和的阳光从青翠的林间洒下来，大自然毫不吝啬，把它宝贵的东西通过这柔和的春风播撒给我们，感受着春风的抚慰，顿时心旷神怡。到了"舞水河源"，听见潺潺的流水声，我们忍不住想用手去感受感受那流水的温度。于是我们下了观光车，来到了水边上，清澈的流水缓缓地流向前方，水不算深，水底的沙石清晰可见，用手去抚摸这流淌的河水，滋润爽滑，不愧是大自然对人类的馈赠。流淌的河水给了朱家山森林公园灵动的旋律，让整个如画的风景平添了美感。

曾经见过西北的春天，那是公司派我到甘肃酒泉出差，让我见到了跟我家乡不一样的春天。这里天空湛蓝湛蓝的，蓝天白云干净纯洁，给我印象很深。有祁连山，但是因为没有走近看，只是远远地见到雾蒙蒙的一个山体，城市里有少许绿色植物已经披挂上了绿装，然而映入眼帘的更多的是茫茫的荒漠，一点点绿正好反衬了整个苍茫的基调。可能是看惯了家乡的春天那青翠欲滴的绿，总觉得缺少绿色就缺少了春天的生气。

我爱家乡的春天，喜欢这满眼望去的绿色，喜欢山间的鸟语花香，喜欢这灵动的如画风景。

变 迁

方淑雨

小时候，我觉得自己幸福极了。每天上学，读书，吃饭，睡觉，是父母的心头肉，掌中宝，嘻嘻哈哈，无忧无虑。

后来，考上了大学，分配了工作，随后结婚生子。按理有了自己的工资收入，有了自己的家，应该更幸福了。然而，我却常常郁闷、彷徨，甚至认为自己很倒霉，不走运，而人家呢？你看：

—某某同学提升了职位，当了官，多风光呀！而自己参加工作二十来年却还是一个小小的科员；

—某某邻居做生意又发了，一年居然净赚上百万，而自己辛辛苦苦工作，每年就那四万多元工资，且经常入不敷出，捉襟见肘，天地之差，无法相比呀！

—某某老乡新近当了官太太，她老公既有地位又有钱，你看她在人前那副得意扬扬的样子，气都气死人！

一想起这些，我心里就无比纠结，怎么也高兴不起来。

"这些好事为什么我总是遇不着呢？……为什么幸福总是在人家呢？"我抱怨，我想不通。

直到后来我经历了一些事情，读了一些文章后，我的心里才豁然开朗起来。

那是二〇〇七年七月的一天下午两点过，赤日当头，骄阳似火，我打着新买的太阳伞经过县城中街的人民广场，当时广场旁边正在施工，两个看上去已近六十岁的头发花白的农村妇女正在抬混凝土砂浆。我想，这样炎热的天，她俩为什么不休息呢？她们受得了吗？带着好奇，我驻足观看，一挑，两挑，三挑……，她们不时用袖子擦着脸上的汗水，但脸上看不出丝毫怨色。

“也许，这水泥砂浆不重吧。”我心里猜测。

我观看了一会，便伺机与她俩搭话，得知她俩均已过了五十五岁，要是在单位，这种年龄应该是退休享天伦之乐的时候了，再一试她俩挑的那两担水泥砂浆，我的妈呀！每一担都应在一百斤以上，要是叫我这样干活哪受得了？

“累不累？”我问。

“习惯了，也没什么。”一个笑着说。

“累也没办法，娃儿在外地读大学需要生活费呢，不过这比在家干农活划算多了，得的又是现钱。”另一个说，好像还有些得意的样子。

又一次，我家里来了一位远房的外地亲戚，穿着虽不怎么样，却一副悠然自得的样子，我问他：“生活怎么样？”

“还不错。”他轻松地笑着。

“怎样的不错法？”我以为他家里要么有人当官，要么有人做生意发了财。

“我三个儿子，一个女儿，虽没人当官，也没人做生意发财，但这些年很多人都下岗了，我家里却没有一个人下岗，我很满意了。”

他悠然自得的原因如此简单！

这两件事虽不像寓言那样富有哲理，更不像名人的经历那样惊心动魄，但却深深地教育了我，感染了我，它常在我的脑海里浮现，引起我的思索。慢慢地，我苦闷、彷徨的原因便找到了。

原来，我把幸福同金钱联系在一起了，以为有钱就有幸福，财富越多，幸福就越多。

当然，物质是幸福的基础，没有基本的物质条件，就解决不了衣食住行的基本要求。一个人连起码的衣食住行条件都没有，当然谈不上幸福。而我呢？每月有三千多元的工资收入，起码的衣食住行条件是具备的，我为什么要去同那些腰缠万贯的富婆相比呢？比起那两个挑水泥浆的女人来说，我还有什么想不通的呢？她们在炎热的夏季干着笨重的体力活，而我肩不挑，手不提，在办公室里烈日不晒，雨不淋，我何德何能呢？再与那个远房亲戚相比，他的子女没有下岗，说明其中有人在企业工作，只是还在上班而已，而他居然非常满意，我呢？当着公务员，领着稳定的薪水，是检察队伍里少有的女兵，穿着笔挺的检察制服，不知有多少人羡慕着呢！我所谓的苦闷、彷徨其实都是虚荣心在作怪，没有正确看待人世间的一切。

我找到了苦闷，彷徨的原因，我便要找到我的幸福。

于是，我学会了知足，学会了珍惜。珍惜我现有的工作，珍惜我现有的一切。因为我现在有的物质条件，足以解决我的衣食住行了，比起那些打工的女工、下岗的工人以及农村的女同胞，不管从哪方面都比她们好多了。

有了这种心理基础，我一方面认真工作，履行好自己的职责，另一方面，相夫教子，过着普通人的生活。“知足心常乐，无求品自高”。这种普通人的生活真好！我想，即使我以后偶然大富大贵，我仍然要过这种普通人的生活。

于是，我学会了辩证地看待生活中的一切。凡事既看到其好的方面，也看到其坏的方面，不追求尽善尽美。生病的时候，我认为是正常现象，不生病才不正常；遭受磨难的时候，我认为它磨炼了我的意志，使我在精神上得到收获：没钱的时候，我认为正好让我学会节俭，学会精打细算；钱多的时候，我会自然想到困难的时候……

存平常心，做普通人，辩证地看待这个世界，使我现在幸福地生活着。不仅如此，我还经常用我的心态和理念影响着周围的朋友，我常对她们说：如果你觉得待遇低，你就和下岗职工比一比；如果你觉得工作辛苦，你就和农民比一比，这样什么都想通了。所以，我幸福，我周围的朋友也幸福着。

生如夏花

胡　民

“生如夏花般绚烂，死如秋叶之静美。”闺蜜的签名档长年挂着这句诗，确实很符合她的性格，原本很飘缈的诗句，用在她身上我却觉得写实。她长得很美，似莲花，像茉莉，清纯得让人一触难忘，可是不知道是不是天妒红颜的缘故，她的生活总是不那么顺利。

曾经有一度，我觉得她就是祥林嫂的翻版，她总是跟我念叨：“你说世界上还有比我更倒霉的人吗？10 岁跟父母走丢，差点就被人强暴；20 岁爱上一个男人，倾其所有跟他开办了一间补习学校，那时的我意气风发，你们还一个月苦巴巴地拿千把块的工资，我就有十万的年纯收入，可是一场车祸，我毁容了，那个男人跟前女友走了，带走所有的现金，留下破学校给我，我撑不下，好朋友利用这个机会几万块就买了学校；好不容易重新找了男人结婚，又是一个愚孝子，财迷，结婚的时候给我买两套衣服都心疼得要命，他妈看我不顺眼总是挑拨我们，他不问青红皂白就给我一顿打，我真想死了算了。”她的故事我都能倒背了，我也千篇一律地回答：“是福不是祸，是祸躲不过，调整自己的心态面对，总会好的。“我知道自己的安慰很无力，可我也不知道怎么安慰她，如果一个人的心里驻满了乌云，她哪里看得见阳光呢？”

原本我以为她的生活就会这样一直下去了，甚至都习惯了她的念叨，可是她忽然怀孕了，生下来是女儿，她婆婆更生气，两人的关系更恶劣了，我想，她会不会觉得生活更昏暗了，就去看她。

她的家里到处是宝宝的用品，阳台上养着鲜花，她正在全神贯注地听一个电视台的育儿知识，看见我就兴奋地说起怀孕到新生儿照顾的种种，我甚至不敢想象一个如此较弱的女子，怀了近 8 斤重的宝宝竟然顺产，我不知道为此她做了多少努力。我看到阳光撒进了她的心，到处繁花似锦。

我问她，还为以前的事难过吗？她笑笑：“过去的就过去吧，其实我还是挺幸运的，你看我跟父母走丢了，正要被人欺负时遇到了警察；遇到了一个负心汉，可是学会了开办学校的本事；虽然男人有点愚孝，有点财迷，但是特别疼宝宝，现在我是妈妈了，我得学会接受和面对生活，要不然以后我的女儿怎么办？我不能什么的依靠别人，不依靠，就不埋怨了。"

我劝了十年都没有效果的事，这个还在襁褓中的孩子只用了一个月就做到了。我开始疑惑，生命有如此强大的力量吗？

因为工作的缘故，我们很久没联系了，有段时间听说她得了癌症，我去看她，她已经瘦得只剩下骨头了，我进病房的时候，她正用颤巍巍的手给孩子喂水，孩子坐在床边玩耍得开心，她根本没有意识到自己的母亲正在经历什么。她老公说，已经下了三次病危了，她又挺过来了。我眼睛一红，赶紧背开，她叫我："我没事，就算有天有什么了，你别当着宝宝哭，我不想给她留下阴影。"我怔怔地看着她，她接着说："我不想死，也不能死，我不想宝宝没有妈妈。再难我也撑着。"

离开医院，外面阳光明媚，或许没有做母亲的人体会不到那种无私的爱，也许世间有太多的无可奈何，有太多的言不由衷，可是有些东西是从未变过，她可以彻底改变一个人，她是一切力量的源泉，那就是爱。

世界对着爱人，把他浩瀚的面具摘下了，有爱，还有什么不可能的吗？

书画摄影

商涛章书法作品

《云水间》汪开才摄影作品

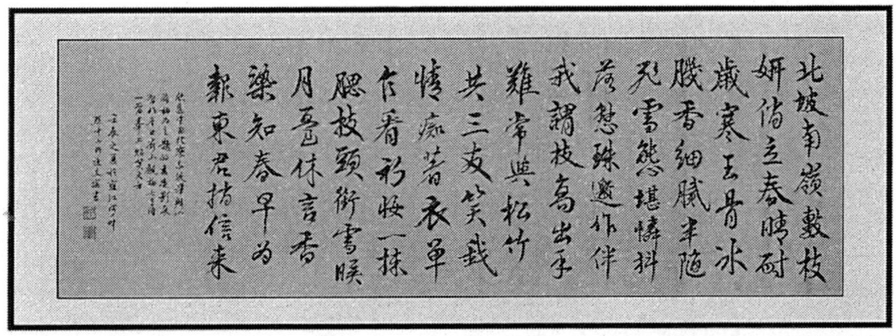

邓太华书法作品

邓太华书法作品

《入夜时分》汪开才摄影作品

《杜仲河晨雾》汪开才摄影作品

《边塞江月》汪开才摄影作品

王强书法作品

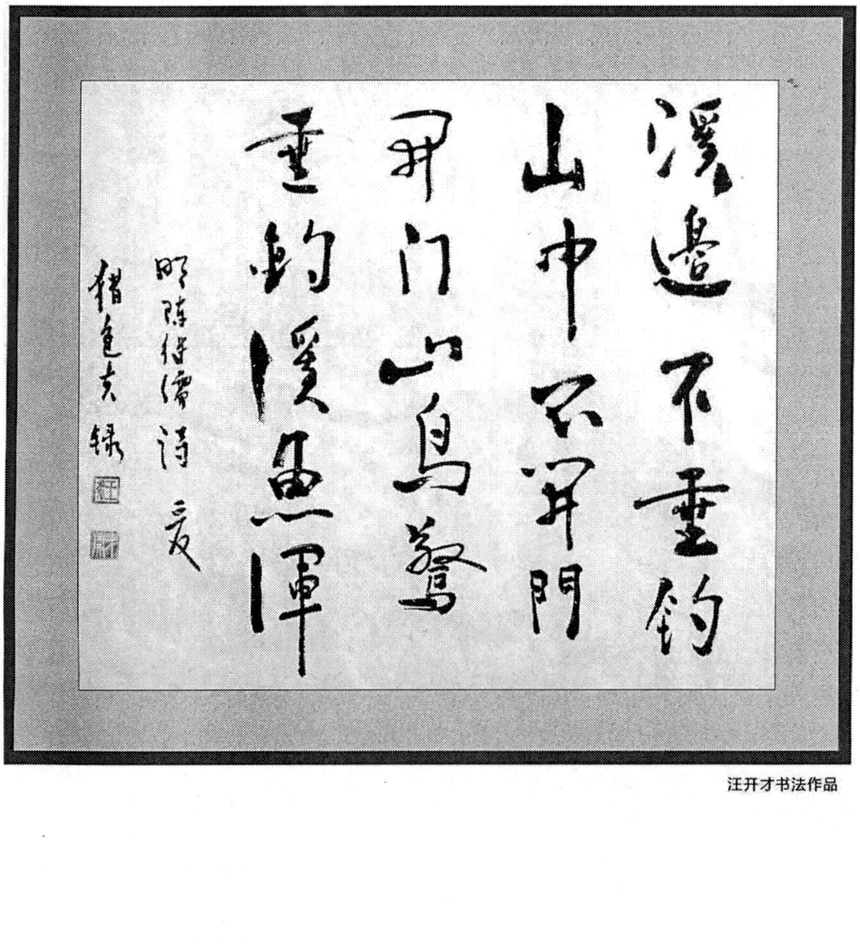

汪开才书法作品

张富强钢笔画作品

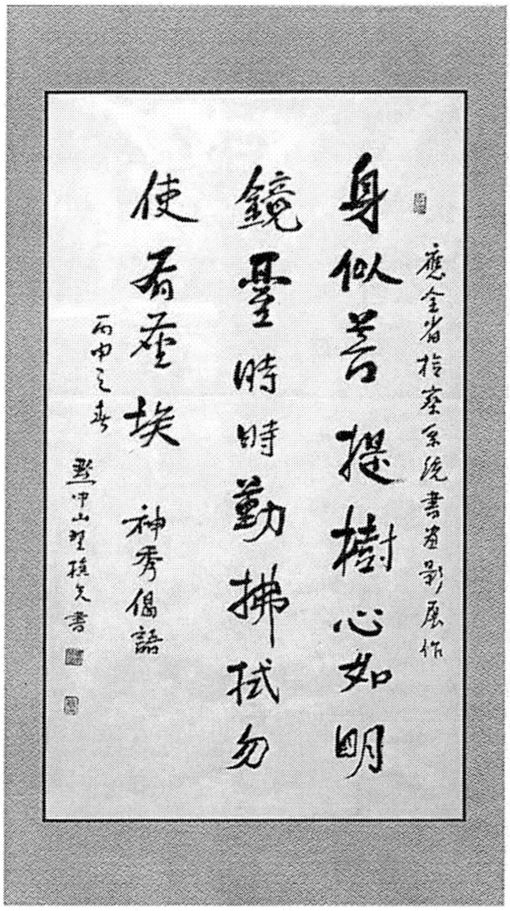

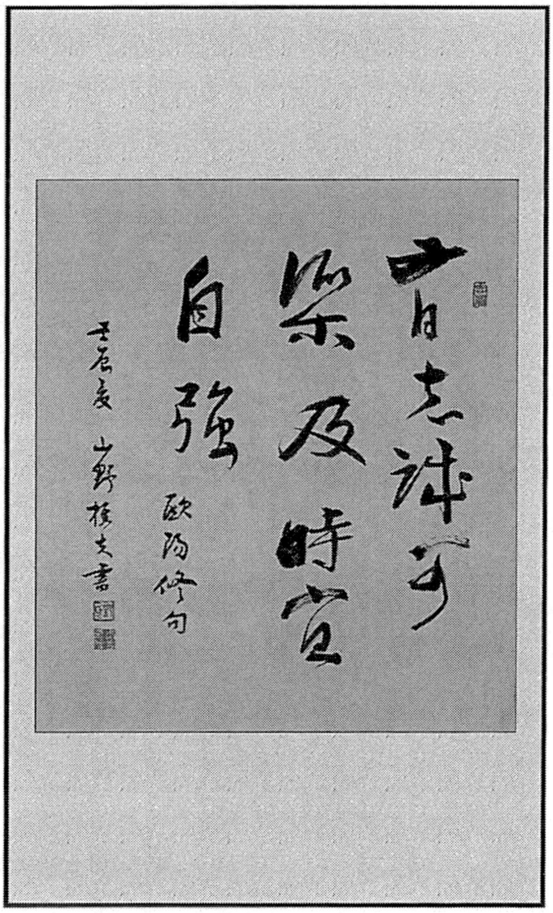

邓太华书法作品

商涛章国画作品

《圣湖圣镜》 张富强摄影作品

邓太华书法作品

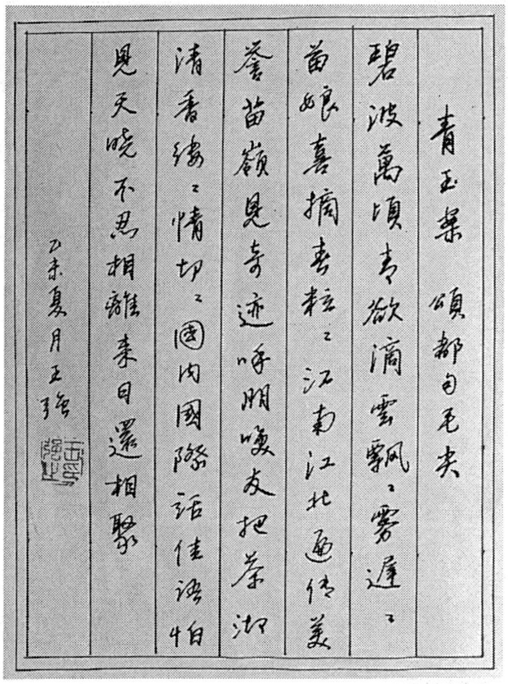

王强书法作品

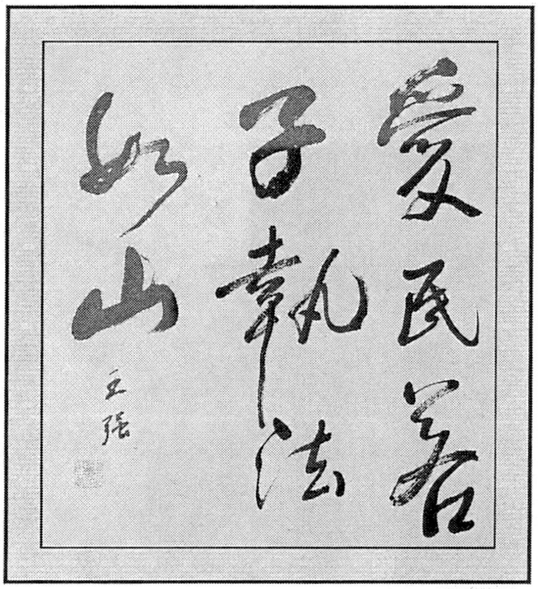

王强书法作品

人　物

人物传略

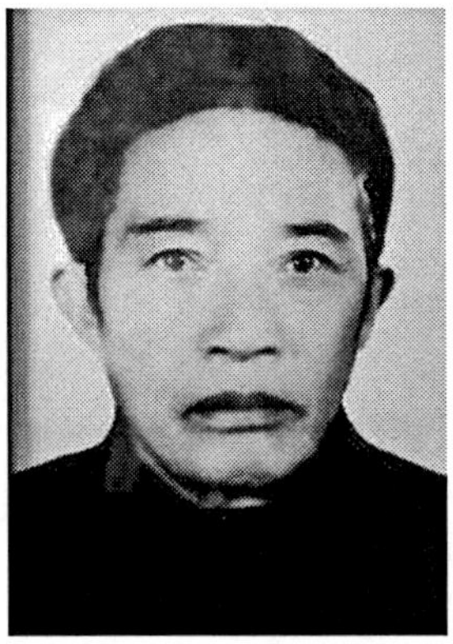

御文治（1921—1996.2），男，汉族，瓮安县中坪区人。1950年7月参加工作，1952年8月加入中国共产党。

自1950年参加工作至1954年10月，曾先后于瓮安县公安局任干事、股长、副局长、局长。1954年10月至1955年5月，任瓮安县人民检察院检察长。1956年12月至1959年3月，任瓮安县第二、第三届人民委员会副县长。并先后兼任县公安局局长、县人委办公室主任、财贸党组书记。1959年3月至1961年，任瓮安福泉合县时牛场区委书记。1962年1月至1967年4月，任中坪区委书记。1967年4月至1973年3月，在“文化大革命”中受冲击和批判。1973年3月至1978年8月，先后任县农业办公室副主任，兼任珠藏区委书记，玉山区代理书记、书记、革命委员会主任等职。1978年8月至1982年11月，先后任瓮安县人民检察院代理检察长、检察长。1982年11月至1984年11月，任县第八届人大常委会副主席、党组成员。1985年1月退休。

御文治自幼家贫，受传统家风影响，勤劳苦读，因家贫辍学后帮工以养家糊口。简朴勤奋、恪守敬业、谵沽名义，成为一生之行。20世纪50年代末由副县长调任牛场区委书记，后调任玉山、珠藏、中坪区委书记或革命委员会主任，无怨无悔。基层任职期间，无官腔官派，身背竹编斗笠，踏遍玉山、中坪、珠藏山山水水，深得民众的信赖。调任恢复后的检察院，白手起家，在干中学习探索，在干中争取资金。选调干警，改善条件，使工作得以正常开展。御文治刚正不阿、秉公执法，1982年其子触犯法律，一视刑狱。《贵州日报》称赞他铁面无私，受到群众敬仰。1996年2月，御文治去世，享年76岁。

方天禄，男，汉族，中共党员，1928 年出生于瓮安县天文。1948 年毕业于瓮安中学。20 世纪 50 年代初参加工作后，一直从事政法工作。1960 年 2 月至 1966 年 4 月，任瓮安县人民检察院副检察长。其间，1961 年 8 月至 1966 年 4 月，主持检察院工作。在“文化大革命”中受到冲击。1976 年恢复法院后，于是年 10 月至 1981 年 2 月任瓮安县人民法院副院长。

1982 年 11 月至 1984 年 11 月，任瓮安县人民检察院检察长。1993 年 3 月，荣获“全省检察工作先进个人”称号。同年 12 月，改任瓮安县人民检察院调研员直至退休。

罗开发（1947. 11—1999. 5），男，汉族，瓮安县人，大专学历。1967 年 12 月参军入伍，1971 年 3 月从部队退役，曾任班长。退伍后，在《贵州日报》社工作。1975 年 3 月，调瓮安县人民法院任助理审判员；12 月，任瓮安县法院代理院长。1984 年 12 月至 1987 年 9 月，任瓮安县人民法院党组书记、院长。1987 年 12 月至 1993 年 4 月，任中共瓮安政法委副书记；1993 年 4 月，任瓮安县人民检察院党组书记、检察长。1999 年 5 月逝世。

人物简介

陈建东，男，汉族，1941年出生于安徽明光市。1967年7月毕业于中国西南政法大学，1966年1月加入中国共产党。

1967年大学毕业后，于黄平旧州区昆字602部队大学十连军垦农场劳动锻炼，后分配到瓮安县公安系统工作，任秘书、股长、副教导员。1984年2月，调任瓮安县人民检察院代检察长。1984年11月至1991年2月，任瓮安县人民检察院检察长。1991年2月，调黔南州政法委任副书记。1996年6月至1998年9月，任黔南州内务司法委员会副主任，直至退休。

刘康德，男，汉族，1946年1月出生于瓮安县城。1968年，毕业于贵州工学院。是年，参加工作后曾于思南县塘头中学任教，后调瓮安县乡镇企业局，曾任股长、科长。1984年2月至12月，调县计划委员会副主任。同年12月至1990年12月，任瓮安县计划委员会主任。1990年12月任，检察院副检察长。1993年3月，任瓮安县人民检察院检察长。1993年3月，选任瓮安县人民政府副县长。1995年4月，调任黔南州农机局局长直至退休。

卢甫林，男，汉族，1942年出生于雍阳镇。中共党员，大专文化。1961年前，就读于雍阳小学、草塘中学和瓮安中学。1961年9月，参加工作后曾任县供销社计统科科员、副科长。1979年10月，调县检察院任书记员、助理检察员、检察员。1984年5月，任检察院办公室主任、检察院党组成员。1987年，任检察院批捕科科长。1993年3月，任检察院副检察长。1999年，任党组副书记，因检察长患病，主持检察院工作，2000年5月，主持检察院工作至2001年11月。2002年退休。

刘青，男，布依族，1965年5月出生于贵州清镇市，1990年7月加入中国共产党。1982年参加工作，毕业于贵州省党校法学专业。1985年2月至2011年2月，先后在罗甸县人民检察院任科员、助理检察员、检察员、经济检察科、反贪污贿赂科副科长、科长、副检察长兼反贪污贿赂局局长等。2001年11月至2006年10月，任瓮安县人民检察院检察长。2006年10月，调任贵州省检察院反贪污侦查处任副处长。

杨嗣春，男，汉族，四川省宜宾人，1966年1月出生于四川宜宾市，中共党员。毕业于贵州省大学法学专业，1984年参加工作。1988年12月至1994年10月，先后在都匀市检察院任书记员、科员、助理检察员等职。1994年10月至2006年10月，先后任黔南州人民检察院副科级检察员、反贪污贿赂科副科长、反贪污贿赂局侦查指挥中心办公室主任，2005年至2006年6月，挂职平塘县人民检察院副检察长等职。2007年3月至2012年8月，任瓮安县人民检察院党组书记、检察长、政法委副书记。2013年5月，调州检察院工作。

谭必刚，男，布依族，贵州罗甸龙坪人，1973年1月出生，中共党员。毕业于贵州省委党校法学专业。1994年8月至2012年3月，先后在罗甸县人民检察院任办事员、科员、书记员、助理检察员、检察员，公诉科副科长，侦查监督科科长，检察院副检察长，党组成员等职。2012年3月至2013年5月，调任罗甸县边阳镇任党委委员、副书记、镇长，县工业园区管委会副主任。2013年5月至2014年4月，调任瓮安县人民检察院副检察长，代理检察长兼任政法委员会副书记。2013年5月至2016年10月，任检察长、党组书记，11月，调福泉市委任纪委书记、市委常委。

曹品刚，男，布依族，1973年1月出生于贵州都匀，2010年6月加入中国共产党。毕业于贵州大学法学专业。

1996年11月参加工作后，1997—1998年，在荔波县瑶山乡党建扶贫。1998年2月至2004年2月，曾任黔南州人民检察院书记员、助理检察员。2004年10月至2007年5月，任黔南州检察院公诉处副处长、检察员。2007年5月至2008年7月，任州院反贪污贿赂局侦查科长、检察员。2008年7月至2014年4月任黔南州人民检察院公诉处处长。2014年4月至2016年10月，任惠水县人民检察院检察长，2016年10月调任瓮安县人民检察院检察长。

功勋人物

石仲才，男，苗族，1943年生于瓮安县雍阳镇，1960年加入中国共产党。1958至1962年，在贵州安顺拖拉机厂工作，1962年参军入伍，曾任排长、师政治部干事。服役期间，曾出席铁道兵“五七”先代会，1976年退伍。1976年至1978年，任洗马公社武装部部长。

1978年，调检察院先后任工作员、助检员、检察员、经济检察科科长、副检察长。1988年，荣记黔南州人民检察院三等功一次。贵州省检察院二等功一次，是年10月，荣获“全国检察系统先进个人”荣誉称号。

段天明，男，汉族，贵州瓮安草塘人，中共党员。1963年10月参加工作，1969年入伍，1971年退伍后于瓮安铁厂、检察院、雍阳镇、县公安局工作。曾任县检察院党组成员、科长等职。1990年4月，荣获“全省严打先进个人”荣誉称号。

李顺达，男，汉族，瓮安县鱼河乡人，1972年11月出生，2002年3月加入中国共产党，1995年参加工作，毕业于省政法管理干部学院。

1996年至2002年3月，任瓮安县人民检察院法警队队长。2007年1月荣获“贵州省检察机关优秀司法警察”荣誉称号。2007年9月至2009年8月，调任珠藏镇副镇长。2009年，调任交通局海事处处长、常务副局长。

郑光杰，男，汉族，大学学历，中共党员。1963年3月生于瓮安。1989年3月入党，1989年调县检察院后，曾任检察院反贪污贿赂局局长、检察委员会委员、副检察长等职。2008年，荣获“全省优秀反贪污贿赂局局长”称号。2009年12月，经省检察院批准，荣记二等功。2010年，经贵州省检察院批准再荣记二等功。2010年4月，经黔南州检察院批准，荣记三等功。2005年1月、2006年1月经黔南州检察院批准，荣记三等功。

陈军，男，汉族，1968 年 12 月出生于瓮安，1988 年 8 月参加工作，1988 年 6 月加入中国共产党，毕业于西南政法大学法学专业。先后任检察院批捕科科长、反贪污贿赂科局侦查科科长、政工科科长、检察委员会委员等职。2004 年，被黔南州政法委授予“人民满意的政法干警”称号；2005 年 1 月，经黔南州检察院批准，荣记三等功；2009 年 3 月，获黔南州检察院嘉奖。

罗松，男，汉族，1981 年 3 月出生于瓮安，2006 年 12 月参加工作，贵州民族学院法学专业毕业。曾任检察院科员、助理检察院、检察员；2015 年 3 月，任职务犯罪预防局局长。2010 年 4 月，受黔南州人民检察院嘉奖。

商涛章，男，汉族，1963 年 5 月出生于瓮安，1985 年 5 月参加工作，2000 年 6 月加入中国共产党，毕业于西南政法大学法学专业。曾任瓮安县畜牧局工作员。1995 年 4 月调入检察院后，先后任反贪局侦查科科长，公诉科科长，反渎职侵权局副局长、局长，检察员、检委会委员等职。2004 年 1 月，经黔南州检察院批准，荣记三等功；2007 年 1 月，获黔南州检察院嘉奖；2009 年 3 月，经黔南州检察院批准，荣记三等功；2011 年 3 月，获黔南州检察院嘉奖。

陶孟昌，男，汉族，1963 年 5 月出生于瓮安，1982 年 9 月参加工作，1998 年 7 月加入中国共产党，毕业于省委党校法学专业。先后任瓮安县劳动局仲裁员、检察院科员、职务犯罪预防科科长、检察院纪检组长、检察员、检委会成员等职。2008 年，经黔南州检察委员会批准，荣记三等功。

王强，男，汉族，1963年12月出生于瓮安中坪镇。1983年3月参加工作，1993年3月加入中国共产党，毕业于贵州大学法律专业。先后任检察院科员、反贪污贿赂局技术科科长、行政检察科科长、环境保护检察科科长、检察员等职。2007年1月，经黔南州检察院批准，荣记三等功。

杨庆福，男，汉族，1963年9月生于瓮安。1985年3月参加工作，2002年3月加入中国共产党，毕业于贵州广播电视大学。曾任瓮安县检察院反贪污贿赂局科员，检察院派驻瓮安经济开发区副主任、检察员。2010年4月，获州检察院“6·28”事件办案嘉奖。2009年，获黔南州检察院嘉奖；2011年，经黔南州检察院批准，荣记三等功。

杨仪军，男，侗族，1976年1月生于贵州天柱县，1999年9月参加工作，贵州大学法学专业毕业。曾任检察院科员、助理检察员、公诉科科长、检察员。2010年1月，经黔南州检察院批准，荣记三等功。

赵金领，女，汉族，1980年1月生于瓮安。2004年9月参加工作，2004年6月加入中国共产党，毕业于贵州工业大学法学专业。曾任科员、助理检察员、未成年人刑事检察科科长、检察员。2010年4月，经黔南州检察院批准，荣立三等功。

汪超，男，汉族，1963年3月出生于瓮安。1980年5月参加工作，1986年5月加入中国共产党，毕业于贵州广播电视大学。曾任科员、瓮安县松坪乡副乡长、检察院侦查监督科副科长、科长、检察员、检察委员会委员等职。2010年4月，经黔南州检察院批准，荣记三等功。

孙国书，男，汉族，1967 年 6 月出生于瓮安。1984 年参加工作，1989 年加入中国共产党，毕业于中央检察官管理学院。曾任科员、二级三级警司、瓮安县人民检察院法警队队长、教导员等职。2008 年 2 月，经黔南州检察院批准，荣立三等功。

孙绍琪，男，汉族，1969 年 7 月生于瓮安。1989 年 8 月参加工作，1979 年 8 月加入中国共产党，1998 年获贵州省高等教育自考本科毕业证书。曾任瓮安县林业局综合股副股长、股长。2000 年 9 月，调检察院，先后任办公室副主任、主任、政工科科长、检察员、检委会委员等职。2010 年 4 月，经黔南州检察院批准，荣记三等功。

李昆，男，汉族，1976 年 11 月出生于瓮安，1997 年 7 月参加工作，2002 年 3 月加入中国共产党，毕业于贵州农学院农经管理专业。曾任检察院科员、一级警司、三级警督；检察院党组成员、机关党委书记。2009 年 3 月，受黔南州检察院办理“6·28”案件成绩突出嘉奖。

王德松，男，汉族，1946 年出生于瓮安草塘，1967 年毕业于黔南师范学院，同年入伍，1969 年 12 月加入中国共产党，1973 年 3 月退伍后于瓮安铁厂政工科任秘书。1981 年，调县人民检察院工作，曾任检察员、检委会委员，反贪污贿赂科、控告申诉科、经济检察科、法纪科科长等职。1991 年，获“贵州省人民检察院先进个人”称号。

李光学，男，汉族，1951 年 10 月生于瓮安县雍阳镇，1972 年 3 月加入中国共产党，并于同年参加工作。1991 年 7 月，毕业于贵州广播电视大学成人自考高等法学专业。参加工作后，曾在县农机局任工作员。1979 年 10 月，调瓮安县人民检察院任助理检察员；1984 年，任检察员；1987 年，任批捕科副科长，1990 年至 2011 年，先后任检委会委员，批捕科、监所检察科科长，主任科员，四级高级检察官。2005 年，被最高人民检察院授予“检察荣誉勋章”。

陈玉文，男，汉族，1953 年 1 月生于瓮安县，1971 年 10 月加入中国共产党，1971 年 10 月参加工作，1991 年 7 月毕业于贵州广播电视大学成人自考高等法学专业。1980 年，调瓮安县人民检察院任助理检察员、检察员。1985 年 3 月至 1998 年 8 月任检委会委员；1985 年至 1990 年，任检察员，起诉科副科长；1991 年至 2003 年，任反贪污贿赂科科长，反贪局副局长（主持工作）；2003 年至 2004 年，任主任科员、四级检察官，在控告申诉科工作。2005 年，被最高人民检察院授予“检察荣誉勋章”。

邓仁礼，男，汉族，1957 年出生于瓮安天文镇。1977 年 12 月参军入伍。1980 年 9 月退伍后，在县民政局任工作员，1982 年 8 月调县人民检察院任副主任科员。1991 年 7 月，毕业于贵州广播电视大学检察专业。2002 年 8 月，任检察院检察员。2006 年，重建检察院后连续工作 25 年，荣获最高人民检察院颁发的荣誉勋章；2014 年，经省院批准，荣记三等功。

附　录

瓮安县人民检察院岗位职责

第一节　县人民检察院工作职责

1. 对瓮安县人民代表大会及其常务委员会负责并报告工作，接受瓮安县人民代表大会及其常务委员会的监督。依法向县人民代表大会及其常务委员会提出议案。

2. 按照国家法律和最高人民检察院确定的检察工作方针，制定检察工作目标，部署检察工作任务，接受中共瓮安县委和黔南州人民检察院的领导并对其负责。

3. 依法对贪污贿赂罪、国家工作人员渎职犯罪和国家机关工作人员利用职权实施的侵犯公民人身权利、民主权利的犯罪，以及国家工作人员利用职权实施的其他重大犯罪案件立案侦查。

4. 对刑事犯罪案件依法审查批准逮捕、决定逮捕、提起公诉。按照法律赋予的职能，对人民法院的审判活动是否合法进行审判监督；并对本院受理查办的自侦案件的侦查活动实行内部制约；掌握社会治安动态情况，参与社会治安综合治理工作。

5. 依法开展对刑事诉讼、民事和行政诉讼活动实行法律监督。

6. 对县人民法院确有错误的判决、裁定，依法向州人民法院提起抗诉或提请、建议上级人民检察院向同级人民法院提起抗诉。

7. 对刑事案件判决、裁定的执行进行监督，对监狱、看守所的活动是否合法进行监督。

8. 受理单位和个人的报案、控告、申诉、举报，以及犯罪嫌疑人的自首。受理对贪污贿赂等犯罪的举报。办理刑事赔偿事项。

9. 开展检察技术工作，根据上级检察院有关检察工作条例、细则、规定，研究检察技术在办案中的运用。

10. 按照上级人民检察院制定的有关检察工作条例、细则和规定，开展对法律政策的调研活动。

11. 开展检察机关的思想政治工作，加强队伍建设，依法管理检察官和司法警察；执行最高人民检察院制定的书记员管理办法；依照国家有关规定，对司法行政人员进行管理。

12. 协同地方党委管理和考核副检察长；提请县人大常委会任免副检察长、检察委员会委员、检察员。

13. 协同机构编制主管部门管理本院的机构设置和人员编制。

14. 组织开展检察宣传和教育培训工作。

15. 规划和落实检察机关的计划财务装备工作。

16. 组织检察机关的对外交流，开展有关司法协助工作。

17. 负责其他应当由检察院承办的事项。

院领导岗位职责

一、院领导由检察长、副检察长、没有担任正副检察长的其他党组成员组成。

二、检察长统一领导全院工作，其他院领导实行分工负责、相互协作制度，并负责处理分管工作；受检察长委托，负责其他专项工作。

三、检察长出差、休假期间. 由担任党组副书记、副检察长的领导主持工作。其他院领导出差、休假期间，分管工作由检察长指定其他院领导代管。

四、上级党委、人民检察院等领导机关和有关部门召开的会议要求院领导参加的，由办公室提出意见报检察长决定，原则上由会议涉及有关检察工作的分管院领导参加；分管领导出差、休假或因其他工作不能参加的，由检察长指定其他院领导或其他干警参加。

检察委员会工作职责

一、讨论贯彻国家法律政策、上级检察机关决定及人大常委会的决定、决议；

二、研究讨论重大工作问题、重大业务改革，制定和修订业务工作规范；

三、审议检察长向人大及其常委会的工作报告；

四、讨论决定检察长和公安机关负责人的回避问题；

五、讨论研究在全县有重大影响的刑事、自侦、民行、控告申诉案件；

五、讨论研究县以上人大代表、政协委员和有影响的副科级以上干部涉嫌犯罪案件；

七、讨论研究需要由本院作出不起诉案件；

八、讨论研究申请刑事赔偿的案件；

九、讨论研究其他重大疑难案件。

检察长职责

一、决定召开检委会；

二、履行检委会委员职责；

三、对检委会会议总结发言，宣布决定；

四、签发会议纪要。

检察委员会委员职责及义务

一、参加检委会会议，对检委会会议讨论的议题发表意见并进行表决，并对发表的意见负责；

二、在案件讨论前认真通读案件审结报告，对审结报告不理解部分应提前与检委办或案件承办人询问沟通，做到对案件全面掌握，为在检委会上发表意见做好准备。

三、在检委会上发表意见要围绕追诉标准、犯罪构成四个要件，从案件事实证据和法理上进行阐述，论述内容要论点清晰、论据充分、观点明确，讲究法言法语。

四、完成检察长或检委会指定的其他任务。

检委会办公室岗位职责

一、对提请检委会讨论的案件或者事项是否符合要求进行审核；

二、对提交讨论的案件或者事项经审查提出法律适用或者处理意见；

三、对提交讨论的有关检察工作规定、规则、办法提出审核意见；

四、承担检委会会议通知、会议记录、会议纪要和会议材料归档工作负责检委会研究案（事）件录音录像资料的整理并及时归档；

五、对检委会决定事项进行督办；

六、组织检委会业务学习；

七、承办检察长或检委会交办的其他工作。

第二节　各内设机构及其工作职责

办公室工作职责

一、了解掌握全院执行党的方针政策、国家法律以及贯彻执行上级机关和本院的工作部署、开展检察业务的情况，总结工作经验，对工作中带有普遍性、倾向性的问题进行综合分析，为领导决策提供依据。

二、结合检察业务，立足于为领导决策服务，为全院干警服务，为办案一线服务，向院领导提出建议，当好参谋助手。

三、起草本院全局性工作计划、意见、总结、专题工作报告，重大问题请示、批复以及其他文稿，做好本院发文的审核把关工作。

四、负责本院办文、办事、办会和院领导参加公务活动的组织协调和相应的保障工作。

五、认真转办党政领导、上级检察院及本院领导批示、交办和催办的事项，加强督促检查，并将办结情况及时上报。

六、负责本院公文管理，公文收发、印制和印信管理等事项。

七、负责本院收发文件处理、传阅等秘书工作事务。

八、负责本院档案管理、机要管理、保密管理、传真通讯等工作。

九、负责人大代表、政协委员、人民监督员、特约检察员和专家咨询委员的联络工作。

十、负责对与检察工作有关的法律、法规、政策及地方性法规执行情况进行调查分析。

十一、负责对检察业务工作进行调查研究。

十二、做好检察委员会办事机构的日常工作。

十三、负责本院信息化设备的日常维护和管理，保证其正常运转。

办公室主任岗位职责

一、在院党组和检察长、分管副检察长领导下主持办公室工作。

二、协调各科室的日常行政工作，沟通内外关系，并及时向院领导反映情况或提出建议。

三、做好办公室人员的思想政治工作，教育引导办公室人员热爱本职工作，为全院提供优质高效的服务。

四、抓好文秘工作，负责重要公文、请示、报告、计划等文件的审核修改，提出公文拟办意见和传阅范围。

五、负责院务会等有关公务工作和会后督办工作。

六、抓好信息、档案、保密、督查督办、人民监督员等各项工作的完成和落实。

七、完成院领导交办的其他工作。

办公室副主任岗位职责

一、协助办公室主任做好办公室工作。

二、负责处理职责范围内工作，受主任委托，负责其他有关工作。

三、做好一般性协调工作。

四、做好领导交办的其他工作。

机要员岗位职责

一、对上级来文、来函和本院机要文件的收发按规定及时进行登记，妥善保管，做到分类清楚、保管严密、不遗漏、不丢失、不毁损。

二、做好三级机要通道的管理和维护工作，熟练、及时收发各类机要文件。

三、及时与县机要局、保密局保持联系，按时收发各类机要文件，文件保存完好，无丢失。

四、凡需院领导阅示或有关部门办理的机要文件，传递迅速，手续齐全，无积压，无延误。

五、负责机关印章、办公室印章的保管和使用。

六、有事请假时，经主管领导同意，可委托其他干警代为收发，并做好移交工作。

档案员岗位职责

一、认真学习贯彻执行国家档案法规和上级人民检察院及瓮安县档案部门的有关规定，热爱本职，钻研业务，科学管理和保护本院档案。

二、按照档案管理范围，负责本院各类档案的收集、整理、保管、鉴定和销毁工作。

三、指导和监督本院各部门诉讼文书及文书资料的立卷归档工作，解决存在的问题。

四、编纂档案检索工具和资料，并及时补充、修订、迅速准确地调借档案，为领导决策和机关工作服务。

五、严格保密制度，严格档案的调、借阅手续，做好档案的安全工作。

网络管理员岗位职责

一、定期检查内、外网相关设备，确保设备运行正常。

二、为网络畅通提供技术保障。

三、发现问题及时报告维修。

四、依照检察院信息网络管理规定，经常更新网站内容。

五、每天进行有关院舆情信息的搜索和汇总，发现问题及时报告处理。

六、定期进行舆情分析并提出合理化建议。

七、及时升级杀毒软件病毒库；及时对网站进行备份。

计算机管理员岗位职责

一、定期检查机房设备，确保设备运行正常。

二、为我院办案提供信息化技术支持。

三、定期对我院信息设备进行安全检查。

四、发现问题及时报告并妥善解决。

系统管理员岗位职责

一、定期检查大楼安防系统、庭院安防系统、举报中心系统、信息查询系统、网络监控系统、办公办案系统设备，做好系统管理，确保设备运行正常。

二、经常备份数据库，保障数据安全。

三、根据人员岗位调整，做好系统的相应调整。

四、为系统运行提供技术保障。

五、发现问题及时报告维修。

人民监督员办公室岗位职责（含特约检察员、专家咨询委员）

一、做好人民监督员的选任、解除工作。

二、负责落实安排人民监督员评议案件、参加执法检查、了解检察工作情况等监督活动。

三、向人民监督员反馈监督处理结果。

四、协调解决人民监督员监督过程中遇到的困难，为人民监督员履行职责提供保障。

五、协调本院相关业务部门接受人民监督员监督工作。

六、对相关业务部门落实人民监督员监督工作的情况进行督促、检查。

七、向检察长和相关业务部门反馈人民监督员监督工作情况。

八、定期对人民监督员监督工作进行总结分析。

九、移送、督办人民监督员对人民检察院查办职务犯罪案件工作提出意见或建议。

十、承办检察长或检察委员会交办的其他相关工作。

政工科工作职责

一、协助地方党委和院党组加强本院队伍建设。

二、开展具有检察工作特点的思想政治工作。

三、负责干警年度考核、职称评定、量化目标管理、绩效考评及对抽调人员的管理工作。

四、负责检察宣传、教育培训工作。

五、负责本院机构编制、干部、组织、人事、劳资工作。

六、积极协助院党组做好本院创先争优和上级院的表彰奖励工作，协助各部门做好上级院和本院组织的岗位练兵和各类竞赛活动。

七、负责本院离退休人员管理工作。

政工科科长岗位职责

一、在院党组的领导下主持政工科全面工作。

二、协助院党组组织全体干警学习贯彻党的路线、方针和政策，执行县委和上级院党组的决议、决定。指导拟定本院党组年度工作计划和党组中心组学习计划，对各科、室、局、队和各党支部贯彻、落实院党组决定情况进行检查、监督。

三、负责本院政工工作目标管理考核工作。

四、负责本院检察人员教育培训，干部考核、任免和职称评定等工作。

五、协助院党组开展后备干部培养选拔工作。

六、负责本院精神文明建设工作。

七、协助院领导抓好政工调查研究工作。

八、负责本院对外宣传审核工作。

九、完成院党组交办的其他工作。

政工科副科长岗位职责

一、协助科长抓好政工科全面工作。

二、协助制订《年度党组工作安排》《党组中心组学习计划》等各项计划，督促各科、室、局队和各党支部学习贯彻党的各项路线、方针和政策，执行县委和上级院党组织的决议、决定。

三、协助科长做好政工目标管理和考核工作。

四、协助科长做好本院精神文明建设工作。

五、协助院党组领导开展调查研究工作，并认真撰写政工工作调研文章，为领导科学决策提供理论支持。

六、负责检察宣传报道日常管理和审核工作。

七、协助科长做好干部管理、考核和职称评定工作。

八、负责本院离退休人员的管理工作。

九、完成院党组和科长交办的其他工作。

计划财务装备科工作职责

一、负责制定本院财务装备发展规划并组织实施。

二、负责本院中央和省级政法转移支付资金和县级财政预算资金的管理。

三、负责本院财务预算、决算工作，负责本院装备项目规划编报，对装备项目的执行情况进行检查、核对、保管和使用管理。

四、负责办公、办案、办会等物品的采购和管理工作；负责国有资产的管理工作。

五、负责本院检察技术装备、交通通讯装备、枪支弹药和服装的统筹计划和管理。

六、负责本院办公区域内设施设备、绿化、环境卫生、交通安全等的管理。

七、负责本院“两房”建设和管理，负责机关办公、办案条件改善。

八、完成院领导交办的其他工作任务以及其他检务保障工作。

计划财务装备科科长岗位职责

一、在检察长和分管领导的领导下，主持计划财务装备科的全面工作。

二、严格遵守财经纪律和政府采购法律法规，严格执行财务制度和政府采购工作规程，负责各项财务制度和采购制度的执行、监督工作。

三、认真做好计划财务装备科全体人员的思想政治工作，加强对全科人员党风廉政和廉洁自律意识教育。

四、负责组织年度财务预算和年度决算的编制工作。负责各类检察业务装备计划编制、采购和监督管理工作。

五、严格遵守各项财务开支范围和开支标准，合理调度使用资金和检察业务装备。

六、组织财务人员做好会计核算工作，充分发挥会计工作的核算和监督作用，切实提高检务保障能力建设。

七、负责年度预算、决算、会计凭证、账簿、报表及各项业务内容的稽核工作。

八、负责基本建设资金、中央政法专款的监督管理工作。

九、完成检察长交办的其他工作事项。

出纳员岗位职责

一、按照国家有关现金管理和银行结算制度的规定，办理现金收付和银行结算业务。

二、严格遵守现金开支范围，非现金结算范围不得用现金支付；遵守库存现金限额，超限额的现金按规定及时送存银行；现金管理要做到日清月结，账面余额与库存现金每日下班前进行核对，发现问题，及时查对；银行存款账与银行对账单要随时保持一致，如有不符，应立即与银行进行核对。

三、根据会计制度规定，在办理现金和银行存款收付业务时，要严格审核有关原始凭证，再据以编制收付款凭证，然后根据编制的收付款凭证逐笔逐项登记现金日记账和银行存款日记账，并结出账面余额。

四、掌握银行存款余额，不准签发空头支票，不准出租出借银行账户为其他单位办理结算。

五、出纳员应严格支票和银行账户使用和管理的有关规定。

六、保管库存现金和各种扣押款物。接收、发放和保管各种办公、办案设备。

七、保管有关印章、空白收据和空白支票，严格按规定用途使用，各种票据领用和注销手续完善。

八、自觉加强对财务知识的学习，不断提高业务素质。

九、加强与会计的监督和配合，共同搞好财务工作。

十、认真完成检察长交办的其他工作。

纪检监察工作职责

一、负责本院的党纪、检纪和监察工作。

二、具体负责本院的党风廉政建设和反腐败工作；受理对本院工作人员的举报、控告。

三、按照干部管理权限查办本院党员干部违反党纪、工作人员违反检纪、政纪的案件。

四、受理检察工作人员不服检纪、政纪处分、党员不服党纪处分的申诉。

五、对队伍管理、党建工作提出意见和建议。

六、对各项规章制度、党组决议、决定执行情况进行督查。

七、承办院领导交办的其他事项。

纪检组组长岗位职责

一、协助党组抓好全院党风廉政建设和组织协调反腐败工作，检查党的路线、方针、政策和党的决议的执行情况。

二、组织召开纪检部门办公会，传达上级指示、精神，安排布置相关工作，研究、讨论重大问题和有关事宜，及时向院党组汇报工作。

三、深入实际，全面掌握纪检监察工作动态，经常督促、检查纪检监察人员工作情况，及时给予工作指导。

四、着重抓好党员领导干部的廉洁自律工作，发现违纪倾向或违纪问题时，应及时组织有关部门对相关人员进行诫勉谈话或按照组织程序报有关部门予以惩处。

五、接待重要的来访人员，重要来信报党组书记阅处，协助调查处理党组织和党员违犯党纪党规的有关事件和案件。

六、受理党员的控告和申诉，听取受处分党员的申辩和说明。

七、参与党组重大决策、重要干部任免奖惩、重大项目安排和大额度资金使用（简称“三重一大”）事项集体决策、研究。

八、掌握纪检监察干部的思想状况，组织纪检监察干部参加相关的学习和培训，不断提高纪检监察干部的思想水平和工作能力，搞好纪检监察队伍的自身建设。

九、代表纪检组向院党员代表大会报告工作。

十、承办上级检察机关纪检监察部门和县纪委交办的其他工作。

监察室主任岗位职责

一、负责全院的纪律检查工作。贯彻落实院党组、院机关党委关于加强党风廉政建设的决定，维护党的章程和其他党内法规，检查党的路线、方针、政策和决议的执行情况。

二、主管本院纪检监察工作。负责落实上级检察机关和本院党组的决定，监督检查本院各部门及其工作人员执行国家法律法规、政策和各项规章制度的情况。

三、协助处理本院的党员领导干部违反党的章程及其他党内法规的案件，受理党员的控告和申诉。

四、配合处理本院各部门及其工作人员违反国家法律规定、政策以及违反政纪的案件，按照权限提出决定或取消对违纪人员处分的建议；受理单位或个人对监察对象违纪行为的检举控告，受理监察对象不服政纪处分的申诉。

五、制定全院党纪党规教育计划，做好党的纪检工作方针、政策的宣传工作和对党员遵守纪律的教育工作，教育本院干警遵纪守法、廉洁从检。

六、调查研究本院各部门制定有关规章制度的情况，对其违反国家法律法规和有损本院利益的条款提出修改、补充的建议。

七、负责对本院纪检监察工作理论及新形势下有关问题进行调查研究，根据上级有关精神结合本院实际拟定加强党风廉政建设的实施意见。

八、负责全院检务督察和内部监督工作，落实上级的各项工作安排、部署，检查、考评各科室综合、业务目标任务，健全长效管理机制。

九、完成本院领导和上级部门布置的其他工作。

侦查监督科工作职责

一、依法审查办理同级公安机关（或上级公安机关指定管辖）提请批准逮捕的案件的审查；

二、对公安机关的刑事立案活动实施法律监督，发现应当立案而不立案或者不应当立案而立案的情况，经分管检察长批准，应当要求公安机关书面说明不立案或立案理由；

三、对公安机关的侦查活动实施法律监督，对侦查活动中违反《人民检察院刑事诉讼规则》第五百六十四条规定的 20 种情形之一的提出纠正违法意见，构成犯罪的，移送有关部门依法追究刑事责任；

四、对公安机关立案侦查的案件，在提请逮捕或者移送审查逮捕前要求介入侦查的，或者认为需要介入侦查的，可以派员介入侦查和讨论；对重大、疑难、复杂案件或者有较大社会影响的案件，应当主动及时派员介入侦查；

五、完成本院领导和上级布置交办的其他任务及受理公安机关提请批准逮捕的刑事犯罪案件的审查批捕和不批捕工作。

主管检察长职责

一、听取案件汇报，提出指导性意见、建议，对案件处理发表决定性意见；

二、对案件办理实行“一岗双责”；

三、带领科室人员研究案件办理中的新情况、新问题，对科室的重大、疑难、复杂案件组织召开讨论，严格依法把关、做到不错不漏，不断提升办案质量；

四、督促部门加强业务理论学习，提高干警的执法能力和执法水平；

五、完成党组或检察长交办的其他业务工作。

侦查监督科科长岗位职责

一、主持全科工作，部署落实检察长、院党组、上级院的指示，使工作服务于大局，制定全年工作目标，并保证任务的实现，实行制度化管理，创新性地开展侦查监督工作；

二、安排政治、业务学习，提高科室人员的政治素质和业务素质，保持一支作风廉洁、业务过硬、富有凝聚力、战斗力的侦查监督队伍；

三、完成侦查监督工作各项任务，研究新情况、新问题，主持科室的重大、疑难、复杂案件讨论，严格依法把关、做到不错不漏，不断提升办案质量；

四、有重点地开展刑事立案监督和侦查活动监督，务求好的法律效果、政治效果和社会效果；

五、已受理的案件，指定承办人予以承办；

六、对承办人制作的《审查逮捕案件意见书》进行审核，提出审核意见报分管检察长决定；

七、对公安机关的侦查活动具有违法情形需要提出纠正意见的，应在审核后，按情形轻重向公安机关提出口头纠正意见，或者报请检察长决定，提出书面纠正违法意见。

侦查监督科副科长岗位职责

一、协助科长抓好科室工作，为科室工作的开展积极出谋献策，发现问题及时与科长商讨解决；

二、按照分工尽职尽责、保质保量完成各项任务；

三、接受科长的委托主持科室工作，并且做好交办的临时性工作；

是、带头办理重大疑难、复杂案件，参加科室案件讨论，共同把好案件质量关，使办案质量不断提高。

检察员、助理检察员职责

一、严格依法审查案件，根据《中华人民共和国刑法》《中华人民共和国刑事诉讼法》《人民检察院刑事诉讼规则》等有关法律规定，依法讯问犯罪嫌疑人及询问证人等诉讼参与人，听取辩护律师的意见，制作《审查逮捕案件意见书》，并且提出批准逮捕或者不批准逮捕的明确意见，经部门负责人审核后，报请分管检察长批准，重大疑难案件应当经过检察委员会讨论决定；

二、一般案件应在收案后三个工作日内审查完毕，重大、疑难、复杂案件应在收案后五个工作日内审查完毕。犯罪嫌疑是人未被拘留的，应在收案后五个工作日审查完毕，重大、疑难、复杂案件应在十个工作日内审查完毕；

三、需要逮捕的犯罪嫌疑人是人大代表、政协委员的，依法定程序报请人民代表大会主席团、常委会许可或者向政协党组通报；

四、对于需要追捕犯罪嫌疑人的，经科长审核、检察长批准后，应建议公安机关提请批准逮捕；

五、承办人在办理案件中发现侦查活动具有违法情形需要提出纠正意见的，经科长审核、检察长决定，向公安机关提出口头纠正意见或者书面纠正违法意见；

六、承办人在办理案件中发现有不立案情形的，制作《要求说明不立案理由审批表》，经科长审核，报分管检察长审批；根据情况，经检察长批准，制作《要求说明不立案理由通知书》，要求公安机关在七日内说明不立案理由，接到公安机关不立案理由说明书后，承办人在三日内完成审查，并制作《刑事立案监督案件审查意见书》提出处理意见，经科长审核，报分管检察长审定；认为不立案理由成立的，制作《不立案理由审查意见通知书》，并将审查意见于十日内通知公安机关和被害人，认为不立案理由不能成立，经检察长或者检察委员会决定通知公安机关立案的，制作《通知立案书》，连同有关证明应该立案的证明材料，于三日内送达公安机关，通知公安机关在十五日内立案，并将立案决定书副本送达检察院侦查监督部门，公安机关立案后 3 个月内未侦查终结的，可以向公安机关发出立案监督催办函，要求公安机关及时向人民检察院反馈侦查工作情况；

七、保持清正廉洁，忠于职守遵守纪律，恪守职业道德，维护科室荣誉，不断更新知识、创新工作思路、提高政治业务素质。

公诉科工作职责

一、对公安机关和本院侦查部门侦查终结移送审查起诉的案件进行审查，提出是否提起公诉或不起诉的意见；

二、对公安机关和本院侦查部门移送审查起诉的案件，在审查中发现有漏诉的，依法要求侦查机关予以追诉；

三、负责对公安机关和本院侦查部门的侦查活动是否合法实行监督；对人民法院审判活动是否合法实行监督；

四、对人民法院的刑事判决、裁定进行审查，对确有错误的判决、裁定，依法提出抗诉意见，经检察长或检察委员会决定后，履行抗诉职能；

五、负责协调上下级之间、检察与公安、法院之间的业务矛盾，保证法律的正确实施和检察纪律的贯彻落实，保证诉讼工作的正常运行；

六、结合刑事检察业务，做好社会治安综合治理工作，针对当前社会治安方面存在的突出问题，依法发出检察建议，督促相关部门积极落实，进一步维护好社会稳定；

七、负责承办上级院公诉部门及本院领导交办的其他事项。

公诉科科长岗位职责

一、在院党组和检察长（包括主管检察长）统一领导下开展工作，并对其负责；

二、认真组织实施党组、上级检察机关和有关部门下达的各项工作任务，并及时请示报告工作情况，对全科的各项工作负总责；

三、负责抓好全科干警的政治理论、业务知识的学习，努力提高其政治和业务素质；

四、加强党纪、政纪、廉洁自律教育，保证全科干警遵守院内各项规章制度，保证文明办案、廉洁自律、听从指挥、步调一致；

五、严格依照法律程序做好审查起诉工作，把好审查起诉案件的科长审核关；

六、保证审查起诉案件质量，避免错诉、漏诉和定性不准情况；

七、对科室的各种文字材料、报表进行审核，保证其质量；

八、加强自身学习，不断提高政治、业务和领导水平。

公诉科副科长岗位职责

一、做好所办案件的审查起诉工作；

二、做好所办案件的出庭公诉工作；

三、协助科长监督指导全科办案人员对案件依法提起公诉和提起附带民事诉讼、退回补充侦查或自行补充侦查，或做不起诉处理、案件质量进行把关，提高办案质量，保证案件全部在法定期限结案，杜绝超期办案、超期羁押现象的发生；

四、协助科长监督全科办案人员遵守各项办案纪律和办案安全；

五、协助科长开展科室的日常管理工作；

六、完成上级交办的各项临时性工作，

公诉科内勤工作岗位职责

一、统计报表；

二、经验总结；

三、材料报送；

四、相关事务性工作。

反贪污贿赂局（内设侦查科、技术科）工作职责

一、负责对本院管辖和上级人民检察院指定管辖的贪污贿赂、挪用公款、私分国有资产及巨款财产来源不明等犯罪案件的立案侦查工作。

二、贯彻执行上级检察院制定的反贪污贿赂检察业务工作细则、规定。

三、统计、分析全县贪污、贿赂案件情况，为当地党委、政府和上级检察机关提供信息材料；

四、开展检察技术工作，根据上级检察院有关检察工作条例、细则、规定，研究检察技术在办案中的运用。

分管副检察长岗位职责

一、分管副检察长协助检察长工作，对检察长负责；

二、受检察长委托，负责处理分管工作职责范围内的事项，签发有关法律文书；

三、组织领导和参与办理重大、复杂疑难案件；

四、不同意分管科室关于立案、起诉的案件，以及职责范围内的重大问题，要及时向检察长请示汇报；

五、认真履行一岗双责，确保分管科室队伍建设不出问题；

六、完成党组或检察长交办的其他工作。

反贪污贿赂局局长岗位职责

一、主持反贪局全面工作。积极查办贪污贿赂等职务犯罪案件，突出办案重点，集中查办发生在党政领导机关、司法机关、行政机关、经济管理部门以及人民群众关心关注的民生领域的职务犯罪案件，确保办案工作争比进位；

二、落实领导干部一岗双责制，严格履行既抓业务工作又抓队伍建设的双重职责，保持队伍忠诚、公正、清廉、文明；

三、直接参与办案，具体谋划、指导、督办案件，认真落实办案安全防范责任制，保证案件质量，推动工作平衡发展；

四、强化大局观念，采取有效措施，认真完成院党组和检察长部署的其他工作任务。

反贪污贿赂局侦查科科长岗位职责

一、在局长的领导下，组织全科干警对贪污贿赂案件线索的查办；

二、组织指挥全科进行立案侦查，积极查处大案，要案以及人民群众关注的民生案件，完成年度

办案工作目标；

三、强化证据观念，提高侦查水平，确保案件质量；

四、严格队伍管理，狠抓办案纪律与办案安全，确保干警无违法违纪行为；

五、负责科室的日常管理，认真完成局长交办的其他工作任务。

反贪污贿赂局技术科科长岗位职责

一、检察技术科科长在院党组和检察长领导下，负责本科全面工作，实行“一岗双责制”，组织制定本科工作计划，抓好本科干警的政治理论、检察业务学习，做好经常性的思想政治工作，带领全科同志努力完成各项工作任务；

二、掌握本科工作（办案）进度，决定和处理本科工作中的重要问题和重大疑难案件，并及时向检察长报告；

三、在检察长和分管检察长领导下召开检察技术业务工作会，贯彻传达落实上级技术部门文件指示精神；

四、深入实际调查研究，指导办理重大疑难案件并及时总结工作经验，不断提高技术水平和办案技能；

五、认真抓好本科岗位责任目标考核工作和各项规章制度的贯彻落实，监督本科干警执法守纪、依法办案和贯彻执行各项规章制度情况；

六、审查本科的法律文书和业务文件及各类材料，依法做出处理意见；

七、负责协调科内、外部关系；

八、积极完成院领导交办的其他工作任务。

反贪污贿赂局技术科副科长岗位职责

一、检察技术科副科长在科长领导下，协助科长开展工作，科长不在的情况下，主持本科工作；

二、协助科长贯彻落实上级指示和工作布置，研究、制订并组织实施检察技术工作规划；

三、协助科长抓好本科岗位责任目标考核和各项规章制度的贯彻落实，做好本科干警政治思想工作。

四、积极圆满地完成院领导、科长交办的其他工作任务。

反贪污贿赂局内勤岗位职责

一、负责报表统计工作，并及时向局长报告；

二、负责接收、发送文件，传达通知；

三、负责本局文字材料工作；

四、积极完成领导交办的其他工作任务。

五、按时完成上报各种统计报表、半年工作总结、全年工作总结以及上级院、本院所需的各种文字资料。

六、确保各报表数据准确无误

反渎职侵权局（内设综合科、侦查科）工作职责

一、负责对国家工作人员渎职犯罪和国家机关工作人员利用职权实施的非法拘禁、刑讯逼供、报复陷害、非法搜查等侵犯公民人身权利犯罪和侵犯公民民主权利犯罪案件的立案侦查工作。

二、贯彻执行上级检察院制定的渎职侵权检察工作业务细则、规定。

三、研究分析渎职侵权犯罪的特点、规律，并提出惩治对策；

四、配合县安委办等部门，负责辖区安全生产责任事故的调查工作。

反渎职侵权局局长岗位职责

一、对本局年度办案工作目标、工作思路、工作措施进行具体谋划和安排部署；

二、对受理的案件线索、合理指定承办人办理；

三、对正在办理的案件进行监督指导和沟通协调，对重大疑难案件进行靠前指挥；

四、对案件的初查、立案、侦查、侦查终结等环节的结论意见进行审核，并对审核事项负责；

五、努力克服办案工作中的各种困难，积极争取有关领导和上级业务部门的支持与帮助；

六、协调全局办案工作的力量调配以及后勤保障工作。

反渎职侵权局副局长岗位职责

一、接受局长分配的案件线索，并按照办案程序依法组织查办；

二、直接领导自己分管的侦查科的办案工作，对分管侦查科办理的案件负有组织指挥职责；

三、对分管的侦查科承办的案件，提出处理意见，并对查证的案件事实和证据负责；

四、对分管的侦查科的办案安全负责，积极采取措施，杜绝任何办案安全事故的发生；

五、积极完成局长交办的其他办案工作任务。

反渎职侵权局侦查科科长岗位职责

一、在分管副局长的领导和指挥下，具体负责本侦查科的案件办理工作；

二、侦查科长主要负责以下办案工作：

（一）对接受的案件线索负责进行审查，提出是否符合初查条件的意见；

（二）积极开展案件初查工作，使初查达到“保密、高效、安全”三统一；

（三）初查结束后，依据查证的事实制作《初查结论报告》，提出处理意见；

（四）案件立案后，负责制定案件侦查计划，并依据批准的侦查计划客观、全面、公正地开展调查取证工作；

（五）制定安全防范工作预案，保证整个侦查活动的合法性，杜绝任何安全事故的发生；

（六）案件侦查终结后，依据查证的案件事实和证据，提出处理意见；

（七）侦查科长对所办理案件的事实和证据负责。

反渎职侵权局综合科科长岗位职责

一、负责起草、撰写本局的计划、总结、建立规章制度及综合性公文和信息、调研文章等文字材料工作；

二、搞好后勤保障，更好地服务于侦查科的办案工作；

三、按照院党组安排，认真做好各类学习记录，会议记录；

四、负责统计报表、备案工作，上报的统计数据，备案文书与办公室统计报表相一致；

五、负责督查卷宗的收集归档工作，对本年度办结的案件及时检查，对发现的错误及时更正；

六、做好保密工作，机要传真要及时登记传阅，年底合订交院办公室。

监所检察科工作职责

一、负责对刑事案件判决、裁定的执行和监狱、看守所的活动是否合法进行监督。

二、负责对减刑、假释、暂予监外执行、保外就医等变更执行活动进行监督。

三、对人民法院裁定减刑、假释是否合法实行监督。

四、对监狱管理机关、人民法院决定暂予监外执行活动是否合法实行监督。

五、负责对监管场所超期羁押的监督纠正。

六、对刑罚执行和监管改造过程中发生的虐待被监管人、私放在押人员、失职致使在押人员脱逃、徇私舞弊减刑、假释、暂予监外执行以及发生在监管场所的贪污、贿赂等案件的立案侦查工作。

七、受理被监管人员的控告、申诉。

八、受理服刑犯不服人民法院判决的复查工作。

九、研究分析监所检察工作的疑难问题。

派驻看守所检察室检察人员岗位职责

一、对看守所的监管活动是否合法实行监督；

二、对在押犯罪嫌疑人、被告人羁押期限是否合法实行监督；

三、对看守所代为执行刑罚的活动是否合法实行监督；

四、对刑罚执行和监管活动中发生的职务犯罪案件进行侦查，开展职务犯罪预防工作；

五、对公安机关侦查的留所服刑罪犯又犯罪案件，审查逮捕、审查起诉和出庭支持公诉，对公安机关的立案、侦查活动和人民法院的审判活动是否合法实行监督；

六、受理在押人员及其法定代理人、近亲属的控告、举报和申诉；

七、其他依法应当行使的监督职责。

派驻监狱检察室检察人员岗位职责

一、对监狱执行刑罚活动是否合法实行监督；

二、对人民法院裁定减刑、假释活动是否合法实行监督；

三、对监狱管理机关批准暂予监外执行活动是否合法实行监督；

四、对刑罚执行和监管活动中发生的职务犯罪案件进行侦查，开展职务犯罪预防工作；

五、对监狱侦查的罪犯又犯罪案件审查逮捕、审查起诉和出庭支持公诉，对监狱的立案、侦查活动和人民法院的审判活动是否合法实行监督；

六、受理罪犯及其法定代理人、近亲属的控告、举报和申诉；

七、其他依法应当行使的监督职责。

民事行政检察科工作职责

一、负责民事经济审判、行政诉讼活动法律监督工作。

二、对人民法院已经发生法律效力确有错误的民事、经济、行政判决和裁定，按照审判监督程序，依法提请上级人民检察院抗诉。

三、贯彻执行上级检察院制定的民事、行政检察业务工作。

民事行政检察科科长、副科长职责

一、科长主持本科室工作，对检察长和分管检察长负责。副科长对科长负责，协助科长做好分管工作。

二、负责本科室人员分工，负责制定本科室工作计划，布置、协调、检查、督促、考核、总结本科室职责范围内的事项。

三、负责本科室工作请示、汇报。

四、负责、批阅本科室法律文书及其他资料的审查。

五、负责科室之间以及与有关单位之间的工作联系与协调。

六、领导组织本科室工作人员，认真履行本科室职责，带领本科室人员及时落实、执行院领导指示，出色完成各项任务。

七、负责本科室工作人员的思想政治工作，加强团结，顾全大局，调动本科室人员的积极性和创造性。

八、提倡勤政廉政，自觉克服和抵制各种不正之风，文明规范执法。

九、完成院领导交办的其他工作。

控告申诉检察科（含举报中心、国家赔偿工作办公室）工作职责

一、受理控告、申诉、国家赔偿工作和公民的来信来访，处理涉及刑事问题的控告、申诉、自首工作。

二、受理贪污、贿赂、渎职、侵权等涉嫌犯罪的举报线索，分流举报线索，初查难以归口、性质不明的举报线索。

三、依法查办属于控告申诉部门管辖的案件。

四、负责领导交办和上级交办的案件。

五、做好要案的登记备案和上报工作。

六、反映来信来访和举报情况。

七、贯彻执行上级检察院规定的控告、举报、刑事申诉、国家赔偿工作细则、规定。

控告申诉检察科科长岗位职责

控申科科长在分管检察长领导下进行工作，并对检察长负责。具体职责任务如下：

一、制定本科年度工作计划，总结阶段性和全年工作，全面主持控告申诉的各项工作。

二、履行“一岗双责”，负责本科干警的政治理论学习、业务学习和思想教育工作及日常行政管理。

三、主持召开科务会议和本科的案件讨论。

四、负责对本科处理的案件质量的审查把关，以及对办案进度和办案效果的检查督促。

五、负责对刑事申诉复查、刑事赔偿案件及交办案件的办理，签署部门意见，并报分管检察长审批。

六、负责向分管检察长和上级业务部门报告本科的工作，做好季度和年度分析。

七、参加有关领导机关召开的信访工作会和上级业务部门的专题会议。

八、做好对告急访、集体访的接待和处置工作。负责向党委、人大等领导机关和上级院及本院检察长报告批办案件的办理情况。

九、完成院领导交办的其他工作。

控告申诉检察科检察人员岗位职责

控申办案人员在科长的领导下进行工作，对案件事实负责。具体有以下职责和任务：

一、负责拟定案件办理前的法律文书，经科长审核，报主管检察长批准后执行。

二、负责调取案件卷宗，认真阅卷，做好阅卷笔录。

三、负责拟定补查（初查）提纲或方案，经科长审核（重大疑难案件须经科长报分管检察长审核）同意后，进行调查补（取）证。

四、案件办结后，承办人应当根据案件的事实、证据和适应法律，制作案件审结报告，提出承办人个人的处理意见。经科讨论后，向主管检察长汇报。经主管检察长或检察委员会决定后，制作案件的结案文书。

五、案件结案后，应及时进行案件的立卷，并移交内勤审查归档。

六、负责对案件办理情况的分析，及时、准确地向内勤提供案件办理的情况。

七、完成科长布置的临时性工作。

案件管理办公室工作职责

一、负责对本院办理案件的统一“受理”“录入”“送达”等程序管理；

二、负责对本院办理的案件程序进行流程监控；

三、负责对法律文书使用的监督；

四、负责组织对案件质量进行评查；

五、负责对涉案款物的保管或监管；

六、负责律师（辩护人）的接待、资质审查和阅卷监督；

七、负责案件统计报表的汇总上报和分析工作；

八、负责外来法律文书的接收、登记；

九、负责对检察业务工作进行调查研究；

十、检察长交办的其他事项

主管案件管理办公室检察长岗位职责

一、对案件管理实行“一岗双责”；

二、听取科室工作汇报，对案件监督管理工作提出指导性意见、建议；

三、对涉及案件监督管理的重大事项、问题向检察长请示，或事后及时汇报；

四、组织人员对案件监督管理工作进行调研、总结、创新。

案件管理办公室主任岗位职责

一、负责本部门的全面工作，实行“一岗双责”制；

二、组织制定本部门年度工作计划、工作目标和争先创优目标；

三、抓好本部门干警的政治理论、检察业务学习，做好经常性的思想政治工作；

四、认真抓好检察案件管理责任目标的完成；

五、认真完成各项规章制度的贯彻落实；

六、积极圆满完成院领导交办的其他工作任务。

案件管理办公室副主任岗位职责

一、协助主任抓好各项业务监督工作；

二、认真完成各自职责范围内的业务监督工作任务；

司法警察大队工作职责

一、落实司法警察队伍建设的规划和措施，组织司法警察履行职责，管理司法警察的警务工作，组织司法警察进行训练，管理司法警察的警用装备。

二、保护人民检察院直接立案侦查案件的犯罪现场，执行传唤，参与搜查，执行拘传，协助执行其他强制措施、协助追捕逃犯。

三、提押、看管犯罪嫌疑人、被告人和罪犯。

四、送达法律文书，参与死刑临场监督活动。

五、负责检察机关办公秩序和安全，参与处置突发事件，维护专门接待群众来访场所的秩序和安全。

六、管理办案工作区，保证办案工作区秩序和安全。

七、执行检察长交办的其他任务。

法警大队大队长岗位职责

一、在院党组和分管副检察长的领导下，负责法警大队全面工作；

二、落实大队岗位目标管理任务，决定处理大队日常警务、事务、实行“一岗双责制”；

三、制定法警工作计划并组织实施；管理法警警用装备、警务工作；组织法警履行职责，开展技能训练；组织法警完成检察长交办的其他工作任务；

四、检查大队法警遵章守纪、制度落实情况，并对各岗位法警进行不定时督查。

法警大队教导员岗位职责

一、抓好党风廉政建设工作，确保党风廉政建设责任制的落实，树立司法警察的良好形象。

二、负责党务工作，加强党员的思想教育，充分发挥党员先锋模范作用。

三、认真组织干警学习政治理论，学习法律法规，学习业务知识，提高干警素质。

四、做好本大队干警思想政治工作，充分调动干警的积极性，加强精神文明建设。

五、抓好全大队目标管理、考核以及各项规章制度落实，保证各项工作任务的完成。

六、关心干警的思想、工作和生活情况，主动帮助解决实际困难，加强凝聚力建设。

法警大队副大队长岗位职责

一、协助大队长抓好工作，根据大队安排抓好工作落实，对大队长负责；

二、按照分工履行职责，保质保量完成各项工作任务；

三、带头履行法警职责，积极参与重大警务活动；

四、完成大队长交办的临时工作任务。

未成年人刑事检察科工作职责

一、依法办理未成年犯罪嫌疑人案件的审查批捕、审查起诉工作。

二、依法对未成年人犯罪案件履行立案监督、侦查监督、审判监督和执行监督职能。

三、开展未成年人犯罪的成长经历调查工作。

四、负责未成年人犯罪档案的封存和管理工作。

五、负责未成年人犯罪综合治理工作。

六、开展涉及未成年人犯罪检察工作相关法律政策的研究工作。

未成年人刑事检察科科长岗位职责

一、主持全科工作，部署落实检察长、院党组、上级院的指示，使工作服务于大局，制定全年工作目标，并保证任务的实现，实行制度化管理，创新性地开展未成年人检察工作。

二、安排政治、业务学习，提高科室人员的政治素质和业务素质，保持一支作风廉洁、业务过硬、富有凝聚力、战斗力的队伍。

三、完成未成年人刑事检察科工作各项任务，研究新情况、新问题，主持科室的重大、疑难、复杂案件讨论，严格依法把关、做到不错不漏，不断提升办案质量。

四、有重点地开展法制宣传、违法青少年的帮教工作，积极探索未成年人刑事检察工作创新，达到更好的法律效果和社会效果。

五、已受理的案件，指定承办人予以承办。

六、对承办人制作的《审查逮捕（公诉）案件意见书》进行审核，提出审核意见报分管检察长决定。

七、对公安机关的侦查活动具有违法情形需要提出纠正意见的，应在审核后，按情形轻重向公安机关提出纠正意见，或者报请检察长决定，提出书面纠正违法意见。

未成年人刑事检察科副科长岗位职责

一、协助科长抓好科室工作，为科室工作的开展积极出谋献策，发现问题及时与科长商讨解决。

二、按照分工尽职尽责、保质保量完成各项任务。

三、接受科长的委托主持科室工作，并且做好交办的临时性工作。

四、带头办理重大疑难、复杂案件，参加科室案件讨论，共同把好案件质量关，使办案质量不断提高。

职务犯罪预防局（内设综合指导科、犯罪预防和警示教育科）工作职责

一、协助制定全县职务犯罪预防工作计划，协调和指导全县机关、企事业单位预防职务犯罪工作。

二、开展预防调查，分析研究典型职务犯罪产生的原因、特点和规律，提出预防职务犯罪的报告和对策建议，协助有关单位或部门有针对性地开展职务犯罪预防工作。

三、开展预防咨询和警示宣传教育，管理行贿犯罪档案查询系统，受理社会查询，参与全县重大工程建设、政府采购及招投标等工作职务犯罪预防。

职务犯罪预防局局长岗位职责

一、在分管副检察长领导下，主持全局工作，主持局务会和预防工作讨论，贯彻落实本院和上级领导机关的决议、决定和指示；

二、当好检察长、分管副检察长参谋，协助院领导抓好预防职务犯罪业务工作，及时向检察长、分管副检察长汇报预防工作规划、专项预防、行业预防、社会化预防、预防宣传、预防调查等重大预防工作；

三、带头主办系统预防、专项预防、预防宣传、预防调研、预防调查等各类预防项目，协调开展个案预防；

四、负责审核各种预防文件、文书，认真执行预防业务流程把关，做好本局各预防项目的组织协调；

五、抓好本部门的队伍建设，组织本局干警政治、业务学习和预防科技培训，努力帮助干警解决

实际困难，认真执行廉政勤政措施，做好本局干警预防工作纪律和各项规章制度的执行监督；

六、制定年度工作计划，总结工作经验，撰写有关预防经验材料，研究检察理论；

七、完成检察长交办的其他工作任务。

职务犯罪预防局检察人员岗位职责

一、独立承办各预防项目的计划、实施、预防效果的评估、总结和同步宣传报道工作；

二、预防项目包括专项预防、系统预防、预防调研、预防宣传、预防咨询、预防调查等；

三、工作人员应保证项目的质量和社会预防效果，严格执行预防纪律；

四、做好预防项目卷宗的整理、装订。

第三节　派出机构（猴场检察室、县经济开发区检察室）及其工作职责派驻检察室工作职责

一、在县检察院的领导下，负责开展延伸法律监督触角，促进检力下沉试点工作。

二、主要负责受理该辖区群众举报、控告和申诉，做好来访群众的法律解释和疏导工作。

三、开展法制宣传、职务犯罪预防、社区矫正监督考察等工作。

四、积极配合相关政法部门抓好社会治安综合治理、平安创建和矛盾纠纷的排查化解工作。

五、完成检察长交办的其他工作。

派驻检察室主任、副主任岗位职责

一、在县检察院党组和检察长的领导下，全面主持检察室的工作，包括检察业务、检察行政工作、检察队伍建设工作。

二、组织领导全室干警学习中央、省、地、县委和上级院的重要指示，组织领导干警学习贯彻党的路线、方针、政策和国家法律、法规。

三、认真贯彻“公正司法、加强监督、依法办案、从严治检、服务大局”的检察工作方针，组织干警按照职责分工积极开展各项工作。

四、团结、统一、协调全体干警的思想，保证党的各项方针、政策在本室得到全面的贯彻、落实，保证县检察院党组安排部署的各项工作按时完成。

五、根据当地党委和县检察院的指示部署，研究制定本室工作计划，并组织检查实施。全面了解和掌握全室工作情况，随时提出加强和改进全室检察工作的意见。

六、组织领导全室的精神文明建设和思想政治工作，不断提高思想政治工作水平，加强检察队伍建设。

七、深入实际，加强检察室试点工作调查研究，注意发现和总结带有普遍意义的经验，解决带有倾向性的问题，以指导各项检察工作的开展。加强信息宣传工作，扩大检察工作的宣传面、影响面。

八、负责向县检察院党组和检察长定期或不定期报告工作，领导全室干警努力完成县检察院交办的各项工作任务。

派驻检察室职务犯罪预防工作岗位职责

一、负责职务犯罪预防工作年度工作计划、业务目标和工作总结；

二、系统开展职务犯罪预防宣传、警示教育和法律咨询工作；

三、对辖区内职务犯罪情况进行调查研究，开展案例剖析、提出预防对策；

四、负责组织检察建议发放、回访及评优工作；

五、负责与辖区内职务犯罪预防社会网络联系工作；

六、统一掌握预防工作开展情况，负责预防统计，评估和考核预防效果；

七、负责预防职务犯罪信息的收集、研究和利用；

八、积极探索推进职务犯罪预防工作的方式方法，总结和推广预防工作经验；

九、完成检察室领导及上级预防部门交办的其他工作。

派驻检察室控告申诉工作岗位职责

一、受理人民群众的控告、申诉、赔偿请求和其他来信、来访、来电，并根据有关规定和要求进行登记、分流、摘报和答复。

二、做好接待的预约、准备、记录和批示意见的交办、查报工作及日常批示意见的处理工作。

三、制定本室控告申诉检察工作要点，综合反映和总结控告、申诉工作情况。

四、负责举报宣传和提供法律咨询工作。

五、负责办理县检察院和检察室主任交办的其他工作。

派驻检察室公诉工作岗位职责

一、负责本室公诉工作年度工作计划、目标考核、工作总结；

二、协助县检察院公诉部门对本辖区内刑事案件进行补充侦查，对本辖区内不起诉人员进行回访和帮教；协助监所部门对本辖区内监外服刑人员的监管及刑释解教人员的帮教考察；协助民事行政检察部门办理本辖区内民事督促起诉案件。

三、积极参与社会管理创新和综合治理工作，化解社会矛盾工作，维护当地社会和谐稳定。

四、完成检察长和室领导交办的其他工作。

史案拾遗

据《桑梓述闻》民国《贵州通志》记载，瓮安平冤断狱相关判例唯清康熙间巡抚王公燕平冤瓮安刘阿金案。并请旨题扁《明伦贞烈》建坊以祀。后得瓮安商基镛于山东德州知州时亲辅并培养的清雍正、乾隆协办大学士，吏部尚书孙家涂亲题《和声也师题贞烈刘氏传》诗而名播贵州乃至华夏。故不改其《桑梓述闻》民国《贵州通志》之录，以记述其平冤断狱。

罗朝彦妻刘氏，商基镛为之传曰：刘氏名阿金。年十九，适仲民罗朝彦，生一女而彦亡。氏昼耕夜绩，以养姑抚幼女甚笃，须臾弗忍离。仲之俗，兄殁，则弟室其嫂以为常。夫弟罗朝保欲妻氏，氏拒之，朝保意益坚，氏乃晓之曰："汝年少易娶，吾当力绩以为汝婚，纵不给，一牛二豕可鬻也。汝既婚，吾当为汝营衣食。且所贵为人者，与禽兽异。吾侍汝兄，既生育，而复委身于汝，此禽兽所不为，而况人哉？"朝保不从，愈谋所以胁氏。罗氏有恶号为班大王者，甚暴悍，数子皆枭骜，乡邻皆惮之。朝保就与谋，班大王曰："此易事，彼妇女耳，吾缚之，偕汝置空困中，数日弗与食，畏死，即汝从矣。"与朝保约期往，氏闻之大惊，遍诣诸有力者，泣求援，众畏班大王，不敢发一谋。或以从其鄙俗劝慰之，氏大恸曰；"人不畏三十而死，但畏死后无名，吾志决矣。吾虽与人言，吾死已久矣。"归挞其女，使远已，绐呼之，女畏弗敢近。氏乃密捡女衣履为一袱，而自衣其新衣，悉缝之乃袱，其旧者抱之出，去村里许，挂两袱于树，而自经其旁以死。时年二十有七。适葬草者见尸，惧事，归弗言，喉痛几死，数日事觉而后愈。氏弟控其事于县，并讦所为班大王者。氏以五月死，逾十日，县乃验氏尸体，尚如生人，成震异。然县受罗氏贿，乃以氏因他故死为辞，弗之究。里中每夜闻氏号哭声。宛平王公燕抚黔，氏弟复具控，公廉其实，亲鞫之，大怒，檄县立雪其冤。县乃缚所为班大王者父子杖毙之，而重惩朝保几死，自是哭声乃夜绝。无何，朝保党有罗登云者，计翻案诬氏有所私，过氏棺，欲取人所弃婴儿尸，纳之以实其事。念甫动，忽闻步履声橐橐自后来，追甚急，若有人击其背，乃弃尸归，是夜即呕血死。一日氏棺所，火忽从侧起焚其儿尸，氏之灵不欲蒙其不洁。乡邻取氏柩合葬于朝彦墓，王公甚嘉氏节，旌以额曰：明伦贞烈。为建坊，且贻金以抚其女，下逮司府县，各有以旌之。而乡里为氏立祠于其自经所，岁时虔祀之，过者必呼刘烈妇，伏拜而去。有偶呼其名及侮慢者必病，病必祷祠烈妇然后愈。至今人咸敬畏云。

赞曰：阿金刘氏，可谓贞烈者矣。当强暴之凌，而栉沐自经，以全其节，倘所谓从容就义者，非耶？此烈丈夫之所难，而一女子毅然行之。英灵震赫，庙食千秋，呜呼！可谓贞烈者矣。（《桑梓述闻》并《通志》）。

关于实施未成年人轻罪犯罪记录消除的主要做法

瓮安县人民检察院　赵金领

瓮安“6·28”事件发生后，为了最大限度地减少不和谐因素，最大限度地增加和谐因素，本着“教育、感化、挽救”的原则，按照宽严相济的刑事政策，我院决定对参与群体性暴力事件的34名青少年学生作出不起诉的处理意见，并采取切实有效的帮教措施，使其尽快回归家庭、回归学校、回归社会。按照瓮安县委《关于对“6·28”事件涉案未成年人违法及轻罪犯罪记录消除的指导意见》、县委政法委以《关于转发〈瓮安县“6·28”事件涉案未成年人违法及轻罪犯罪记录消除试行办法〉的通知》以及《贵州省未成年人违法和轻罪记录消除暂行办法》的有关规定，截至目前，我院共对32名涉案未成年人作出轻罪犯罪记录消除，并将他们的档案进行封存。其主要做法如下。

一、积极开展帮教工作

开展违法青少年帮教工作，是有效预防青少年违法犯罪、促进社会和谐稳定的重要举措。为防止在违法青少年帮教工作中把帮教演变为一种控制，我县坚持以人为本的基本理念，强调服务是根本，教育转化是目的的方针，从六个方面确保了“6·28”违法青少年帮教工作取得实效：

一是建立各项工作制度。根据《瓮安县“6·28”事件违法青少年帮教工作方案》，建立了由党委政府领导、政法综治教育牵头和社会学校家庭“三位一体”的帮教体系，展开了干部、社区、老师、同学、家庭共同参与的“无缝化”帮教行动。同时对“6·28”事件违法青少年帮教对象进行登记、建档立卡、定期走访、回访、对象管控、信息通报和跟踪考察、档案管理等制度，做到规范化、制度化。

二是层层落实责任制。县“6·28”事件违法青少年帮教工作领导小组办公室与各涉及乡（镇）、单位、学校以及乡（镇）与村（社区）帮教小组签订帮教责任书，帮教对象与帮教人签订帮教保证书，层层落实责任，确保各项帮教工作落到了实处。

三是开展结对帮教活动。县四家班子领导和涉及乡（镇）、单位主要领导每人至少要结对帮教一名“6·28”事件违法青少年。积极开展“1+1+1”的结对帮教（1个基层帮教组织+1名党政、社区干部+1名“6·28”违法青少年，其中对返校违法学生实行1名学校领导+1名教师+1名“6·28”违法学生结对帮教）活动，通过以上举措，对违法青少年对象提供了有效帮助，切实解决了其生活、学习、工作、家庭中的具体困难，激发了他们树立改过自新的信心。

四是开展经常性法制教育。瓮安“6·28”事件，充分暴露出我县在青少年法制宣传教育工作中存在的薄弱环节，引起了县委、县政府及县教育主管部门的高度重视。为此，县普法办及时调整充实了各中小学法制副校长，积极开展法制宣传教育工作。我院积极配合青少年学生的法制宣传教育，推荐了4名政治素质高、业务能力强的干警分别担任4所学校的法制副校长。要求每名兼职法制副校长要进一步加强法律理论知识的学习，认真准备宣讲材料，每学期开学时都要去学校上一次全校学生的法制宣传教育课。主动加强与兼职学校的联系和沟通，针对学生的不良行为和思想动向，结合身边发生的案例，采取法制宣讲、上法制课、个别谈话等方式，有针对性地开展经常性的法制宣传教育。近年来，我院法制副校长在兼职学校共组织开展法制宣传教育40余次。

五是开展心理疏导与咨询。"6·28"事件参与者多为在校学生，事件发生后，各中小学校建立起心理矫治室，配备专兼职心理矫治老师，开展心理健康教育、心理危机干预等心理矫治工作，有效地促进了在校帮教对象的身心健康成长。同时，教育、关工委、团委、妇联等部门积极采取多种方式组织社会心理矫治专业人员、志愿者为校外帮教对象开展清除不良心理、矫正扭曲心态、修复创伤心理等疏导与咨询。

六是坚持谈话和回访制度。为及时了解、掌握违法青少年的思想动态，抓好他们的思想教育、法制教育、道德教育，我院坚持开展与帮教对象的交心谈心活动，对外地求学、外出务工、经商的"6·28"事件违法青少年采用电话联访的方式，掌握其动向，预防其重新违法。2009年以来，杨嗣春检察长等院领导多次到瓮安二中、草塘希望中学等学校走访了解学校帮教对象表现及帮教措施落实情况。

二、实施违法轻罪记录消除制度

违法青少年在被司法机关处罚后有可能对自己的未来失去信心。他们重新踏入社会后，如果经受不住家庭的冷淡、社会的偏见与歧视，或遇重新就业的重重困难和阻力，很可能会产生"破罐子破摔"的逆反心理，并重蹈覆辙。我院本着教育为主、惩罚为辅、着眼未来、教育感化挽救的原则，严格按照《贵州省未成年人违法和轻罪记录消除暂行办法》规定的程序最大限度地缓解他们的心理压力，从源头上解决他们的心理负担。具体处理程序是：经过为期一年的帮教后，由本人写出书面申请，监护人签订承诺书，经派出所或学校出具现实表现证明，学校、社区或乡镇帮教办写出审核报告，由县帮教办转交我院审查，我院审查后作出同意消除轻罪及违法记录，报经县违法及轻罪犯罪记录消除委员会批准，作出违法及轻罪犯罪消除决定。从2009年至今，我院已对32名未成年人犯罪记录消除。

三、对未成年人轻罪犯罪案件档案实行封存

按照《贵州省未成年人违法和轻罪记录消除暂行办法》和修改后的《刑事诉讼法》的有关规定，结合我院实际，截至目前，我院共对32名未成年人轻罪犯罪档案进行封存。对封存的档案，我院的主要做法如下。

（一）实行分区域单独管理。为确保未成年人轻罪犯罪档案封存落到实处，最大限度地保护未成人的合法权益，我院对未成年人轻罪犯罪档案进行分区域、单独管理。在档案室内，我院设立独立的区域专门封存未成年人轻罪犯罪档案。

（二）实行专柜保管。对封存的档案，我院用专门的文柜保管。对文柜的管理，严格参照枪支管理的规定，实行双人双锁的方式进行管理，即一人保管钥匙，一人保管密码。。

（三）实行编号封存。对被封存的档案，实行一人一档案，一人一编号的方式。全部的材料均用文件盒包装，在文件盒上，只填写其编号，不能有未成年人的姓名以及案件的相关材料，未成年人的相关材料，由档案管理人制定相应的台账。

（四）严格查询制度。对封存的档案，按照《贵州省未成年人违法和轻罪记录消除暂行办法》和《刑事诉讼法》的有关规定：犯罪记录封存的，不得向任何单位和个人提供，但司法机关为办案需要

或者有关单位根据国家规定进行查询的除外。任何单位需查询我院封存的未成年人档案，必须提供查询的事实和理由，经我院审查后认为符合查询条件，并报经检察长签字同意后方可查询。查询后，我院将查询时间、单位和事由登记在册，并监督查询单位对封存的犯罪记录情况予以保密。

四、取得的成效

我院通过对32名未成年人轻罪犯罪记录的消除、档案的封存和有效的帮教，取得了良好的政治效果、社会效果和法律效果，为《刑事诉讼法》修改确定对未成年人犯罪档案封存制度奠定了坚实的基础。由于我院在推进“6·28”事件涉案未成年人帮教和轻罪犯罪记录消除工作中的突出表现，2010年4月24日至25日，人民日报、新华社、中央电视台、中央人民广播电台、光明日报、经济日报、法制日报等中央七大主流媒体到瓮安采访“6·28”涉案未成年人处理和帮教工作情况，杨嗣春检察长接受了中央电视台、法制日报社等媒体记者的专题采访。今年6月14日，杨嗣春检察长接受了检察日报正义网正义面对面栏目记者对瓮安县未成年人轻罪犯罪记录消除工作的独家采访。在我院作出消除犯罪记录的32人中，其中有17人参加高考，考上了大专院校，在这17人中，有四人考上一类大学。有四人自主创业，效果良好，现有资产已上一百万元。如葛启义，现在开有一家装潢公司，现有工人十余人，其净资产超过一百万元，并于2012年元月，当选为黔南州第十六届人大代表。如任为震，大学毕业后现在振华集团上班，他利用自己计算机专业知识为瓮安县帮教办制作了许多帮教材料。在这些违法青少年中，我们能够感受到他们的感恩之心，他们正在努力的回报社会。

五、存在的问题和下一步的打算

虽然在“6·28”案件中，我们对未成年人帮教以及犯罪记录的消除取得了一定的成绩，但我们也看到“6·28”案件违法青少年是个定数，帮教成功一个就少一个，我们没有将这项工作延伸到其他案件中去，而其他案件的未成年人轻罪犯罪人群却是个变数，且数量比“6·28”案件犯罪青少年更多。如果不下决心抓好这部分人群的教育感化工作，他们极有可能变成明天的违法犯罪分子。因此，我院将按照修改的《刑事诉讼法》和《人民检察院刑事诉讼规则》的有关规定，及时向县编委申报设立未成年人刑事检察科，建立未成年人犯罪捕、诉、监、防一体化的工作机制。在今后的工作中，未成年人刑事检察科在办理未成年人犯罪案件的同时，将积极参加社会管理创新，参与社会治安综合治理，开展未成年人犯罪调查研究，探索加强青少年法制教育和预防犯罪的方法和措施，不断完善未成年人犯罪刑事检察工作，充分发挥检察机关法律监督的积极作用，让检察权在未成年人工作中得以延伸。

浅论检察机关实施新刑诉法中尊重和保障人权

瓮安县人民检察院　吴洪富

【摘要】新刑诉法修改的一个最突出亮点，就是在总则中明确规定了“尊重和保障人权”，这是继宪法法律条文规定之后，我国部门法第一次对人权保障的明文规定，直接体现了宪法精神，彰显出人权保障理念在立法层面的巨大进步。

【关键词】新刑诉法；尊重和保障人权

尊重和保障人权，是联合国刑事司法准则中最高位阶的原则，是评判一个国家民主法治的标杆，其他一切原则确立的目的都是为了实现尊重和保障人权。我国将“尊重和保障人权”列入新刑诉法，并在相关条款建立和完善无罪推定、非法证据排除、法律援助等基本原则和制度，新设技术侦查、未成年人保护、刑事和解、违法所得没收、精神病人强制医疗等程序，全面体现了尊重和保障人权主旨。

2004 宪法载入“国家尊重和保障人权”，反映了我国对人权的高度重视。2012 新刑诉法首次于部门法中强调“尊重和保障人权”，进一步完善了刑事司法体制，在价值观上认同了尊重和保障人权的巨大价值。检察机关应当根据新刑诉法规定，担当起刑事诉讼监督重任，在监督中尊重和保障人权。

一、刑事诉讼监督中尊重和保障人权的基本含义

“人权”一词，最早出现于古希腊悲剧作家索福克勒斯作品中，随着卢梭、孟德斯鸠、洛克等资产阶级启蒙思想家“天赋人权”口号提出，人权理论开始走向系统化。而在中国，随着改革的深入，公民权利意识的提高，尊重和保障人权的呼声日益高涨，最终以国家根本大法的形式将其确立起来。在《宪法》中，将其列入公民的基本权利和义务一章，而在新刑诉法中，将其列入第二条，与时俱进却又发人深思。笔者认为，人权，是人为维护自身生存发展而享有的、在人类历史过程中不断形成和发展的、受国家法律保护而神圣不可侵犯的基本权利，涵盖了人身权利、财产权利、政治权利、民主权利等与人有关的各种权利和自由。

尊重和保障人权，是对公民行使人权的认可、支持并排除现时和将来的妨碍，使之最终实现的制度化保护。具体地讲，是国家通过立法、行政、司法等途径，对人的自由、生存和发展等基本权利的认可和保护。在刑事诉讼程序中尊重和保障人权，是指司法机关依法履行侦查、法律监督、审判、刑罚执行等职责中，尊重和保障刑事诉讼参与人合法权益。检察机关不但要参与刑事诉讼过程，还要对侦查、审判、刑罚执行等刑事诉讼活动进行监督，实现对人权的尊重和保障。

二、刑事诉讼监督中尊重和保障人权的对象及其具体内容

刑事诉讼监督中，尊重和保障人权的对象是刑事诉讼参与人，即刑事诉讼中除法院、检察院、公安、国家安全、军队保卫、监狱等专门机关依职权办案的人员之外，享受一定诉讼权利并承担一定诉讼义务而参加刑事诉讼的人，包括当事人和其他诉讼参与人两大类。（1）当事人。指与案件事实和刑

事诉讼结果有切身利害关系，在诉讼中处于控告或被控告地位并享有较大诉讼权利的诉讼参与人，包括被害人、自诉人、犯罪嫌疑人、被告人、附带民事诉讼的原告人和被告人、罪犯。(2) 其他诉讼参与人。指刑事诉讼参与人中，除当事人以外根据案件情况和诉讼需要参加诉讼的人，包括法定代理人、诉讼代理人、辩护人、证人、鉴定人和翻译人员。刑事诉讼监督中尊重和保障人权的主要对象是当事人。

刑事诉讼监督中应当得到尊重和保障的人权，主要是刑事诉讼参与人在刑事诉讼中应当享有的未被法律剥夺或限制的权利。这些权利包括：

一是知情权。刑事诉讼参与人有权知道犯罪涉嫌罪名、强制措施、被害人权利被侵害的程度、案件所处的诉讼期间、司法机关办理情况、可以行使的相关程序性权利，司法机关有义务告知诉讼参与人这些权利，并指导他们或其律师、诉讼代理人咨询、查询，维护其合法权益。

二是控告权。被害人（含自诉人）有权向司法机关举报犯罪人、陈述遭受犯罪侵害的事实，要求追究犯罪人刑事责任。诉讼参与人对法官、检察官或警察侵犯诉讼权利和人身侮辱行为有权提出控告。

三是请求权。刑事诉讼当事人有权申请回避、请求法律援助。犯罪嫌疑人有权申请取保候审，被害人一方有权请求检察机关监督公安机关立案、对法院错误裁判抗诉、对不起诉或撤案重新审查决定，证人有权请求补偿因作证而遭受的经济损失并要求对本人及其近亲属提供法律保护，附带民事诉讼原告人有权请求赔偿、调解，鉴定人有权收取相应的鉴定费和请求应有的经济补偿，翻译人员有权请求给付报酬和经济补偿。此外，刑事诉讼当事人合法权利受到司法机关及其工作人员侵犯而遭受损失的，有权请求国家赔偿。

四是参与调查权。犯罪嫌疑人、被告人以及被害人在刑事诉讼中，有权参加证据调查与质证，有权申请通知新的证人到庭、调取新的物证、重新鉴定或勘验。附带民事诉讼原告人和被告人有权参加民事诉讼部分事实调查。

五是辩护权。犯罪被告人有权采取自行辩护、委托辩护方式或由法院指定辩护人，针对检察机关和被害方的指控作无罪、罪轻或从轻、减轻、免除等方面辩解。被告人有权拒绝辩护人继续为其辩护，也可另行委托辩护人为其辩护。

六是沉默权。犯罪嫌疑人、被告人有不受强迫自证其罪的权利。对与本案无关的讯问、询问，刑事诉讼当事人有权拒绝回答。

七是决定权。刑事诉讼当事人可以决定是否委托诉讼代理人，被告人、被害人、自诉人、附带民事诉讼原告人和被告人有权决定对未生效判决在法定期限内是否上诉或提出申诉引起再审，被告人对酌定不起诉决定不服的有权申诉，自诉人可以决定是否向被告人自行和解或撤回自诉。

八是合法财产权。不是犯罪人通过犯罪或其他非法手段获取的财产，不得追缴。犯罪人羁押期间，其非生活必需品，由监所代为保管或者征得本人同意退还家属。司法机关不得借着办案名义，随意查封、扣押、冻结犯罪人合法财产，更不得侵犯无关人员财产权。

九是生命权和健康权。刑事诉讼阶段的犯罪嫌疑人、被告人，即使罪当其死，在未经审判之前，他仍是具有宪法意义的公民，任何机关、团体和个人都无权剥夺其生存权利。健康权是公民维护和保证身体机能正常运转的权利，是生命权的派生。刑事诉讼中，必须保证犯罪嫌疑人的饮食、睡眠和其他健康需要，不能以饥饿、疲劳等非人道方式获取口供。

十是人身自由和政治权利。犯罪嫌疑人、被告人非经检察院批准、决定或者人民法院决定并由公安机关（包括国家安全机关）执行，不得逮捕。逮捕后24小时以内通知被逮捕人的家属，并进行讯问。不应当逮捕或者无羁押必要的，应予释放或者变更强制措施。县级以上人大代表犯罪需要逮捕的，必须经过人代会主席团或人大常委会许可。取保候审强制措施只能采取保证人或保证金两种形式之一种，不得两用。司法机关不得以非法拘禁和其他方法非法剥夺或限制诉讼当事人人身自由，严禁非法搜查身体。对被羁押的犯罪嫌疑人、被告人禁止施行肉刑、刑讯逼供。对于犯罪嫌疑人、被告人住宅及相关场所搜查，除法定紧急情况外，司法机关必须出示搜查证。因办案需要对通信进行检查，必须依法定程序进行。犯罪嫌疑人、被告人只要没有被剥夺政治权利，就应当享有选举权和被选举权。无论在什么情况下，诉讼参与人的宗教信仰、婚姻家庭等都不得非法干涉。

三、刑事诉讼监督中尊重和保障人权方面存在的问题

（一）尊重和保障人权意识不强

在我国刑事政策长期强调“严打”的形势下，个别案件承办人受这种重刑主义思想影响，常常重视有罪、罪重证据审查判断，而轻视无罪、罪轻证据采信。在尊重和保障人权的对象上，有时轻重不分、本末倒置，错误地把对犯罪嫌疑人、被告人权利保障无限放大，而对更应该尊重和保护的被害人、证人权益漠然处之。在尊重和保障人权的内容上，重视身体、财产等可见利益，忽视名誉、人格等精神方面权益。

（二）办案程序不够规范

事实上，刑事诉讼监督程序在《刑事诉讼法》《刑事诉讼规则》中已非常明确，有的地方还制定了侦查监督、公诉工作办案规程。但在实践中，往往因为办案任务繁重、完成考核指标、照顾工作关系等因素影响，没有严格执行规定程序。应当告知诉讼权利而不告知、不充分听取犯罪人陈述辩解、消极对待律师意见、超期羁押、超时限办案等问题难以杜绝，与程序工具论观念有关，检察官一方面否定这些违法程序，另一方面又肯定这些程序赢得的打击犯罪“成果”。在办案经费紧张情况下，有的地方受利益驱动，违反法律和纪律越权办案谋利。

（三）侦检辩审配合和制约不协调

讲配合，就成了“一家人”无原则的“一致对外”，对明显的执法不规范、不公正问题也不监督纠正。讲制约，就是针尖对麦芒，吹毛求疵，相互拆台，对可以避免的违法不提醒，出了问题才发纠正通知。对于不及时将诉讼文书送达当事人、不履行告知义务、不提供法律援助、受利益驱动越权办案、应当立案而不立案、不应当立案而立案等问题，检察机关总是心太软，不能理直气壮监督纠正。辩护和侦控之间，主观上对立，客观上权能不对等。律师在刑事诉讼中会见难、阅卷难、调查取证难“三难”，严重影响辩护职能发挥和刑事诉讼正常进行。其中，会见难是最突出的问题。侦查、检察、审判各环节，因为担心律师履职造成串供、翻证等一系列问题，常常以各种理由阻止律师会见，造成犯罪嫌疑人、被告人相关权利得不到保障。对审判机关重罪轻判、轻罪重判、审判程序违法等问题，常常考虑配合关系，不敢果断抗诉监督。

（四）检察机关内外监督制约不够严谨

检察机关内部监督制约机制还不够完善，存在监管盲区。对党的领导、人大监督、社会监督缺乏正确认识，强调服务大局，忽视检察独立，对诸如征地拆迁中把民事矛盾上升到刑事案件办理的行政性指令无条件服从，结果造成冤假错案。

四、刑事诉讼监督中尊重和保障人权的对策

（一）增强检察官素质，树立尊重和保障人权的正确理念

提高检察官素质，正确认识和行使检察权，是尊重和保障人权的前提。检察官素质包括政治素质、道德素质、业务素质、文化素质和身心素质。政治素质是检察官的首要素质，要求忠于党、忠于国家、忠于人民、忠于宪法和法律。道德素质是检察官的重要素质，要求爱岗敬业，清正廉洁，严格执法，文明办案。业务素质是检察官的基本素质，要求法律知识精通、办案技能过硬、语言功底深厚、学科涉猎广泛、组织协调有力、善于改革创新。文化素质是检察官的必修素质，要求了解和把握现代经济、科技以及文学、哲学、历史、艺术等知识，在办案中正确处理法律与非法律错综交织问题。身心素质是检察官的必要素质，要求加强体育锻炼，保证身心健康，以饱满精神高质高效履行职责。只要具备了这些基本素质，就能在刑事诉讼监督中践行"忠诚、为民、公正、廉洁"核心价值观，严厉打击犯罪，尊重保障人权。

（二）严守办案程序，平等保护诉讼参与人合法权益

检察机关必须转变执法观念，树立程序独立理念，以程序的公正保证实体的公正。在案件管辖方面，要严格按照级别管辖、地域管辖要求，对职责范围内的案件积极主动行使管辖权，不因案件疑难、"无油水"而推诿。坚决禁止利益驱动越级、越地域办案。在决定是否逮捕、提起公诉时，必须坚持法定条件，手续齐备，依法进行。不得以"严打""地方稳定""党委政府工作大局"为由，违规决定强制措施，违法处理案件。证人出庭和保护新规，对刑事诉讼监督是一个全新课题，应当加强证人作证义务宣传，同时尊重证人权利，保护证人人身安全，补助因作证而造成的经济损失。

（三）加强侦检辩审法治联系，在配合制约中尊重和保障人权

一要加强配合，提高诉讼时效。诉讼时间越短，人们能十分自然地把犯罪与刑罚的因果紧密联系，从而坚信诉讼的公正。案件久拖不决，人权得不到尊重和保障，就有可能产生激烈的对抗和冲突。刑事诉讼监督中必须加强侦检辩审配合，确保诉讼程序流畅。检察机关要监督侦查机关主动及时收集证据，防止贻误时机造成证据灭失或破坏而使案件变成疑案。在法定期限内不能办结的刑事案件，对羁押的犯罪嫌疑人、被告人要监督立即变更强制措施或予以释放。要建立超时限办案责任追究制度，对不负责任、无视人权的拖延办案行为，严肃处理。进一步完善律师介入刑事诉讼各个环节的相关程序，保障律师会见权、阅卷权、调查取证权、申请变更强制措施权、辩护权，增强控辩对抗程度。认真执行"庭前会议"新规，与法院、当事人和辩护人、诉讼代理人等会谈，就回避、出庭证人名单、非法证据排除等程序性问题商议，为顺利庭审做好准备。为了防止以违法违纪方式收集证据，可以考虑建立讯问犯罪嫌疑人、询问被害人代理律师在场制度。进一步深化律师接待和投诉处理制度，支持律师依法履行职责。加强量刑建议工作，促进案件公正审判。对事实清楚、证据充分、被告人认罪且对适用简易程序无异议的案件，在建议适用简易程序审判同时，出席法庭加强监督。

二要加强制约，确保程序合法。如果说侦检辩审的配合是为了保证效率，那么它们之间的制约，则是为了维护公正。对刑事诉讼中侵犯人权问题，检察机关要采取通知纠正违法、检察建议等和谐形式，或者不捕、不起诉、抗诉等对抗形式加以纠正。重点纠正侦查机关随意立案、有案不立、不应当立案而立案、有罪不究、以罚代刑、采取强制措施后不按规定通知家属、非法插手经济纠纷、侵犯被害人人身和财产权利等问题。要改变“构罪即捕”和“一捕到底”错误观念，发挥检察机关案管办新设机构职能作用，将羁押必要性审查从侦查监督环节扩展到审查起诉直至判决环节，防止羁押侵权。要监督是否对重大疑难案件全程同步录音录像，防止刑讯逼供、欺骗诱供。对律师利用职务身份提供虚假证据、传递违禁物品信息、帮助犯罪人规避法律等违法行为，检察建议司法行政管理部门、律师协会、律师事务所严肃处理，直至查处犯罪。一审公诉案件违反程序的，及时向法院提出纠正意见，需要当庭纠正的，要敢于提出。加强检察长列席审判委员会工作，强化审判决策监督。建立死刑复核案件申诉受理、备案、审查和办理制度，探索有效开展死刑复核监督措施。对犯罪嫌疑人、被告人逃匿、死亡案件违法所得没收提出申请并监督法院受理、公告、审理、裁定和执行，对确有错误的裁定，依法抗诉。根据公安机关意见，对依法不负刑事责任的精神病人提出强制医疗申请，并按相关程序监督审理、决定和执行。

（四）健全检察监管机制，强化内外监督制约

近年来，检察机关推行办案责任制度、错案追究制度、检务督察制度、人民监督员制度等，保证廉洁执法，依法办案。但是，由于侵权调查的被动、处理的护短，自我约束受到社会质疑。为此，有必要完善内部监督制约机制，加强业务管理和队伍管理。在业务管理方面，要改变“师傅带徒弟”的办案陈规，注意规范办案流程，做到有章可循，违规易究。要落实案件质量管理职责，定期对案件检查、评查、分析，提出对策建议，提高办案质量。在队伍管理方面，淡化行政化色彩，健全岗位目标、竞争激励、责任追究等制度，控制检察权的恣意和妄为。推行检察官分类管理制度，加强规范化建设。不断完善检务、院务公开，宣传检察机关性质职能、机构设置、工作程序、受案范围、立案标准、诉讼参与人权利义务、举报或控告的途径方法等，把检察工作置于社会监督之下。查办职务犯罪人民监督员制度，体现了诉讼民主，可以在刑事诉讼程序中推广这一尊重和保障人权的经验，强化社会监督。对立案、侦查、审判、执行过程中违反程序、侵犯人权而长期得不到纠正的违法行为，要通过向党委、人大报告工作，提出对策等形式，由党委、人大决策干预

（五）认真执行刑诉法新规，在完善措施中尊重和保障人权

一要要树立无罪推定、非法证据排除等理念，落实宽严相济刑事司法政策。最早表述无罪推定理念的是贝卡里亚，他指出，“在法官判决之前，一个人是不能被称为罪犯的。只要还不能断定他已经侵犯了给予他公共保护的契约，社会就不能取消对他的公共保护”。非法证据排除规则源自英美法，通常指司法机关及其工作人员使用非法行为取得的证据不得在刑事审判中采纳的规则。在刑事诉讼监督中，检察机关切忌带着“犯罪”的有色眼镜审查案件，要牢固树立无罪推定理念，既重视审查犯罪嫌疑人、被告人有罪或罪重的证据，也不忽视能够证明其罪轻或无罪的证据，依法排除非法言词证据、实物证据和违反正当程序取得的证据，保证认定事实准确无误，严惩犯罪保护无辜。

二要执行刑事和解制度，化解矛盾纠纷促进社会和谐。近年来各地司法机关特别是检察机关，立

足构建和谐社会需要，贯彻宽严相济刑事司法政策，积极推行刑事和解制度，化解矛盾纠纷，预防再次犯罪，节约司法资源，取得较好法治和社会效果，得到新刑诉法专章认可。在实践中，要根据新规严格控制刑事和解的适用范围和条件，把握刑事和解自愿、合法、公正、效益等原则，认真规范刑事和解程序，对具有和解条件的案件通过检调对接积极促成和解，恢复被犯罪破坏的社会关系。

三要加强未成年犯罪人权益保护，彰显法律人文关怀。很多基层检察院专设未成年人犯罪检察科，由熟悉未成年人身心特点的检察官专办未成年人犯罪案件，要继续完善工作制度，重视改革创新，促进犯罪未成年人教育、感化和挽救。当前要认真研究和实践未成年人犯罪附条件不起诉、犯罪记录封存制度，减少“罪犯”这一有色标签的不利影响，帮教犯罪未成年人尽快回归社会。

四要加强刑罚执行监督，促进犯罪人改过自新。从被告人被法院判处时起，要督促交付执行的人民法院、送交执行的公安机关、具体执行的机关在每一环节将情况通知检察机关。建立监管场所执法情况报告制度，定期报告刑罚执行情况，重点掌握罪犯减刑、假释、保外就医、奖惩考核、离监探亲，以及监管改造活动重大违法事件或监管事故等。充分利用现代科技手段，与劳改机关、监狱、看守所、监外执行地公安机关、罪犯原单位或村（居）委会实行监控信息联网，加强管制、缓刑、剥夺政治权利、假释、保外就医、暂予监外执行等的同步动态监督，促进社区矫正依法、公正进行，防止虚管、漏管、脱管、失控甚至再犯罪。

在刑事诉讼中尊重和保障人权是刑事诉讼民主化的必然要求。构建富强、民主、文明、和谐的国家是中国社会主义现代化奋斗目标所在。在刑事诉讼中，国家犯罪嫌疑人、被告人的权利多少和地位的高低，是衡量民主化程度的尺度。实现刑事诉讼民主化，保障人权，反对有罪推定，充公赋予公民在被告法院定罪前的无罪法律地位，让公民在与公权力对抗时，充分行使其所享有的抗辩权利，减少冤假错案的发生。这是国家在行使惩罚性质的公权力时，所应当清楚认识到的权力规范。检察机关应当根据新刑诉法规定，担当起刑事诉讼监督重任，在监督中尊重和保障人权，止公权力滥用，遵照实体法和程序法的要求循序渐进的处理刑事诉讼，有利于保障刑事诉讼的民主化。

量刑建议制度研究

瓮安县人民检察院　牟涛　杨晓凤

量刑建议制度是我国刑事司法制度的有机组成部分。经过十余年的发展进程，我国量刑建议已从最初的尝试阶段步入正轨的运行阶段，其间，一些试点检察院的公诉部门对量刑建议作积极探索，并积累了一定的经验。现在，由于最高人民检察院已经提出“设立量刑建议制度，并将量刑纳入法庭审查程序”的建议，量刑规范化建设改革在各级检察机关逐渐推广。由于量刑建议制度尚在试行阶段，还未制定相关的法律法规，各地在实施过程中出现了这样或那样的问题，本文拟就当前基层检察机关在量刑建议运行过程中发现和存在的问题，作以下探讨。

一、量刑建议的概念、特征

2010年2月，最高人民检察院下发了《人民检察院开展量刑建议工作的指导意见（试行）》，将量刑定义为人民检察院对提起公诉的被告人，依法就其适用的刑罚种类、幅度及执行方式等向人民法院提出的建议。指出，量刑建议是公诉权的一项重要内容。

量刑建议又称为“求刑建议”，是指在刑事诉讼中，检察机关根据案件的基本事实以及被告人具有的从重、从轻量刑情节反映出来的社会危害性，结合刑法及刑法解释的相关规定，向人民法院提出对被告人应当判处的刑罚的建议。

量刑建议主要具有以下特征：第一、量刑建议的主体是检察院。即量刑建议只能由检察院的公诉机关提起，被害人不享有量刑建议权。第二、量刑建议的对象是指人民法院。第三、量刑建议的内容是被提起公诉的被告人应当被判处的刑罚，即量刑意见或量刑结果。第四、量刑建议只能在刑事诉讼中提出。第五、量刑建议不具有强制效力。

量刑建议的实质，就是公诉机关请求法庭对被告人在定罪的基础上处以相应刑罚的一种诉讼制度，即被告人的罪责要相适应。实践中，虽然公诉人已对被告人应承担的刑事责任和适用法律在发表公诉意见时予以阐明，但过于笼统，由于法官的自由裁量权过大，判多判少，判轻判重大都由合议庭或法官说了算，量刑不公开、不透明，常常出现同罪不罚，量刑不均的现象，有的甚至产生司法腐败。量刑建议恰好解决了这些问题，有效地促进司法公正。

二、量刑建议的法律依据

我国的宪法和法律明确规定，人民检察院是国家的法律监督机关。由此可以看出，检察机关享有量刑建议权是有法律依据的。首先，根据宪法规定，检察机关是国家的法律监督机关，检察机关享有量刑建议权，这是宪法赋予检察机关的监督职责，是检察机关应当行使的监督权利。检察机关向法院提出量刑建议，主要目的是为了防止法院量刑畸轻畸重，确保法院量公正，防止法官利用自由裁量权滥用量刑权。其次，我国《刑事刑事诉讼法》第160条规定，经审判长许可，公诉人、当事人等可以对证据和案件情况发表意见并且可以互相辩论。《人民检察院刑事诉讼规则》第281条规定起诉书的主要内容包括起诉的根据和理由，起诉的根据和理由包括被告人触犯的刑法条款、犯罪的性质、法定从轻、减轻或者从重处罚的条件，共同犯罪各被告人应负的罪责等。根据上述法律规定，可以看出检察机关应当具有量刑建议权。

三、实行量刑建议的意义

（一）实行量刑建议，有利于防止司法腐败，约束法官的自由裁量权

由于现行法律对于刑罚幅度的规定相对较大，使得法官拥有较大的自由裁量权，为法官暗箱操作，办人情案、关系案提供了合理借口，保护屏障，导致量刑畸轻畸重，判决不公。检察机关实行量刑建议，就能使控辩双方在法庭审判阶段专门对量刑问题发表意见，为法官或合议庭作出判决提供参考，让法官不得任意下判，使量刑更加公开、透明，有利于防止司法腐败现象。现在，各级法院已开始将量刑纳入法庭审理程序，量刑的公开性、透明性显著增强，有效规范了法官量刑的自由裁量权，使法院的量刑更加均衡，更为公平、公正，也更加有利于实现法律面前人人平等，切实维护社会公平正义。

（二）实行量刑建议，有利于保障当事人的合法权益

量刑建议使当事人参与诉讼的空间越来越大，原来，刑事案件的当事人基本上是被排斥在量刑程序之外，量刑建议的实行，使当事人有权围绕量刑问题进行辩论，发表自己的量刑意见和理由，有权了解自己的意见不被法官采纳的原因等。检察机关行使量刑建议权，实质上主要是对被告人合法权益的一种保护。因为，在刑事诉讼中，各方当事人大多不会对定性问题产生争议，主要是对量刑问题发生分歧，因而出现上诉、抗诉案件。法院将法庭审理的重心从过去的定罪转向量刑，可以使法庭的审判程序变得更加公开、透明，不仅有利于检察机关的诉讼监督，而且更加有效地保护了被告人的合法权益。被告人通过量刑程序更加清楚地知道了自己为何被定罪，法官将对自己如何量刑，从而认罪伏法，接受法院的判决结果，减少上诉、上访案件的发生。

（三）实行量刑建议，有利于公诉权的行使，有利于实现司法公正

公诉权实质上就是检察机关指控被告人，使其承担相应的刑事责任的一种权利。量刑建议权属于公诉权的一个重要组成部分，只有赋予检察机关量刑建议权，才能更加全面地确保公诉权的行使，同时也有利于公诉权的正确行使。因为检察官享有量刑建议后，必然会在法庭上提出相关量刑意见和建议，如果其量刑意见和建议被法庭采纳，公诉机关就不能以量刑畸轻畸重为由提出抗诉，有效防止检察机关随意提出抗诉，保证公诉权的正确行使。另外，由于检察机关提出的量刑建议均有事实和法律根据，加之检察官代表国家利益的特殊身份，其为了国家利益所提出量刑意见，法院必定会引起重视，认真对待，绝不可能随意否定。而且检察机关还掌握着抗诉权，如果法院的判决与检察机关的求刑相差过大，又不能说出合理的理由，检察机关就可以依法提出抗诉，启动二审程序予以纠正。本身法院内部也有自己的案件评查机制，二审改判或发回重审的案件，对于承办法官会产生一定的影响，有的院甚至会对法官给予经济惩罚。基于上述原因，检察机关的量刑建议将会潜移默化地影响法院的量刑政策，促进行司法公正。

四、实施量刑建议发现和存在问题。

（一）量刑建议法律制度不健全，量刑工作不规范

现行法律和司法解释对量刑建议未作专门规定，是量刑建议实践中的一大难题。《人民检察院刑事

诉讼规则》第281条第2款第4项规定起诉书内容“起诉的根据和理由，包括被告人触犯的刑法条款、犯罪性质、法定从轻、减轻或者从重处罚的条件，共同犯罪各被告人应负的罪责等”，我国《刑事诉讼法》160条规定“公诉人可以对证据和案件情况发表意见”但并未明确要求公诉人提出量刑的具体意见或建议。2008年底，全国有30多个省（自治区、直辖市）的检察机关在不同程度地开展量刑建议改革，但大多处于探索阶段，并不规范。2010年高检院制定下发了《人民检察院开展量刑建议工作的指导意见（试行）》后，各级院开始大力推行量刑建议制度改革，由于各级院对量刑建议的理解不一致，一些基层院仍主要以口头建议的形式提出量刑建议，随意性较大。有的基层院因案多人少矛盾突出，实践中并不积极主动开展此项工作，有的检察官怕麻烦，也不愿意在具体案件中提出量刑建议，由于量刑建议制度不完善，没有约束机制，量刑建议工作进程缓慢，难以达到理想的效果。

（二）量刑建议让检察机关的抗诉之路更加艰难，基层院公诉部门对量刑建议这项费力未必讨好的工作并不热衷

实践中，我们不得不承认，要想寻找法院判决的漏洞，找出判决书中的抗点，对于检察机关来说，本身具有一定的难度。而量刑建议则让法院的判决有了更多的理由和借口。如果检察机关提出量刑建议，法院在判决书中予以明确，检察机关更不可能对法院的判决提抗出。即使发现判决有问题，可能也不愿自己扇自己的耳光。作为每年目标考核的重要内容的抗诉工作，想要完成真是难上加难。本身公诉部门就存在人少案多的突出矛盾，量刑建议使公诉人工作量日渐增大，量刑建议是否被采纳又是案件质量合格与否的依据……基于上述种种原因，基层院的公诉部门并不希望开展量刑建议。

（三）量刑建议让检察机关和公诉人的压力增大

量刑建议让检察机关处于被动局面，压力增大。主要体现在一些当地社会影响较大，媒体、老百姓关注的敏感案件。检察机关在推行量刑建议前，这些案件的社会矛盾和社会压力一般集中在法院，因为检察机关事前不求刑，法官对案件作出判决一般可根据案件的社会影响依法对被告人酌情从重或从轻判处。如果检察机关在庭审中对社会影响大的敏感案件提出量刑建议，公众势必会对检察机关提出的量刑建议产生各种不同的反应，让检察机关处于风口浪尖的被动局面。同时，因为量刑建议是由公诉人具体提出，使得公诉人的办案压力和风险也日渐增大，有时甚至会遭到被告人及其家属的威胁和报复。

（四）现阶段公诉队伍的综合素质参差不齐，既无量刑建议经验，也不真正具备提出量刑建议的能力，量刑建议走过场，质量不高

由于量刑建议的提出者是公诉人，这就要求公诉人在办理案件时，不但要准确定罪，而且还要对被告人可能被判处的刑罚作出合理、准确的推算，这就要求公诉人不仅要具有主诉检察官的能力，同时还要具备主审法官的能力。虽然近几年，检察机关培养了许多业务精通，乐于奉献，勤于钻研的优秀公诉人，但是公诉队伍总的看来，综合素质参差不齐，检察官的整体素质根据不可能达到这个标准，并且普遍缺少量刑建议的经验，许多公诉人提出的量刑建议并不规范，往往是草率应付，敷衍塞责。影响了量刑建议制度的发挥，使得量刑建议制度形同虚设。

五、如何完善量刑建议制度

（一）量刑建议制度源于国外，实施过程中应充分考虑我国的具体国情，切不可本本主义，照抄

照搬。

（二）加大对公诉人的培养力度，以适应新形势下量刑改革的需要。目前，公诉人流失现象非常严重，公诉队伍极不稳定，现有的公诉队伍素质参差不齐。由于案多人少，公诉人任务繁重，压力增大，每天疲于审查案件，很少有多余的时间学习，外出学习培训的机会也比较少。上级院组织培训的方式，现在大多是网络培训，客观地说，这种培训方式的效果并不理想，根本不可能达到预期的目的。如果再不采切实有效的方法加大对公诉人员培训力度，凭公诉人的现有素质，很难适应新形势下量刑建议改革工作的需要，公诉人因自身素质跟不上形势发展的需要，必然会增大心理压力，加重危机感，这也不利于公诉人的心理健康。

（三）加强与法官、律师的沟通和协调。由于量刑建议不是只涉及检察机关一家的工作，还涉及人民法院、律师事务所。为了增强公诉效果，维护法律的威严，公诉人一定要把握好影响量刑的被告人的犯罪事实和情节等因素，如遇到有争议的地方，一定要及时同法官和律师进行沟通，争取达成共识，形成一致意见，提高量刑建议的采纳率。

（四）提高公诉人员的政治、经济待遇，大力向外引进公诉人才。在基层院，许多公诉科科长都是科员级别，从事公诉工作多年的科员级公诉人更是比比皆是，他们享受不到良好的政治待遇、经济待遇，却要承担繁重的工作任务，公诉人流失自然就是情理中的事情。量刑建议的推行，需要许多优秀公诉人，他们既要有深厚的法律理论知识，又要有较强的实践经验，这就要求检察机关积极向外引进人才，特别是从有司法实践经验的律师、法官队伍中选拔优秀人才。而引进优秀人才，离不开政治、经济待遇这一现实问题。因此，提高公诉人政治、经济待遇，迫在眉睫。

检察机关必须建立一套良好的用人机制和激励机制，让想干事的人有机会，能干事人有平台，干成事的人有待遇，奖惩分明，充分调动干警在工作中的积极性、主动性、创造性，才能有效推动量刑改革的实施，促进检察事业的健康发展。

浅析涉检网络舆情的应对及引导机制

瓮安县人民检察院 李孝春

【摘要】涉检网络舆情具有发表意见和传播的直接性、关注事件的时效性和事态发展的突发性、涉检网络舆论导向的偏差性等特征。涉检网络舆情是否及时有效的处理和应对不仅对检察官以及干警的个人形象、检察机关的总体形象产生了重要的影响，更直接关系到检察机关工作的正常展开。为此，我们必须：加强对检察机关工作人员的管理，按规定执法和办案；设立检察机关新闻发言人制度，提高发言人的职业水平；重视网络舆论工具，并且要发挥网络舆论工具的功效；及时对相关舆情事件进行处理，完善应对机制。

【关键词】检察机关；网络舆情；引导机制

前　言

当今世界，科技的发展日新月异，人们表达自己观点的方式和途径也越来越多样。尤其是在当下，随着网络的飞速发展，一台电脑，一根网线就可以将千千万万的人联系在一起，人们可以在这个虚拟的空间里畅所欲言，网络已成为继电视、广播、报纸之后的“第四媒体”，同时也成为反映社会舆情的主要载体之一。

网络舆情信息的主要来源有：各种门户网站的新闻评论、各大社区网站（也成 BBS）、博客（或者新兴出现的微博）、社交网站（如人人网，开心网）聚合新闻（RSS）等。网络舆情相对于传统媒介，具有表达方式快捷多样、信息庞杂多元，交流方式可以进行互动式交流等等优势。总的来讲，网络的虚拟性和开放性为大众提供了一个表达自己观点或关切有自身切身利益有关的事物的有益的平台，因此，国内有些学者给网络舆情下了这样的定义：“网络舆情是由于各种事件的刺激而产生的通过互联网传播的人们对于该事件的所有认知、态度、情感和行为倾向的集合。”所谓涉检网络舆情，笔者认为是指网民通过网络来表达和传播的，对所有涉及检察机关或检察官以及干警个人的事件、办理案件、检察官言行的情绪表达、态度发表以及意见提出的相关网络行为的总和。然而，涉检网络舆论，一般都是涉及检察机关或检察官以及干警的负面新闻或者是负面的评论和不利言论。这本身就是一种不正常的舆论导向。涉检网络舆情的负面影响在于有可能损坏了检察机关的良好形象，还有就是如果可能处理不当，便会激发矛盾引起社会的广泛关注，这是由于检察机关作为司法机关的特殊属性以及一些检察人员行为失范而引起的。

一、涉及检察系统的网络舆情的现状

当今网络日益发达的今天，涉检网络舆情引起了广泛的关注，但是案件处理不当和检察人员行为的失范引起负面地新闻炒作。近年来，检察机关面临着网络舆情的考验，因此如何积极引导舆情，如

何有效应对舆情危机，已经成为检察院工作不可回避的问题。

涉检网络舆情，具有以下几个方面的特征：

一是发表意见和传播的直接性。网民可以通过社交网站、相关新闻点评和个人博客来立即发表对于检察机关以及检察官、干警个人意见，下情直接可以上达，民意表达方式更加多样、途径更加畅通，有助于检察机关时刻把握民意；

二是关注事件的时效性和事态发展的突发性。关于检察机关的敏感的网络舆论话题一旦形成，传播往往非常迅速，一个引人关注热点事件，加之一种情绪化的煽动，往往成为引爆一片舆论的导火索，例如内蒙古贫困县女检察长开百万豪车的事件，报道后不久就引起了社会的轩然大波；

三是涉检网络舆论导向的偏差性。在网络这个虚拟空间里，发言者身份隐蔽，并且网络言论缺少必要的规则限制和有效监督，网络便成为一些网民发泄情绪的空间，以至于形成“网络暴民”群体。因此，网络上出现了很多对检察系统的不切实际、胡编乱造的指责，甚至是恶意谩骂，这些都对检察机关带来了不良影响。

涉检网络舆情，对于检察机关，以及检察官、干警个人都产生了很多负面的影响。

首先是影响了检察机关的总体形象和检察官以及干警个人的个人形象涉及检察系统的负面的网络舆情，一旦在网络和社会上产生巨大的反响，姑且不论谁是谁非，势必会使检察机关的整体形象大打折扣，就拿上面提过的内蒙古贫困县女检察长开百万豪车的事件来说，在没有搞清楚真相之前，检察机关就已经站在了风口浪尖上，遭到了各方面的指责批评，形象一落千丈。

其次是影响到了检察机关正常工作的展开。涉检网络舆情，无论真实与否，都是民意的反应，因此检察机关必须对此予以高度的重视。尤其是涉及检察机关贪腐、工作人员违纪等比较严肃的问题，检察机关更要予以高度的重视，并且要派出人员进行调查，这样做势必会耗费很多人力物力，对检察机关正常工作的展开造成影响。而且，可能会造成检察机关对舆论压力的屈服，妥协而息事宁人，无论结果如何，都将损害检察机关的权威性。

二、目前我国在涉检网络舆情处理上的制约因素

网络舆情需要好的引导才能处理好，然而，往往限于专业，检察机关在处理网络舆情时，由于诸多制约因素往往显得力不从心。

一是检察机关是国家司法机关，与传播舆论等接触较少，因此缺乏引导舆论导向的专业知识以及专业人才，因此在遇到社会舆论攻击时，往往显得不知所措而疲于应对；

二是当前我国公权力部门形象的集体破坏引发了民间对检察机关的不信任。当前我国处在社会转型时期，社会中有很大的贫富差距和仇富心理，在民间，舆论反腐大潮兴起，导致公权力名誉受到影响，同时，一些官员中的败类的不法行为和不道德行为言论等也对官员整体形象带来了破坏；

三是舆论监管不够和新闻从业人员职业道德的下滑导致舆论报道的不真实性凸显。涉检网络舆情一般由案件当事人、媒体工作者及部分“正义”的网民来传播。但这些人有的与案件有切身利害关系，有的并没有调查取证的权限，他们所掌握的第一手资料往往是一种表面现象，缺乏推敲，把事情想得很简单，事后对该资料的真实性和准确性也未进行进一步论证就将所谓第一手资料放到网上，从而引发涉检舆论，经过大众传播后，往往是都最后严重偏离事实真相，再加上相关部门的“失语”及

公众对司法部门的不信任，导致舆情的负面影响进一步扩大。

三、涉及检察系统的网络舆情的引导和应对

针对上述出现的检察机关应对网络舆情时出现的问题和瓶颈，我们必须做好以下几个方面的工作来及时有效的应对。

第一，建立涉检舆情的监测体系，加强对涉检舆情的研判和引导。检察机关首先要从自身意识上高度重视网络舆情应对，一定要具有很强的舆情意识，其次是要建立网络舆情评论员队伍或派专人每天进行涉检网络舆情的监测工作，可以通过浏览国内外的主要门户网站以及论坛等进行涉检舆情监测，争取做到第一时间发现涉检舆情，从而进行第一时间处理；要根据网络舆情性质的不同作出不同的处理方法：我们对于一般潜在的涉检舆情，要积极发挥本部门网络评论员的特长，进行干预和调控，使涉检舆情朝着有利的方向发展，这就是网络舆情的引导，或者联系相关媒体进行技术处理，我们对于已经开始蔓延的负面舆情，则需要根据涉检舆情应对预案进行相关处置；

第二，设立检察机关新闻发言人制度，这是对于网络舆情的引导机制。检察机关不要被舆论拖入被动，要主动地去引导舆论，要引进相关人才来为检察机关“发言”。通过新闻发言人，将检察机关的观点表达出来，将舆论涉及相关案件，事情等阐释清楚，才可以得到民众的支持。同时，要经常通报一些案件的处理情况，在法律和国家安全的范围内透明地通报相关案件的处理过程，使民众真正掌握事情的真相，引导舆论的正确取向。在新闻发言人的培养上要注意提高发言人的职业水准，要选择具有良好的业务能力和法律涵养的人来担当发言人，要以“零容忍”的态度杜绝因检察机关新闻发言人的“口误”而导致的更多不利于检察机关发展的网络舆论出现。

第三，检察机关要及时利用网络舆论工具来引导网络舆论导向。官方网站、博客、微博、新闻评论等等都是检察机关要占领的舆论阵地，要通过这些途径，使民众加强对检察机关以及检察官和干警的了解，拉近检察机关和人民大众的联系。在处理相关案件时。要坚持以客观事实为办案根据，以法律为准绳，坚决不为外界干扰所左右，在提起国家公诉时做到事实清楚明晰、证据确凿充分、案件定性准确，同时要通过以上工具及时向大众通报，做到不瞒、不堵、不捂，这样做可以有效减少无端猜测。并且，为确保可以取得良好的庭审效果，检察机关应当认真进行庭前准备，同时在庭审过程中掌握主动，讯问过程合情合法、详略得当、举证过程条理清晰问答清楚、答辩过程有理有节，不违法律，保证了证据观点的公开透明、指控犯罪的公正不偏，澄清了案件的真实情况，只有这样才能取得良好的社会效果以及法律效果，才能引导社会舆论不至于误入歧途。

第四，加强对检察机关工作人员的管理，按规定执法和办案。检察机关负责法律监督，因此也要求检察官和干警要有着更强的大局意识及政治涵养和检察相关业务素质。有必要对检察机关所有受理的各种各类案件进行综合评估，摸查出容易引发涉检上访的案件，在出现问题之前提早启动预警来化解，有效地将这种化解工作贯穿于执行法律以及审理案件的全过程，要做到认真预防，早发现、早处理，在第一时间把容易引发涉检网络舆情的案件排查出来，进行处理，将其控制在萌芽状态。在队伍建设方面，要组织学习班，增强干警队伍廉洁自律的精神和提升干警队伍的政治素养，以及加强干警队伍的业务训练，做到依法办案、廉洁办案、按规章程序办案，将案件处理工作做得滴水不漏，不给不良舆论以可乘之机。

第五，及时对相关舆情事件进行调查处理，以证据服人，以公正赢民心。检察机关如果遇到相关舆情事件，必须尽早依法处理，使得舆情不会进一步升级，在处理涉检舆情过程中，如有涉及检察官或干警违法违纪、贪污受贿的，作为检察机关自身决不能进行包庇而姑息迁就，应该彻底查清事实真相。同时对被冤枉的干警则应还其清白；但是对确有违法违纪事实的检察官和干警应进行严肃处理，以此来维护检察机关的良好形象。

总体来讲，涉及检察系统的网络舆情的引导和应对快速反应制度是一个内在有机联系的统一整体，是实现检察系统内工作情况能够及时地上情下达下情上报的有机统一体，是横向的同级别的涉检舆情信息工作部门，能实现检察系统内工作情况及时顺畅沟通的统一体，可以这样讲，缺少任何一部分，都将达不到最佳的效果三者相辅相成，共同作用。

网络舆情，尽管在这几年发展势头很旺盛，但是也是一个新兴事物。因此，检察机关对涉及检察机关以及检察官和干警的网络舆情的应对和引导工作还处在起步阶段，相信随着检察机关对该项工作的重视及相关经验的积累、应对制度的完善，该项工作会越来越完善和制度化。不过，笔者还是衷心地希望随着我国法制的不断健全和完善，执法人员素质的不断提高，大众利益分配的逐渐均衡，涉及检察机关的网络舆情会越来越少。

浅析我国非法证据排除规则的不足及完善

赵英宪

【摘要】刑讯逼供是当前中国刑事侦查当中的一大顽疾，而非法证据排除规则无疑是破除这一顽疾的一把利剑。目前理论界和实务界对非法证据排除规则的运用和研究主要集中在审判阶段。由于各种客观和主观原因，其对刑讯逼供的遏制作用并没有体现出来。在中国这种特殊国情之下，只有将其运用到侦查阶段并完善相关配套制度，非法证据排除规则对刑讯逼供的遏制作用才能完全体现出来。本文通过对我国非法证据排除规则的现状及不足之处进行分析，并从建立中国特色的侦查法官制度，建立律师在场制度，以及确保看守所的中立等几方面来对我国的非法证据排除规则的完善提出了自己的看法。

【关键词】非法证据排除规则；刑讯逼供；侦查法官

近些年来由媒体曝光的诸多冤假错案，如湖北京山佘祥林案，河北石家庄聂树斌案，云南昆明杜培武案以及河南赵作海案，无不如影随形的伴生着刑讯逼供。这些无辜的普通人，因为刑讯逼供而蒙冤入狱甚至受死，极大地刺激了普通民众对刑讯逼供的恐惧感。随着社会的进步，人们最不能容忍的不再是犯罪，而是无辜的人被不公正的对待。可以说正是这些典型的由刑讯逼供所引发的冤假错案促生了两个证据规定的出台。2010年5月30日，最高人民法院、最高人民检察院、公安部、国家安全部和司法部联合发布了《关于办理死刑案件审查判断证据若干问题的规定》和《关于办理刑事案件排除非法证据若干问题的规定》。学者们普遍对这两个规定的出台给予了肯定的评价，认为这是改革完善刑事证据制度的重大成就，其中的《非法证据排除规定》更是为解决刑讯逼供问题提供了法律出路。然而在一片充满期望的赞扬声中，我们需要冷静思考一下，《非法证据排除规定》是否真的能根除我国存在的刑讯逼供这一顽疾呢？若是通过排除非法证据的适用就可以解决刑讯逼供的问题，那我们为什么不早点制定这一规则呢？事实上，我国的刑事诉讼法和相关司法解释中，也早有关于刑讯逼供获取的言辞证据不能被采纳的规定，在现实中刑讯逼供仍然造成了一起又一起的冤案。新的《非法证据排除规定》能否避免在实际司法活动中被规避呢？本文将对这一系列问题进行探讨。

一、非法证据的含义

所谓非法证据，也称非法获得的证据。现时，我国刑诉法理论界对非法证据的概念和外延存在多种认识，很多学者都提出了自己的看法，他们分别从不同的角度出发，对非法证据做出了不同的界定。有的学者认为，非法证据是办案人员违反法律规定的权限、程度或用其他不正当的方法获取的证据。也有学者认为，非法证据是指不符合法律规定的证据内容、证据形式及违反法律规定的程序、方法收集的证据材料。还有的学者认为，非法证据是指经法定程序查证，具有客观性和关联性的非法定主体提供的用于证明案情的事实材料，或法定主体违反法定程序、法定形式，以非法手段提供或认定的证明案情的事实材料。

笔者认为，非法证据是合法证据的对称。是指因不符合法定形式或取得的程序违法而不具有可采性的证据材料。在我国刑事诉讼中，主要是指：1. 我国刑事诉讼法规定的 7 种证据以外的证据形式；2. 法定人员以外的人非法收取的证据材料。例如，商场保安人员主持的对犯罪嫌疑人的辨认；3. 非经法定程序收集的证据材料。例如非法搜查、扣押的物品，以刑讯逼供、威胁、引诱、欺骗及其他非法方法取得的被告人、犯罪嫌疑人、被害人、证人的供述、陈述和证言；4. 未经法定程序在法庭上出示并查证属实的证据材料。

二、我国非法证据排除规则的现状及不足

（一）我国非法证据排除规则的立法现状

1. 宪法的规定

《中华人民共和国宪法》第 37 条第三款规定：禁止非法拘禁和以其他方法非法剥夺或者限制公民的人身自由，禁止非法搜查公民的身体。第 39 条规定：中华人民共和国公民的住宅不受侵犯。禁止非法搜查或者非法侵入公民的住宅。第 40 条规定：中华人民共和国公民的通信自由和通信秘密受法律的保护。除因国家安全或者追查刑事犯罪的需要，由公安机关或者检察机关依照法律规定的程序对通信进行检查外，任何组织或者个人不得以任何理由侵犯公民的通信自由和通信秘密。

2. 刑事诉讼法的规定

《中华人民共和国刑事诉讼法》第 43 条规定：审判人员、检察人员、侦查人员必须依照法定程序，收集能够证实犯罪嫌疑人、被告人有罪或者无罪、犯罪情节轻重的各种证据。严禁刑讯逼供和以威胁、引诱、欺骗以及其他非法的方法收集证据。

3. 刑法的规定

《中华人民共和国刑法》第 238 条规定：非法拘禁他人或者以其他非法方法剥夺他人人身自由的，处三年以下有期徒刑、拘役管制或者剥夺政治权利。具有殴打、侮辱情节的，从重处罚。第 247 条规定：司法工作人员对犯罪嫌疑人、被告人实行刑讯逼供或者使用暴力逼取证人证言的，处三年以下有期徒刑或者拘役。致人伤残、死亡的，依照本法第 234 条、232 条的规定定罪从重处罚。

4. 司法解释

《关于民事诉讼证据的若干规定》第 68 条规定：以侵害他人合法权益或者违反法律禁止性规定的方法取得的证据，不能作为认定案件事实的依据。《最高人民法院关于执行〈中华人民共和国刑事诉讼法〉若干问题的解释》第 61 条规定：严禁以非法的方法收集证据。凡经查证确实属于采用刑讯逼供或者威胁、引诱、欺骗等非法的方法取得的证人证言、被害人陈述、被告人供述，不能作为定案的根据。最高人民检察院的《人民检察院刑事诉讼规则》第 140 条规定：严禁刑讯逼供和以威胁、引诱、欺骗以及其他非法的方法获取供述。第 160 条规定：不得采用羁押、刑讯、威胁、引诱、欺骗以及其他非法方法获取证言。第 265 条规定：严禁以非法的方法收集证据。以刑讯逼供或者威胁、引诱、欺骗等非法的方法收集的犯罪嫌疑人供述、被害人陈述、证人证言，不能作为指控犯罪的根据。2010 年 5 月 30 日，最高人民法院、最高人民检察院、公安部、国家安全部和司法部联合发布了《关于办理死刑案件审查判断证据若干问题的规定》和《关于办理刑事案件排除非法证据若干问题的规定》（以下

简称《非法排除规定》）等。

（二）我国非法证据排除规则不足分析

1. 对非法证据排除规则法律规定的不足分析

从以上的列举中，我们可以看到，我国从根本大法宪法、基本法刑事诉讼法和刑法以及相关的司法解释中都有对非法证据排除规则①的规定，也起到了很大的作用。但是，实践中，由于我国宪法一般不作为司法审判的直接依据，且这些规定过于原则笼统、缺少配套制度，使得宪法中的规定仅仅是非法证据排除规则相关的原则性规定，不具有可操作性。我国现行刑事立法对非法证据的效力规定十分简单，不仅对非法实物证据的取得未作任何规定，就是对非法言词证据，公安机关、国家安全机关、人民检察院、人民法院的规定也不尽一致。因此，给执法部门带来了许多问题，使得各部门在实际操作过程中无章可循，拥有太多的自由裁量权，导致各部门做法大相径庭。可见，我国刑事法律中严格意义上的非法证据排除规则尚未建立，没有理性地体现刑事诉讼的特定原则或精神，且排除的证据范围非常有限，仅限于言词证据，远远不能适应刑事司法的实际需要。非法证据排除规则在具体法律规定方面主要存在以下问题：

首先，《非法证据排除规定》没有扩大非法证据排除的范围。《非法证据排除规定》仅在第 14 条规定了对“物证、书证的取得明显违反法律规定，可能影响公正审判的，应当予以补正或者作出合理解释，否则，该物证、书证不能作为定案的根据。”其余全部针对非法取得的言词证据的排除。从 14 条规定的内容来看，在物证、书证不能作为定案的根据之前，有许多限制性的规定，也就是说新规定对违法取得的物证、书证采取的态度并非是必然排除，恰恰相反，仅仅在“不能补正或不能做出合理解释”时，而且取证行为“明显”违反法律规定，内容上如果采用该证据“可能影响公正审判”时，才予以排除。笔者理解，这条规定在对待非法方法取得的实物证据态度上，是给予了法官一定的自由裁量权，仅在特殊情况下，才对非法取得的实物证据予以排除。所以，《非法证据排除规定》基本上仍然是以排除非法言词证据为主的。

其次，《非法证据排除规定》中明确了在庭审前或庭审中，被告人提出审前供述为非法取得时，法院应当先行调查证据的取得是否合法，控辩双方可以就此问题质证和辩论，在解决了审前供述的合法性问题后再继续关于被告人罪责的庭审程序。克服了过去因为没有法律的明确规定，而使得被告人在法庭上提出被刑讯逼供之后得不到关注和救济的问题得以解决。被告人在刑事诉讼中有可能被给予不公正的待遇，而庭审则是被告人最后的救济途径，因此，明确法庭具有审查被告人的审前供述的合法性职责，将有利于对被告人人权的保障。但是一些程序性规定仍然是有疑问的，如第 7 条规定：“法庭对被告人审判前供述取得的合法性有疑问的，公诉人应当向法庭提供询问笔录、原始的讯问过程录音录像或者其他证据，提请法庭通知讯问时其他在场人员或者其他证人出庭作证，仍不能排除刑讯逼供嫌疑的，提请法庭通知讯问人员出庭作证，对该供述取得的合法性予以证明。”法庭在什么情况下才会对被告人审前供述取得的合法性有疑问呢？如果法庭对被告人的审前供述的合法性没有疑问，但被告人坚持是被刑讯逼供后才做的供述，此时被告人的权利如何保障？提供原始的讯问过程录音录像是审讯全程呢，还是部分截取呢？如果不表述明确，完全可以截取其中一部分不含有刑讯逼供的内容提交上去。而“不能排除刑讯逼供嫌疑，提请法庭通知讯问人员出庭作证”的规定显然没有意义，因为没有人会承认自己刑讯逼供过被告人。

最后，非法证据排除的程序性规则里最重要的一条就是证明责任的规定。以前法律中也没有明确刑讯逼供的证明责任由谁来承担，一般情况下，根据“谁主张、谁举证”的一般证明责任分配原则，都是由提出刑讯逼供的被告人一方承担的。而被告人被刑讯逼供时处于失去人身自由的状态当中，刑讯逼供又往往发生在封闭和隐秘的环境下，证明是很难的。现在《非法证据排除规定》在第6条规定“被告及其辩护人提出被告人审前供述是非法取得的，法庭应当要求其提供涉嫌非法取证的人员、时间、地点、方式、内容等相关线索或证据”，即被告人仅承担初步的证明责任；第11条规定“对被告人审前供述的合法性，公诉人不提供证据加以证明，或者已提供的证据不够确实、充分的，该供述不能作为定案的根据”，即明确了由控诉方承担不存在刑讯逼供的证明责任。《非法排除规定》明确了刑讯逼供证明责任的倒置，由控诉方承担证明责任。这无疑是证据立法的一个重大进步，也是学者们多年来一直倡导的。如果控诉方不能证明自己不存在刑讯逼供，我们就推定刑讯逼供存在，这显然是对控诉方行为的极大限制。但是，被告人如果无法提供相关线索或证据怎么办，有律师也称被告人受到刑讯逼供时可能无法记清楚时间、地点，也无法获知刑讯逼供人的姓名。根据《非法证据排除规定》第十条的规定，如果被告人及其辩护人未提供非法取证的相关线索或者证据的，或者虽然提供了相关线索或证据，但是法庭对被告人审判前供述取得的合法性没有疑问的，该供述就可以作为认定被告人有罪的证据。因此，尽管《非法证据排除规定》已经对如何认定非法证据规定了较为详细的操作规程，但是总体看来，在许多地方仍然有规避适用该规则的可能性。

2. 对司法实践中非法证据排除规则的不足分析

首先，我国《刑事诉讼法》第7条规定：“人民法院、人民检察院和公安机关进行刑事诉讼，应当分工负责，互相配合，互相制约，以保证准确有效地执行法律。”这种法律规定决定了我国的刑事诉讼结构是以侦查为中心的。司法实务界把上述三机关之间的关系形象地比喻成“做饭、端饭与吃饭”。也就是说侦查机关“做什么饭”，公诉机关就“端什么饭”，审判机关也就“吃什么饭”。法官对侦查行为合法性的监督处于缺失状态。而在西方法治国家，刑事诉讼是以法院为核心的，立案、侦查、起诉、审判等都是以法院为中心展开的，不管侦查行为还是各种强制措施都处于法院的监督之下。为了防止侦查行为的恣意和滥用，最高人民法院在《关于执行〈中华人民共和国刑事诉讼法〉若干问题的解释》第61条规定：严禁以非法的方法收集证据。凡经查证确实属于采用刑讯逼供或者威胁、引诱、欺骗等非法方法取得的证人证言、被害人陈述、被告人供述，不能作为定案的依据。2010年5月30日，最高人民法院、最高人民检察院、公安部、国家安全部和司法部联合发布了《关于办理刑事案件排除非法证据若干问题的规定》（以下简称为《非法证据排除规定》）。但是这里规定的非法证据排除规则主要适用于审判阶段，对侦查阶段的非法取证行为特别是严重侵犯人权的刑讯逼供行为缺乏及时、有效的遏制作用，事后的监督形无力虚。

其次，我国“案卷笔录中心”的裁判模式，使庭审流于形式，非法证据排除规则形同虚设。1996年《刑事诉讼法》对庭审模式做了改革，即加入了当事人对抗因素，但是“案卷笔录中心”的裁判方式并没有得到根本改观。在这种模式下，法官可以在庭审前、庭审中以及庭审后接触全部案卷材料，因此在刑事审判中，有关证据之合法性、可采性的问题，并没有成为法庭审理的对象。由于在司法实践中证人很少出庭作证，法庭未能形成有效的质证，庭审基本流于形式。因此实际上公诉人移交的卷宗笔录基本上被推定为具有可采性。即使被告人以及辩护人提出供述笔录系刑讯逼供所致，违背自愿性原则，但由于其未能提供足够的证据证明其主张，而公诉人却提供了其对案件事实的多份供述。在这种情况之下，法官往往会偏向于公诉人，采纳其宣读的笔录证据。对案卷笔录证据能力的强力“推定”，使得法庭不顾笔录证据在合法性上所面临的挑战，而继续维护其证据能力。法庭既不会对案卷笔录的可采性进行专门审查，也不会对由此所引发的侦查行为的合法性进行司法审查。由于侦查人员几乎普遍不出庭作证，辩护方一旦在法庭审理中对某一侦查行为的合法性提出质疑，法庭就无法组织被告人与侦查人员进行当庭对质，更无法听取控辩双方对侦查人员的交叉询问。通常情况下，法官对侦查行为合法性的判断，几乎完全以侦查人员出具的情况说明或其他书面材料为根据，也就是普遍采信侦查人员就其侦查行为“合法”所做的一面之词。

造成目前非法证据排除规则难以适用的尴尬局面有很多原因，但是最主要的原因是在当前中国的诉讼模式下，非法证据排除规则在审判阶段的运用对非法取证行为起不了应有的遏制作用。

三、完善我国非法证据排除规则的构想

（一）设立具有中国特色的侦查法官审查制度

不管在英美法系国家还是在大陆法系国家，大都建立了审前法官制度，在中国目前的情况下，全国所有地区设立全职的侦查法官可能不太现实，因此规定不能太刻板，有条件的地区可以设立专职侦查法官，没有条件的可以设立兼职侦查法官。但是不论是专职的还是兼职的侦查法官都不得再担任该案的审判法官。这主要是防止其先入为主，产生预断。侦查法官的任命应该符合《法官法》的规定，其待遇也不能低于其他法官。由于司法权的被动性，因此启动审查非法证据的程序应该由遭受刑讯逼供的被告人、犯罪嫌疑人或者其律师提起。为了保证被告人此种权利，看守所应该提供 24 小时联系电话，或者配备专门人员联系侦查法官。其提起时间一般应该在公诉机关提起公诉前。有特殊情况也可以在提起公诉后提起。为了保证排除规则适用的公正性，对于该非法证据的排除应该采用公开听证的方式。侦查法官有权要求侦查人员出庭接受询问。如果侦查人员不出庭接受询问可以推定其实施了刑讯逼供，从而排除其取得的口供以及其他实物证据。犯罪嫌疑人或被告人可以与侦查人员就其是否采用了刑讯逼供进行对质，双方可以向侦查法官提供证据，一方可以对对方证据进行指质证。当然此时的侦查法官跟庭审时的法官不一样，必要时其可以进行证据调查。但必须由犯罪嫌疑人或者被告人提出申请。审查结束后，侦查法官应该在七天内作出裁决。

（二）建立律师在场制度

根据我国《刑事诉讼法》的规定，犯罪嫌疑人、被告人有如实回答侦查人员讯问的义务。由于讯问的秘密性，场所的封闭性，一旦被告人、犯罪嫌疑人不“如实”回答问题，很有可能遭到侦查人员的刑讯逼供。律师在场制度能够有效防止这种情况的发生。根据目前中国的法律规定以及司法现状，律师的在场权宜规定为实质意义上的在场权。即侦查机关对犯罪嫌疑人讯问时，律师不但应该在场，而且律师还能够与犯罪嫌疑人交谈或者提供法律意见。当然为了不影响讯问的进行，交谈或提供法律意见应该在讯问之前或之后进行。如果讯问时律师不在场，侦查法官可以以严重违反诉讼程序为由将侦查机关的询问笔录予以排除。如果侦查机关确实进行了刑讯逼供，不但询问笔录应该排除，通过口

供获得的其他“毒树之果”也应该予以排除。为了保障律师的在场权，应该扩大我国目前的法律援助的范围。如果被告人、犯罪嫌疑人没有聘请律师，那么侦查人员应该通知承担法律援助义务的值班律师到场见证，如果没有律师在场，讯问不得进行。

（三）确保看守所中立

根据《中华人民共和国看守所条例》的规定，看守所隶属于公安机关，由同级公安机关管理。虽然看守所管理属于行政管理活动，但是其与侦查部门都隶属于公安部门，受同一负责人领导。因此在司法实践中，其往往服务于侦查的需要。看守所在侦查机关以及未决羁押人员之间难以保持中立。这种不合理的设置导致了一系列侵犯人权的事件发生，如刑讯逼供。这些年来发生的“躲猫猫死”“喝开水死”“做噩梦死”“洗澡死”“激动死”等事件就是明证。这些事件的发生严重损害了刑事司法对公平、正义的追求，破坏了法治的基本原则。在这种情况下，有必要将看守所从公检法三机关分离出去，确保看守所中立，目前可以由司法行政管理机关管理。首先司法行政机关不参与刑事侦查、起诉以及审判活动，作为中立的第三方，其可以有效地对侦查人员的讯问行为进行监督，一旦发生刑讯逼供行为可以及时制止。其次，司法行政机关作为无利害关系的第三方，可以为将来侦查法官认定是否存在刑讯逼供行为，提供可靠的证据支持。再次，司法行政机关一直是刑罚执行和劳动教养执行的机关，将未决羁押也交由其执行，不仅能集中管理，符合其作为执行机关的性质，也能使公安机关全力以赴地投入打击犯罪工作。同时，有利于划清刑事司法与行政处罚。

结 语

在当今社会里，产生了“佘祥林”“赵作海”等一件又一件冤案，使我们看到刑讯逼供确实已经成为制造冤案的助推器了。梳理和分析产生刑讯逼供的土壤，改善公检法的生态格局，已经迫在眉睫。从具体操作机制层面上讲，必须改变司法过程中各办案部门配合有余、制约不足的状态。如今，在我国整个诉讼构架中，公、检、法三家确有成为事实上的“一家人”的倾向。在刑事诉讼活动中，公安和检察两家走得近一些似乎是可以理解的，因为总体而言，“警检一体化”是一种发展趋势，它们都代表着控方，整个侦查活动的目标也都是为了查明案件事实，并最终服务于对犯罪行为的有效指控。但控辩双方与法院之间却应该形成一个完整、合理的诉讼结构，法院应该依法独立地进行裁判。现在，人们几乎都看到了刑事诉讼中辩方的“弱者”地位。因此，不断提高被告人及其辩护一方在刑事诉讼中的实际地位，进一步从体制、机制上保证法院依法、独立、公正、权威地行使刑事审判权，才是现今我国刑事司法改革的重要目标和当务之急。当然，任何一种制度的构建都不可能毕其功于一役，其还涉及其他法律制度的改革、配套制度的完善以及司法理念的转变。非法证据排除规则在中国完全确立需要更多的法律智慧以及改革魄力，需要借鉴西方法治国家的先进经验，但又必须照顾到中国的国情，只有这样，一项法律制度建立以后才不会在司法实践中被搁置、被架空。

看守所被监管人员的人权保障与检察监督

马 佳

一、看守所被监管人员人权保障的意义

近年来，监管场所非正常死亡事件时有发生，自“躲猫猫事件”后，监管场所的人权保证问题逐渐被人们所关注。这些待在看守所里的大多都是未决犯，他们还没有经过法院的最终判决，罪名尚未确立，然而意外伤害和死亡的出现使得他们的人权没有得到应有的保障，这与我国的法治文明进程是相违背的，同时也反映出监管机关和检察机关存在监管不力与监管不到位、执法人员的执法存在严重问题等等。

人权的本质特征和要求是自由和平等，人权的实质内容和目标是人的生存和发展。人权完整的意义是人自由、平等地生存和发展的权利，或者说是人基于生存和发展所必需的自由、平等权利。监管场所人权是公民人权的一个重要组成部分需要全社会给予足够的重视，被监管人虽然是具有一定特殊身份的公民，其个人尊严和权利应当得到法律的保护。对监管人员的人权保障能够折射出一个国家文明、民主程度，从国际范围来看被监管人员的人权保障都是整个人权保障体系中的重中之重。今年，全国人大讨论通过了新的《中华人民共和国刑事诉讼法》将保障人权作为基本原则，去年讨论通过的《中华人民共和国刑法修正案（八）》也加大了对被监管人员的人权保障，这些标志着我国人权保护事业的发展，是我国法治文明程度的又一大进步。

二、监管场所人权保障现状与检察监督存在的缺陷

（一）监管场所工作人员思想认识缺陷

我国的人权概念引入较晚，对人权思想的认识还不够完善，部分监管场所工作人员思想上没有对监管场所的人权保护问题给予足够的重视。主要表现为：1、重打击，轻保护的思想根深蒂固，部分监管场所工作人员甚至认为，凡是在监管场所羁押或者服刑人员不应该有什么权利，对待这些人就是要严加管束，在实际工作中，强调被监管人应当遵守的义务，而忽视被监管人权益保障；2、一些监管场所负责人认为，只要抓好监管场所的安全工作，其他问题都是其次，从而弱化被监管人合法权益的保障。在实际工作中，以维护监管场所安全的名义，不惜损害被监管人合法权益的情况屡见不鲜。

（二）管教方式简单粗暴

由于经济发展的不均衡，一些看守所警察的素质不符合体制发展的需要，实践中，看守所为了树立权威，便于管教，往往对一些被监管人之间吵架、不尊重管教干部等行为，采取加戴械具的方式进行处理，以罚代教。同时关押条件普遍比较简陋，致使被监管人员的人身健康存在一定的隐患。

（三）看守所被监管人的生产、生活、休息权利得不到应有的保障

看守所对被监管人的权利保障，从总体上说还是不错的。但是，由于看守所时常人满为患，造成被监管在押人员的人均居住面积下降，监舍空气流通程度、卫生清洁程度、隔音效果以及卫生间设置

等方面没有达到生活标准，一定程度上危害着被监管人的身体健康。

（四）检察监督缺乏法律权威

立法上虽然确立了检察机关法律监督的职责，却没有规定监督的程序、权限和有效手段。这就导致实践中检察监督仅限于口头及书面的纠正违法通知及检察建议，且不具有强制性。纠正违法通知及检察建议更像是检察机关单方的行为，对于监管场所是否做出相应的改正缺少约束手段。监所检察“四个办法”对此也仅做了“人民检察院发出《纠正违法通知书》后十五日内，被监督单位仍未纠正或者回复意见的，应当向上一级人民检察院报告”的原则性规定。

（五）检察监督权在行使时，常常会出现无法可依的尴尬局面

造成这一局面的原因在于监管场所相关的法律法规不完善，例如，《看守所条例》及其实施细则等，颁布的时间较早，已经远远不能适应新《宪法》《刑事诉讼法》及现代刑事司法理念对人权保障的要求。

（六）检察监督方面的被动性

一些检察机关对于监管场所，只讲配合，不讲监督，不能充分的履行作为监督者的职责，甚至忘却了自身监督的职责，履行着一名监管场所工作人员的职责，造成被监管人不敢也不愿向检察机关反映人权被侵犯的问题。对监管活动的监督也基本停留在事后监督，不能及时发出纠正违法通知和检察建议，不利于监管场所的人权保护。

三、对我国监管场所的人权保障及检察监督体制提出的建议

（一）监督主体多元化

监管场所的人权保障的监督主体应该多元化。监管场所监督主体的多元化，能够保证各种监督主体对监管场所进行全方位、多角度、多层次地监督，确保监管场所执法活动依法进行，有利于保护被监管人员的合法权利。而我国法定的监管场所监督主体很少，专门的监管场所监督机关只有人民检察院，各人民团体、社会组织、新闻媒体等虽然可以对监管场所进行社会监督，但是这些监督力度还不够。将监督主体多元化，可以将监管场所权力运作更好的放到公众的视野里，促使监管场所执法的公开、公平、公正，从而也更好地促进检察监督权的行使。

（二）完善监管场所相关法律法规

应当完善监管场所相关法律法规，使之能适应《宪法》《刑事诉讼法》及现代刑事司法理念对人权保障的要求。相关法律法规也需要增加人权保障的条款，有关监所检察法律监督工作部分，应当制定更加详细的，具有可操作性的规定，使得监所检察工作更加有法可依。

（三）严惩牢头狱霸和看守所警察的违法活动

对其他犯罪嫌疑人、被关押人进行欺辱、虐待，甚至造成人身伤害的牢头狱霸必须要依法严厉打击，发现“牢头狱霸”苗头和迹象，要采取果断措施予以制止，坚持露头就打，绝不姑息，并予以严厉的法律追究，对监室的牢头狱霸，被监管人都有权提出控告。

（四）严办看守所干警渎职行为

要建立健全监管民警执法责任制和派驻检察人员检察监督责任制。对于监管执法或者检察监督工作不负责任，发生滥用职权，玩忽职守甚至者徇私舞弊导致被监管人的人身伤害或者死亡的，要依法

依纪追究监管民警和派驻检察人员的责任。对这些人员，被监管人都有权提出控告，以保障被羁押人的控告申诉权的实现。

（五）严防侦查过程中的刑讯逼供

首先应该加大对刑讯逼供的查处力度，严格按照法律的规定查处刑讯逼供者。其次增强讯问程序的透明度，规范侦查权，规范讯问规则，强化检察机关对讯问程序的监督。再者扩大律师的辩护权，应当赋予律师侦查阶段询问时的在场权，可以对侦查机关的侦查活动的合法性进行强有力的监督，防止侦查过程中的暗箱操作，从程序上制约非法言词证据取得的可能性，是防止粗暴野蛮执法、刑讯逼供发生的有效制约手段。

（六）严控看守所管理

要采取多种措施加强看守所的管理，看守所及其监管民警要更新观念，严格执法，规范管理，严格落实定时巡视监室、24 小时监控等制度，严禁使用在押人员管理在押人员。要按照规定标准配备警力，改善监管设施和装备建设，安装全方位、无死角的监控录像设备。定期和不定期相结合严格检查看守所管理存在的漏洞。

检察机关对民事执行开展检察监督的构想

赵英宪

【摘要】执行难、执行乱长期困扰人民法院的民事执行工作，检察机关介入民事执行活动实施法律监督，有助于改善和克服执行难执行乱，有助于保障公平正义的实现。本文试从理论、立法、司法以及比较法的角度论述民事执行检察监督的必要性和可行性，并结合民事执行工作现状提出开展检察监督的制度设计。民事执行是民事诉讼活动的重要环节，检察机关对民事执行活动进行检察监督具有必要性与合理性。应在法律中明确规定民事执行检察监督制度，规范民事执行检察监督的范围与方式，完善程序设计，建立检法协同工作保障机制，积极构建我国民事执行检察监督制度，使民事执行检察监督发挥其应有效用。

【关键词】检察机关；民事执行；检察监督

法律的生命在于判决，而法律的威力则在于执行。法院的执行效果是否到位，是衡量一个国家法治水平的重要标志。从我国的司法实践来看，由于多种原因，执行难、执行乱一直是近年来群众反映比较强烈的热点问题。执行难、执行乱问题的存在，对个案来讲，损害的是胜诉当事人的合法权益，但从整体层面上讲，损害的却是法律尊严和司法权威，这已渐渐成为司法领域的两大顽症。为破解这个顽症，中央曾两次发文专门部署，为了贯彻落实中央的工作部署。近年来，各级法院采取多种措施，不断加大执行力度，但是，执行难、执行乱的情况仍然突出。同时，检察院在办理民事申诉案件中，发现来访当事人反映人民法院在执行环节的问题逐渐增多，人民群众向检察机关申请监督执行活动的案件也呈逐年上升趋势。因此，加强对人民法院民事执行的监督非常必要。这也使得民事执行检察监督问题近年来成为民事诉讼法学界讨论的一个热点，审判和检察实务中对此问题亦存在着不同的理解和争议。以往的检察监督理论，通常将我国特有的宪政结构作为理论基础，但这一理论尚不足以支撑检察机关在民事执行中享有检察监督权的问题，也正是因为这一原因，在2007年民事诉讼法修改的过程当中，立法者仍然没有明确表达民事执行过程中应否存在检察监督的确定结论。为此，要使立法者确信民事执行检察监督机制的正当性和合理性就必须在审视现在理论依据的基础上重新建构民事执行检察监督的理论体系，以消除各方面的疑虑。本文拟就相关问题展开探讨。

民事执行中的问题，是长期困扰司法工作的顽疾，不仅给当事人带来烦恼和损害，而且一定程度上成为影响社会稳定的不安定因素。实践中，全国各地检察机关对民事执行工作进行了大胆的监督尝试，如有的采用检察建议、监督意见书等，有的与法院就执行监督事宜进行协商并会签文件，有的对进入执行程序的生效裁判尝试执行和解。

一、检察机关民事执行监督的正当性

（一）符合现今法治社会的需求

民事执行程序的设立是以司法执行权为基础的，是由诸多强制性措施构成的特殊程序。在执行过程中，不正确执行强制措施或者不执行应当执行的强制措施，都必然会侵犯当事人、案外人的合法权利，使得当、事人、案外人的权利得不到实现。由于保障公民、法人的合法权利是国家机关应有的职责，当公民、法人的基本权利受到侵犯或得不到保障时，该公民、法人都有权得到国家救济，这是一个法治社会的必然要求。因此，在民事执行工作中，公民、法人的合法权益受到侵犯或者得不到保障时，也应当赋予其得到国家救济的权利，而不能只靠执法者自我纠错来维护自己的合法权益。故完善我国民事执行监督制度是法治社会的必然要求。

（二）符合检察机关的宪法定位

我国现行《宪法》第129条规定："中华人民共和国人民检察院是国家法律监督机关。"根据这一规定，我国的三大诉讼法均规定了检察机关的法律监督权，体现了维护国家法制尊严以及公权对私权予以保护和救济的精神。检察机关作为行使国家法律监督权的专门机关，其职能就是对法律的执行和遵守情况进行监督，以维护司法公正和法律的统一。检察机关的法律监督权具有法定性、权威性和专门性。宪法在赋予人民检察院法律监督权的同时，并未对监督的范围作任何限制性的规定。所以，检察机关对民事案件的监督应当是全面监督，是包括对民事案件执行行为的监督在内的。因此，检察机关对法院的执行活动有权进行监督符合检察机关的宪法定位。

（三）符合民事诉讼法的立法精神

《民事诉讼法》第14条规定："人民检察院有权对民事审判活动实行法律监督"。当前，理论界和司法界对人民检察院有无执行监督权争议的焦点在对该条中"审判活动"的理解上，即"审判活动"是否包含了执行行为。笔者认为这里的"审判活动"应包括人民法院依照民事诉讼法进行的一切诉讼活动，即也包括法院的执行活动。全国人大法律工作委员会王汉斌主任在《关于民事诉讼法（试行）修改草案的说明》中指出："执行是审判工作的一个十分重要的环节，它关系到法律和人民法院的尊严。"由此可见，执行程序是审判活动的自然延伸，更是广义审判活动的有机组成部分，检察机关享有民事执行监督权符合民事诉讼法的立法精神。

（四）是建立科学民事执行监督系统的需要

民事执行监督系统作为一种制衡与约束机制，目的在于通过相关主体之间权利、义务的合理分配与相互作用，建立科学的监督结构，防止和纠正执行中的各种偏差和错误。民事执行监督应是一个多元途径的监督系统。根据我国目前的政治体制，对人民法院民事执行工作监督的途径主要有：人大监督、舆论监督、法院内部监督及检察监督。人大监督主要是对有重大影响及群众反映强烈的个案行使监督权，这种监督不具有普遍性和经常性；舆论监督由于本身的异化带来了负面的影响，在某种程度上可能干扰人民法院民事执行权的独立行使；法院内部监督是法院在封闭状态下进行的自我监督。因此，将专业化程度较高，将有严格程序保障的检察监督纳入民事执行监督系统是一种科学、合理的选择。

二、检察机关民事执行监督的相关依据

（一）民事执行检察监督的理论基础

民事执行是人民法院应一方当事人申请，通过国家暴力，强制被确定负有义务者履行生效裁判的一项执法活动。国家强制性是其最显著的特征，因而执行权应当是一项典型的公权力。孟德斯鸠曾经论述道“一切有权力的人都容易滥用权力，这是万古不易的一条经验。有权力的人们使用权力一直到遇到有界限的地方才休止”“从事物的性质来说，要防止权力滥用，就须以权力约束权力”。民事执行权缺乏监督并没有解决民事案件执行中的困难，相反缺乏监督造成的执行乱还增加了执行的困难并超过执行难成为人民群众反映最为强烈的问题。因此，需要以另外的公权力对民事执行权予以相应的制约。而检察机关作为专门的法律监督机构，与其他具有监督职能的机关相比更具备从事民事执行监督的法律能力，从制度选择上讲，民事执行的检察监督不失为一个合适的选择。

（二）民事执行检察监督的法律依据

我国宪法规定“中华人民共和国人民检察院是国家的法律监督机关”。这是对民事执行活动开展检察监督的根本法律依据。1990年最高人民法院、最高人民检察院联合发出《关于开展民事经济行政诉讼法律监督的通知》中就明确规定，检察机关可以应法院邀请或当事人申请参与民事执行。1982年的《民事诉讼法（试行）》和1991年的《民事诉讼法》都在总则规定人民检察院有权对民事审判进行监督。民事执行虽在民事诉讼法中单列成为一编，但并不意味着就不属于民事审判活动的一部分。因为民事执行权中有民事裁判权的成分，理论认为，执行权包含执行裁判权和执行实施权，不论是《民事诉讼法》关于执行的规定还是人民法院的民事执行活动，其中都包含有民事裁判的内容。如变更追加被执行主体，审查裁判第三人对执行标的提出的异议，裁定中止执行或终结执行程序等。所以，在现行法律框架内，检察机关对民事执行活动进行法律监督是有充分法律依据的。

（三）对民事执行开展检察监督的现实合理性

从目前翻译的国外民事诉讼法典和介绍的国外民事执行机构情况看，世界上的执行机构设置大致分为两大模式，一种是法院内设执行机构，另一种是法院外设执行机关。详细考察国外的执行机构设置，其实不管是在法院内设置执行机构还是在法院外设置执行机关，具体的执行事务都与法院有着密切联系，对于执行中的命令或裁决性事项仍然基本上交给法官完成，仍然是以法官作为民事执行活动的中心。就我国国情而言，具备相当法律专业知识的人才匮乏，不具备在法院外单设执行机关的人员条件，即使将来具备该条件，也会因执行机关的高度行政性不利于保证执行的公正性。其次，困扰我国民事执行首当其冲的是执行难问题，在由法院执行自身作出的裁判尚有较大难度的时候，让另外的机关去执行法院判决无疑会加剧执行难问题。因此，在现行民事执行体制之外另设执行机关不具备可行性。要解决民事执行问题还得回过头来，从加强对法院民事执行活动的监督着手。

目前法院外部监督民事执行活动的有人大监督、党的监督以、舆论监督以及检察机关的法律监督，其代表组织是各级人大及其常委会、党的纪律监察机关、新闻媒体和各级检察机关。人大是权力机关又是法院的产生机关，当然具有对民事执行活动的监督权能，但是，从我国各级人大的运行情况和人员组成现状来看，人大的例行监督难以从个案层面监督法院的民事执行活动，而开展个案监督一方面人大的监督力量配置不够，另一方面又会损害法院的司法职能，破坏司法公正。党的监督机关的监督

主要是纪委对违反党纪的执行人员追究党内责任，同样受到监督力量配置和监督机制的制约，难以取得实效。新闻媒体的监督则难以保证既尊重事实又尊重司法规律、既有效监督又不干预司法，并且我国新闻媒体的数量众多，其公信力和权威性建设还有很长的路要走，司法活动的复杂性、技术性也不是普通媒体就能有效监督的。

与其他监督相比，检察机关的法律监督具有诸多优越性，一是有一定的法律依据，宪法和民事诉讼法都有相应规定；二是具备相应的监督能力和监督力量，各级检察机关都设置了民事行政检察部门，配置了一批专业检察干警；三是有比较丰富的监督方式和手段，从纠正违法、检察建议、抗诉到查处职务犯罪形成较为完备的监督体系；四是检察机关设置突出司法的程序性特征，上下级之间诉讼关系明确；五是检察权运行有比较完善的内部和外部约束机制，不至于滥权。

综上所述，民事执行检察监督是解决外部监督的最佳选择。

三、完善我国民事执行监督的构想

（一）我国民事执行检察监督方式

从实践中，我们发现监督对象不同，监督方式也应有所不同。同时监督方式不易太多，否则会带来适用标准的重叠及难以区分，不能有效解决民事执行检察监督方式不规范的现状。但是，监督方式也不能过于单一，否则不利于民事执行检察监督作用的实现。总之，考虑检察机关对民事执行活动进行检察监督采用何种方式，应注意不能将检察机关自己的意志强加于法院执行机关，更不能干涉法院执行机关独立行使民事执行权，重点应在于监督并纠正法院民事执行活动中有违民事实体法和程序法的不当行为，保障执行的公正。笔者认为，检察机关对民事执行监督的方式应采用抗诉和检察建议两种。

1. 抗诉

此种方式主要是针对有关执行私权纠纷的执行裁决。民事执行活动包括执行裁决和执行实施两种，执行裁决是人民法院在执行过程中对当事人权利义务关系争执的解决，有学者将执行裁决进一步细分为执行公权异议的裁决和对私权纠纷的裁决。其中执行公权异议的裁决主要是对执行当事人或利害关系人在执行程序上的救济，如对当事人提起的执行机关未及时采取执行措施的异议的裁决；对私权纠纷的执行裁决包括对不予执行、执行回转、参与分配等主要涉及实体权利纠纷的裁决，执行机关应依据事实与证据作出裁判，其本质上属于审判活动。由于执行公权异议的裁决，没有诉的存在因而没有必要采取抗诉的方式引起再审来予以监督。而对私权纠纷的裁决由于与审判程序本质上性质相同，因此可以使用抗诉方式进行监督。有学者认为启动再审程序将增加执行成本、降低执行效率，因而反对检察机关对民事执行裁定的抗诉。而另有学者提出不能单纯强调执行效率而否定对民事执行裁定的抗诉，民事执行裁定的抗诉并不必然引起再审，其意在制止和纠正违法执行行为，针对的是执行过程中的枉法裁判、枉法执行及损害国家利益、公共利益的行为。综上，抗诉应作为对私权纠纷执行裁决错误而适用的检察监督方式，即执行中涉及实体权利纠纷的裁决可以使用抗诉的方式进行监督，但考虑到执行监督的目的重在督促与纠正，因此未来立法应规定此类抗诉不以启动再审为目的从而更符合民事执行程序的特点。

2. 检察建议

此种方式主要是针对执行实施行为及执行公权异议的裁决。执行实施行为偏重于行政行为属性，但从整体上看，执行行为依然是一种司法行为，完整的司法行为必然包括审判行为和执行行为两部分。

检察机关对执行实施行为进行监督并不是取代法院行使执行职能来纠正违法的执行行为，也不是干涉执行机构独立行使民事执行权，而是通过采取一定的监督措施，为法院发现并纠正错误提供一种渠道，确保执行公正。因此，对执行实施行为及执行公权异议的裁决宜采用检察建议方式进行监督。采用检察建议方式进行执行监督，所涉及的最大问题在于检察建议是否具有实效，如果法院对检察建议不予理睬或不予答复，则非但监督作用落空，而且有损检察机关的权威。因此，为了避免监督措施的空泛化，增强执行监督的实效性，法律应赋予检察建议一定的法律效力，如在立法中规定法院对检察建议应在一定期限内予以回复。

（二）民事执行检察监督程序的启动

检察机关对民事执行活动进行监督，通常情形下，应当以当事人或者利害关系人提出申诉为前提。也就是说，在执行程序中，当事人或者利害关系人认为法院的执行行为违法的，应当由当事人或者利害关系人首先依法启动通过法院进行的救济程序，只有当事人或者利害关系人不服法院的裁决或者法院拒绝作出相应处理的，才可以向检察院提出申诉，申请检察院进行执行监督。但是，在特别情形下，检察院也可依职权主动对其进行监督：其一，由于客观原因，当事人及其法定代理人不能或者难以自己行使救济权利，而没有向检察院提出申诉的。其二，人民法院的执行人员，在执行该案时因贪污受贿、徇私舞弊、枉法裁判行为等职务犯罪行为的有罪判决生效，可能导致执行错误，而当事人又没有提出申请的。其三，法院据以执行的执行根据尚未生效或者依法失去效力的。

（三）民事执行检察监督程序的案件管辖

在级别管辖上，原则上应为同级检察监督。民事执行侧重于追求效率，如果通过上级监督下级的方式则不利于纠正错误的民事执行活动。在特殊情形下，如上级检察院认为有必要，或者发现下级检察院存在怠于监督的情形，可以主动对下级法院的民事执行活动进行监督。在地域管辖上，采用执行法院所在地检察院管辖，从而有利于及时发现问题并沟通解决问题。

（四）民事执行检察监督程序的具体措施

1. 建立监督公益诉讼制度

检察机关向来是国家利益和社会公益的维护者，这在西方国家也不例外，如法国民诉法规定，涉及亲子关系、未成年人监护等案件检察院有权参与诉讼等。在我国法院的某些执行案中，弱势群体依靠自身的力量无法与实力强大的一方抗衡，其应有利益也无法实现。同时，不少利益主体不择手段地追求利益最大化，无视国家利益和社会公共利益的存在。如我国现阶段国有资产流失严重的问题，在执行阶段，国有资产管理者如银行利用处分权规避法律，与对方当事人“勾兑”，造成国有资产流失的情况并不少见。其他如环境污染、垄断、不正当竞争等问题也是层出不穷。作为检察机关，负有切实维护利益主体合法权益不受侵犯的职责，对涉及国家利益和社会公益的案件以起诉的方式积极参与，在执行阶段进行监督是完全必要的。世界上许多国家已有由检察机关提起“公益诉讼”的先例。因此，我们应继续顺应世界潮流，对上述特殊案件提起公益诉讼，并形成相应制度加以完善，切实履行民事执行监督职能。

2. 参与执行过程监督

检察机关对法院民事执行活动进行现场监督，将监督环节从事后提前到事中，提高了监督的效率和效果，增强了检察机关的监督公信力。特别是针对执行标的大、阻力大，当事人可能产生过激行为或设法上访的执行案件，检察部门应当派员到现场监督执行。现场执行过程中，如果发现执行机关手续不完备、执行行为不规范的，可以单独向现场执行活动负责人提出纠正建议或意见，可极大地提高执行的公正性和执行效率。

3. 查处职务犯罪

由于执行制度设计缺陷，权力过于集中，执行过程不透明，缺乏有效的监督制约，法官队伍中执行人员职务犯罪屡屡发生。对于执行人员在执行程序中涉嫌职务犯罪的，检察机关应予以查处，并可同时建议中止原判决、裁定的执行。要充分发挥检察监督的作用，加大民事执行活动检察监督力度，严查执行法官职务犯罪，推进民行检察工作规范发展。要认真贯彻落实高检院《关于调整人民检察院直接受理案件侦查分工的通知》的要求，注重在民事执行领域拓展新的监督方式和手段，注重从人民群众反映强烈的执行程序中的违法行为案件中发现职务犯罪线索，充分运用民行侦查权，既能遏制司法腐败，又能强化民行检察监督力度，为推进民行检察工作的规范发展创造良好的外部环境。

4. 树立服务意识

民行干警必须树立服务意识，着力促成当事人执行和解，化解矛盾，促进社会和谐。民行工作与人民群众的切身利益息息相关，工作人员要树立民生意识，洞察民情，知晓民意，维护民权，促成当事人执行和解，这也是检察机关开展执行监督工作的一个非常重要的内容，是执行监督工作取得良好社会效果的有效途径。

结 语

人民检察院作为国家的专门性法律监督机关，能有效地优化组合监督方式，其对民事执行监督不但是正当的而且是有必要的，这样既能保证体制内监督的有序化，又避免了外部监督泛化对正常执行工作的干扰，有助于从制度上解决执行中的诸多问题。

加强检察机关民事执行活动的检察监督是一长期工作，有利于促进民事行政检察工作的可持续协调发展。检察机关有必要在现存的法律框架范围内，积极探索对执行监督的新途径新方法，保证民事执行活动的正确运行，净化执行环境，切实解决“执行难、执行乱”的问题，充分发挥检察机关法律监督职能，发挥其作为国家利益的分代表保障社会公平正义的作用，完善和发展有中国特色的司法检察制度，为促进司法公正、保障当事人合法权益、构建和谐社会发挥应有的法律监督作有学者提出应参考《刑事诉讼法》第222条将检察建议改为纠正意见书，虽然纠正意见书较检察建议具有较大的力度，但纠正意见书不易使法院在心理上及观念上接受，从而使法检两系统产生更深的隔阂。因此，立法在形式上应采用检察建议的监督方式进行规定，在实质内核的规定上可以参考刑诉中纠正意见书的内容，从而达到将检察建议落实的目的。民事执行检察监督之建构：程序设计民事执行检察监督制度的有效运转需要程序保障，在具体程序设计上，不仅要确保检察监督制度操作的便利性与实用性，也要确保检法两机关权力的平衡配置与抗衡。因此在程序的启动、案件的管辖及制度的有效运行上应考虑各种因素，为民事执行检察监督制度提供程序保障。

当前在校学生刑事犯罪问题浅析

——以某县2012年在校学生刑事犯罪为例

杨嗣春 范秀金

【摘要】 当前，在校学生刑事犯罪呈现高发态势，校园内外的“暴力犯罪”“侵财性犯罪”在全国范围内时有发生，不仅给其他学生的人身、财产安全造成重大威胁，而且还严重影响学校的正常教学秩序，不利于学生的健康成长及和谐社会的构建。笔者结合某县全年在校学生刑事犯罪发生情况，对当前在校学生刑事犯罪的特点、原因进行浅析，并提出预防对策建议。

【关键词】 在校学生；刑事犯罪；犯罪预防

我国《刑法》坚持按照教育为主、惩罚为辅的原则和教育、感化、挽救的方针，探索有条件地办理未成年人刑事犯罪的司法体制改革，特别是2009年以来，贵州省瓮安县在省委政法委的直接领导下，施行的《未成年人轻罪犯罪记录消除制度》，取得了良好的效果。但在校学生校内外刑事犯罪逐渐高发的现实，加之立法缺位、法制教育成效甚微等原因，不仅给其他学生的人身、财产安全造成重大威胁，而且还严重影响学校的正常教学秩序，不利于学生的健康成长及和谐社会的构建。现笔者通过某县2012年1—12月在校学生刑事犯罪发生的情况，深入剖析其犯罪特点及原因，并提出学校（教育行政管理部门）、家庭、政法机关三位一体预防机制和对策建议，从而有效减少在校学生刑事犯罪的发生。

一、在校学生涉嫌刑事犯罪特点

2012年1—12月，某县检察机关共审查批捕、起诉在校学生刑事犯罪案件20件52人，比去年同期件数上升185.7%，件数上升247%。其中：被人民法院判处刑罚13人，附条件不起诉7人，退回公安机关补充侦查2件11人，依法提起公诉5件21人。上述案件有如下诸多特点。

1. 地域分布及学历层次

2012年1—12月，县内在校学生涉嫌刑事犯罪48人，占全县在校学生涉嫌刑事犯罪52人的92.3%。且县内主要集中在几所初中以上教育层次的中学。其中，涉及高级中学31人，职业中学15人，初级中学2人。

在地域分布方面，呈现出离县城越近的在校学生涉嫌刑事犯罪人数多的特点，县城内的学校涉嫌刑事犯罪在校学生共44人，占91.7%；乡镇高级中学有4名在校学生涉嫌刑事犯罪，仅占8.3%。

在学历层次方面，高中学历的在校学生涉嫌刑事犯罪31人，占64.6%；中专学历的在校学生涉嫌刑事犯罪15人，占31.3%；初中学历在校学生涉嫌刑事犯罪2人，占4.1%。

此外，县外在校学生在该县涉嫌刑事犯罪有4人，占该县在校学生涉嫌刑事犯罪52人的7.7%。其中，重庆某学院本科1人、专科1人，湖南某学院专科1人，贵州某专科学校1人。在这4人中，犯案地均在该县城，且均是该县籍考上大学的学生。

2. 年龄及性别

2012 年 1—12 月，该县在校学生涉嫌刑事犯罪年龄都集中在 15—22 岁之间。

在年龄方面，15 岁 2 人、16 岁 12 人、17 岁 18 人、19 岁 3 人、20 岁 2 人、21 岁和 22 岁各一人。其中未成年人 32 人，占 61.5%；成年人 20 人，占 38.5%。该县未成年在校学生涉嫌刑事犯罪人数众多，呈现出全国刑事犯罪低龄化趋势。

在性别方面，该县男性在校学生涉嫌刑事犯罪 49 人，占 94.2%；女性在校学生涉嫌刑事犯罪仅 3 人，占 5.8%。该县男性在校学生涉嫌刑事犯罪呈现出远多高于女性在校学生的特点。

3. 涉嫌罪名

2012 年 1—12 月，该县在校学生涉嫌刑事犯罪，涉案罪名主要集中在聚众斗殴、抢劫、盗窃、强奸、故意伤害、寻衅滋事等 6 种犯罪中。其中，妨害社会管理秩序罪 37 人（聚众斗殴 36 人、寻衅滋事 1 人），占全县在校学生涉嫌刑事犯罪 52 人的 71.2%；侵犯财产罪 11 人（盗窃罪 5 人、抢劫罪 6 人），占全县在校学生涉嫌刑事犯罪 52 人的 21.2%；涉嫌侵犯公民人身权利、民主权利罪 4 人（强奸罪 2 人、故意伤害罪 2 人），占全县在校学生涉嫌刑事犯罪总人数的 7.7%。在校学生涉嫌妨害社会管理秩序罪、侵财性罪呈现比重较大的特点，其中，在校学生涉嫌聚众斗殴犯罪在妨害社会管理秩序罪中尤为突出；在涉嫌侵财性罪中，主要集中在盗窃罪和抢劫罪中。

4. 作案手段及工具

2012 年 1—12 月，该县在校学生涉嫌刑事犯罪作案手段和作案工具较为集中，作案手段多是持刀、持棍、撬门入室、恐吓等；作案工具也集中在管制刀具、钢管、钳子、剪子等钢铁制品。持刀和持棍作案人数达 31 人，占 59.6%；持有铁制品作案人数达 36 人，占 69.2%。这些案件的发生，呈现出作案手段和作案工具多样的特点。

5. 刑事犯罪危害性

2012 年 1—12 月，该县在校学生涉嫌刑事犯罪已造成严重的后果。其中，造成 1 人死亡、2 人轻伤、12 人轻微伤、2 女性被强奸、290 元现金被抢、4 辆摩托车被盗、2 台手机被抢的危害性后果。这些案件的发生，主要呈现“暴力犯罪”和“侵财性犯罪”的特点。

6. 累犯、前科、共犯和参与帮派

2012 年 1—12 月，该县在校学生涉嫌刑事犯罪的 52 人中，没有一人是累犯，也没有一个有前科。其中 49 人为一般共同犯罪，占 94.2%；3 人为非共犯（单独作案），占 5.8%。因此，无前科、非累犯和共同犯罪是该县在校学生涉嫌刑事犯罪的主要特点。

参与帮派涉嫌刑事犯罪的在校学生有 17 人，占 32.7%。对这 17 人进行罪名分析后发现，均是涉嫌聚众斗殴犯罪的特点。

二、案发原因分析

2012 年 1—12 月，综观该县在校学生之间发生的 20 起刑事案件，主要有以下三个方面的案发原因：

1. 因校内外口角纠纷引起严重暴力犯罪

2012 年，该县在校学生涉嫌刑事犯罪的 52 人中，有 27 人因校内发生口角引发聚众斗殴刑事案件，占 51.9%；有 9 人因在校外发生口角引发聚众斗殴刑事案件，占 17.3%。综合校内外因口角纠纷引起的严重暴力犯罪，共 36 人，即涉嫌聚众斗殴罪 34 人，故意伤害罪 1 人，寻衅滋事罪 1 人，占 69.2%。

案发过程是：涉案双方（多为校友或同学关系）因发生口角纠纷后，遂邀约自己的朋友、社会闲杂人、帮派人员，约定地点进行殴打。持棍、持刀、持钢管作案随即发生，造成了死亡、轻伤、轻微伤等严重后果。值得一提的是外地就读大学的本县学籍学生参与到该县发生的案件中，主要是因为其某朋友或亲戚系口角发生的一方。外地在校学生在听说自己朋友受委屈后，随即回到该县参与到聚众斗殴犯罪之中。

2. 因恋爱关系纠纷引起暴力犯罪

2012 年，该县在校学生因恋爱关系纠纷引起暴力犯罪的有 4 人，占总人数的 7.7%。其中引发聚众斗殴案 2 人，多人参与斗殴中，造成 1 人被砍为轻微伤的后果；引发强奸案 2 人，造成 1 名女性被强奸的后果。虽然因恋爱关系而引发暴力违法犯罪人数不多，但罪名集中，主要案发在聚众斗殴犯罪和强奸犯罪两个罪名。

发案过程是：在引发涉嫌聚众斗殴案中，涉案双方因同时喜欢一名女性（女同学），向该女生表白后，发现“情敌”。故双方谁厉害谁就是女生的男朋友，就约定在某个地方一比高下，随即邀约各自的兄弟，在某个地方进行“比武”，从而引发聚众斗殴。因恋爱关系引发涉嫌强奸案中，男女生双方是男女朋友关系，长期走得很近。过一段时间后，男生要求与女生发生性关系，女方拒绝后，男生找机会与女生发生性关系，案发后家长报案。

3. 因缺钱引发盗窃和抢劫

2012 年，该县在校学生涉嫌刑事犯罪案件中，有 11 名犯罪嫌疑人为“两抢一盗”案，占 21.2%。其中 5 人为盗窃案，6 人为抢劫案，无抢夺案。11 名在校学生作案后，造成 2 台手机和 290 元现金被抢、4 辆摩托车被盗的后果。

案发过程：犯罪嫌疑人一般在深夜尾随受害人至偏僻地方或家中，采取语言威胁和强行搜身的办法对被害人财物实施抢劫。在盗窃摩托车案子中，犯罪嫌疑人多为精通摩托车驾驶和维修，在观察作案地点后，于深夜作案。这 11 名犯罪嫌疑人均供述自己因到动漫城玩游戏缺钱而作案。在得到财物后低价转卖摩托车和手机，迅速变现，到动漫城玩游戏。

三、预防和减少在校学生违法犯罪的对策建议

当前，在校学生违法犯罪问题的严重性决定了加强预防工作的必要性和紧迫性。预防和减少在校学生刑事犯罪是相关部门和社会的责任。它要求根据在校学生犯罪原因及现状采取妥善的对策，尽可能地清除或防止在校学生犯罪的不良社会条件，从而达到减少和防止违法犯罪的目的。同时，在校学生犯罪预防工作关系到社会治安状况的好坏，关系到社会稳定和发展，是一项重大的系统工程，涉及家庭、学校、社会的方方面面，需要学校（教育行政部门）、家庭、政法机关各方面的密切配合，共同筑起预防、控制在校学生涉嫌刑事犯罪三位一体的坚强防线。

1. 学校（教育行政部门）方面

学校是造就人才的苗圃，学校教育是学生成长的必经阶段，是加强学生品德行为规范的重要阵地，学校教育对学生培养正确的人生观、价值观起着重要作用。因此，学校是预防和减少学生犯罪的重要

基地。鉴于目前教育行政部门和学校现状，笔者建议：

一是加大安全检查工作力度。综观该县在校学生之间发生多起携带铁制品作案工具的案件分析，学生随身携带管制刀具、钢管、钳子、剪子等进入学校，严重危害他人人身、财产安全。因此，建议初中教育层次以上的学校加强安全检查力度；各校可以采取设置学生进门安全关卡、检查管制刀具、摸清学生与外界帮派“关系”等措施；设立巡查队、暗访队，加强对学生日常行为规范的监督和检查，发现不良隐患，及时纠正。

二是进一步加强法制教育，着力提高学生的法制观念，增强中学生遵纪守法的自觉性。建议初中以上教育层次的学校应将《中华人民共和国刑法》中关于“违法与犯罪、聚众斗殴、寻衅滋事、盗窃、抢劫、强奸等在校学生常犯罪名”纳入预防和减少犯罪教育内容；选拔或聘用专任法制教育教师，开展形式多样的法制教育，将法制教育纳入考试检查范围。老师在开展法制教育时，着重告诫学生遇到口角纠纷应及时给老师或家长讲，切勿给同龄人的朋友或“帮派”中的“大哥”讲；告诫学生遇到违法犯罪发生时应及时报案，切忌大打出手；叮嘱学生不能沾染“帮派”恶习，拒认社会中的“大哥”。学校在做好以上工作的同时，有条件的学校还应定期邀请政法机关协助开展“法制进校园”宣传教育活动，以案释法。

三是加强与家长的沟通，建立学校与家长定期交流机制。将安全检查、法制教育、学生遵纪守法等情况纳入家长会，以便家长深入了解学生的违法犯罪的预防情况。

2. 家庭方面

家庭是在校学生成长的摇篮，也是教育孩子为人处事的最重要的课堂。父母作为孩子的监护人，对孩子教育负有不可推卸的责任。建议父母：

首先要教育孩子做人的道理，注重培养孩子良好的行为习惯，有了缺点要及时帮助他们纠正，做到防微杜渐。父母要坚决杜绝“任其发展”培养孩子的模式，或者丢给“爷爷奶奶管理”的方式。

二是要加强与孩子的沟通，对子女的教育既要严格要求，又要耐心细致；既要关心生活，又要关心思想。发现孩子经常与社会闲杂人来往，应加强警备。发现孩子有违法犯罪的可疑之处，应及时报告公安机关。

三是要定期与学校沟通，将孩子的课余生活学习情况及思想变化情况及时告知班主任老师，对可能有违法犯罪苗头的行为，及时与老师协商解决。

四是要有效控制在校大学生回到原学籍地参与刑事犯罪活动。对自己子女已经上大学的家长，也不能掉以轻心，任由其回来闹事，了解其回家来做什么。有谈恋爱或结交朋友而回家的，应做好跟踪监督。

3. 政法机关方面

公安机关作为维护社会治安和打击刑事犯罪的一线管理机关，笔者建议：一是要对学校开展安全检查，并加大巡逻城乡结合部、学校周边、学生容易犯案的案发地。二是要加大查处和没收管制刀具力度，一经发现及时没收，并在办案中及时排查管制刀具的来源。三是要认真排查“帮派”关系，对参与帮派的学生和可能发展学生为“成员”的帮派，要采取“打早、打小”的预防犯罪措施，及时打掉可能发展学生为成员的“帮派”恶势力犯罪团伙。

公、检、法三机关要按照《中华人民共和国刑事诉讼法》关于打击刑事犯罪相互配合、互相制约的有关规定，坚持按照教育为主、惩罚为辅的原则和教育、感化、挽救的方针，坚决依法严厉打击暴力犯罪、黑恶势力犯罪、严重侵财性犯罪。另一方面，按照《未成年人轻罪犯罪记录消除制度》有关规定，最大限度地教育、感化、挽救违法青少年。同时，司法行政部门要主动与教育行政部门及校方建立联席会议制度，适时开展预防和减少违法犯罪教育与法制宣传活动。乡镇人民政府及司法所应采取就近原则包保相应的学校，采取司法工作人员担任法制班主任、辅导员等形式，定期开展法制宣传与犯罪预防教育活动。

结 语

以上是笔者对当前在校学生涉嫌刑事犯罪进行一年的调研后提出的个人看法。我们深知如何对在校学生开展有效的法制教育？如何预防和减少在校学生违法犯罪的发生？这些问题，任重而道远，但我们相信，对在校学生及时建立健全学校（教育行政管理部门）、家庭、政法机关三位一体的预防体系，在全社会的共同努力和各界人士的帮助下，一定能预防和减少在校学生刑事犯罪的发生。

编后记

《瓮安县检察志》在院党组和县史志办领导与指导下，经一年努力，完竣付梓。既填补瓮安检察专志之空白，并成瓮安县检察人之幸事。

盛世修志，早为泱泱华夏优秀文化之传承。旨在汇集史料，展现不同时空现状与业绩。以史为镜，明盛衰治乱之道，达到“补郡国之书”之功效，启迪来者持扬弃之法而再创辉煌。《瓮安县检察志》以秉笔直书，求实求是之史德，遵依“史略志详，详今略古，详近略远”之原则。计13章、45节，30余万字。

2017年年初，《瓮安县检察志》编纂正式启动。其资料收集，图片选用，审稿定型，均得检察院档案室与相关科室鼎力相助；退休老同志卢甫林、李光学、陈玉文等审稿补轶；收存检察院历史图片的汪开才供图协力；副检察长陈德清并有关人员齐力助纂，方得以摛藻成书，于此，特表示由衷之谢意。

检察专志编修，编目设置、述事详略、法律用语、涉事保密，无不独具特殊性。幸得史志办主任范祖贵，30年匠心修志，成果颇丰的谢崇禄和方志科刘德全、王明江、谢兴贵诸君建言策划，经三审方获玉成，特表示纯笃之感激。

由于编者修志学识不足，必有不足和缺失之憾，甚而错误难免。恳盼专家学者、读者斧削矫正。

2017年12月